失败学习影响下的
企业合作与创新研究

杜维 李忆/著

科学出版社
北京

内 容 简 介

合作与创新是企业必须面对的重要主题，对于企业发展起着极其关键的作用。本书主要关注了企业合作形式中的虚拟化外包合作和供应链合作，以及企业重要创新形式之一的服务创新，并且将失败学习作为主要的影响因素纳入分析体系中，从合作、创新失败，分析失败，获取有益知识，最终获得合作与创新的成功这一逻辑出发，探究了企业合作与创新中的一些亟待解决的问题。本书采用了多元化的研究方法，研究了合作的影响因素、创新过程中失败学习的决策机理、知识的影响作用、创新背景下失败学习的影响因素、企业失败学习的路径以及服务创新的评价体系等问题。

希望本书能够为中国企业的发展带来些许帮助。

图书在版编目（CIP）数据

失败学习影响下的企业合作与创新研究／杜维，李忆著．—北京：科学出版社，2016.12

ISBN 978-7-03-051209-3

Ⅰ．①失⋯ Ⅱ．①杜⋯ ②李⋯ Ⅲ．①企业管理–经济合作–研究 Ⅳ．①F273.7

中国版本图书馆 CIP 数据核字（2016）第 321362 号

责任编辑：徐 倩／责任校对：彭珍珍
责任印制：徐晓晨／封面设计：无极书装

科学出版社 出版
北京东黄城根北街 16 号
邮政编码：100717
http://www.sciencep.com

北京京华虎彩印刷有限公司 印刷
科学出版社发行 各地新华书店经销

*

2016 年 12 月第 一 版　开本：B5（720×1000）
2018 年 4 月第二次印刷　印张：12 1/2
字数：237 000

定价：72.00 元

（如有印装质量问题，我社负责调换）

作者简介

杜维，男，1980年生，博士，副教授，硕士生导师，加拿大麦克马斯特大学访问学者，重庆市高等学校青年骨干教师。研究方向：组织学习、服务创新、消费者行为等方面。近年来主持国家社科基金项目、教育部人文社科基金项目等多项国家级、省部级课题。在《科研管理》《科学学与科学技术管理》等期刊发表论文 20 余篇，CSSCI 期刊论文 10 余篇。出版专著《知识管理战略的影响因素及实施后果研究》，并参编其他学术著作多部。

前　言

合作对于现代企业来说意义重大，企业间的合作能促进资源的互补与共享，提升资源的利用效率，创造和开拓新的市场，共同抵御未知的风险，进而增加合作各方的收益。随着全球经济的迅猛发展，创新能力成为了衡量企业的一个重要指标，创新是一个企业的灵魂，让企业能够创造更高的卓越价值，获取更多的市场份额，从而推动企业持续成长，获取更强的竞争优势。因此，合作与创新是现代企业发展的两大重要主题。

关于合作和创新的相关研究与讨论也非常丰富，企业间的各种合作模式、合作伙伴的选择、创新的分类、创新的前因后果等得到了大量的关注。本书也试图探讨企业的合作与创新相关问题，但由于精力和篇幅所限，无法对每个相应的热点问题加以分析，只能将研究的视角聚焦到某些有趣的问题上。本书中所指的"合作"，主要包括企业虚拟化外包合作和供应链合作，书中的"创新"，主要是指企业的服务创新。本书力求将企业合作与服务创新相结合，分析二者内在逻辑关系，为转型中的中国企业提供决策依据。

大多中国企业虽然意识到合作与服务创新的重要性，但却无法回避合作成功率不高、服务创新能力普遍较低的事实。究其原因：首先，无论企业是开展合作，还是进行服务创新，都不仅要求企业具备丰富的技术知识，还需要拥有大量的行业知识、顾客知识、市场知识、环境知识等。因此，全方位地获取服务创新知识是影响企业合作与服务创新成败的重要因素。其次，成功的合作与服务创新，都必须根植于实践。虽然对于合作与服务创新的实践往往需要经历大量的失败。但从失败中总结经验教训，获取知识是企业服务创新知识获取的重要路径，从失败中学习是向成功学习的有益补充。由于中国企业普遍惧怕失败，相互之间缺乏信任，所以中国企业在合作与服务创新知识获取过程中，普遍缺失了失败学习这一重要环节。

失败学习，是指组织从失败中总结经验教训，获取知识的学习方式。本书认为，在企业开展合作与服务创新的过程中，注定不会一帆风顺，必然会经历各种失败，大量的失败是获得成功的必由之路。分析我国企业如何通过失败，进行失败学习，从失败中获取知识，将促使我国企业在合作与服务创新上获得成功。因此，研究企业获取服务创新知识的失败学习路径，有助于弄清企业合作与服务创新知识的来源和获取方式，进而提升我国企业间合作的成功概率与服务创新水平，增强我国业的国际竞争能力，促进我国企业的全面升级。分析我国企业由失败学习来获取合作及服务创新知识的路径和机制，是在大力推进我国企业自主创新，把我国建设成为创新型国家这一道路上，亟待解决的重要问题。

综上所述，在研究中国企业的合作与服务创新相关问题时，失败学习是不得不考虑的重要影响因素。因此在以传统的方法分析企业合作与服务创新的基础上，本书将失败学习引入研究框架中，力图阐释失败学习对企业合作与服务创新的影响机理与内在逻辑，探求企业内部相关知识的作用，厘清在此背景下各影响因素的作用机理与路径。

本书采用多元化的研究方法，有以理论分析为主的规范研究，也有强调实践基础的实证研究；有经过深度访谈得到的完整案例，也有经过艰难推导所得的数学模型；有通过大规模问卷得到的一手数据，也有通过长期网络跟踪搜集得到的二手资料。在每种研究方法的使用上，本书都力求做到严谨与科学，这样才能使所得到结论都稳健可靠，以期对中国企业的合作与服务创新活动有所帮助和启迪。

本书关注了相关研究领域的多个研究问题，能够实现这一点，得益于笔者所在科研团队的全力支持，在此表示感谢。同时，还要感谢研究生刘阳、周超、马阿双的辛勤努力。

当然，由于本书作者自身的研究经验和研究水平有待进一步丰富和提高，对于相关问题的研究也存在一些不成熟和不完善之处，书中一些疏漏难免，还请读者批评指正。

杜维 李忆
2016 年 9 月 10 日

目 录

前言
1 虚拟企业合作模式影响因素实证研究 ·································· 1
   1.1 背景 ·· 1
   1.2 理论回顾 ·· 1
   1.3 研究设计 ·· 3
   1.4 实证结果与分析 ·· 5
   1.5 本章小结 ··· 11
2 基于熵权系数法的虚拟企业合作模式选择影响因素研究 ················ 13
   2.1 背景 ·· 13
   2.2 熵权系数法的基本原理 ·· 14
   2.3 虚拟企业合作模式选择影响因素的熵权系数评价方法 ············ 14
   2.4 实证分析结果 ··· 16
   2.5 本章小结 ··· 19
3 虚拟企业内部学习策略博弈分析 ···································· 20
   3.1 背景 ·· 20
   3.2 n 个伙伴企业的博弈 ·· 21
   3.3 不完全信息的引入 ··· 22
   3.4 影响因素分析 ··· 24
   3.5 对策建议 ··· 25
   3.6 本章小结 ··· 26
4 供应链合作关系的调节效应研究 ···································· 27
   4.1 背景 ·· 27
   4.2 假设提出 ··· 28
   4.3 研究设计 ··· 31
   4.4 研究结果 ··· 33
   4.5 本章小结 ··· 37
5 关系情境、供应商承诺与合作效应的实证研究 ························ 39
   5.1 背景 ·· 39
   5.2 假设提出 ··· 39

5.3 研究设计 ……………………………………………………………… 41
   5.4 研究结果 ……………………………………………………………… 42
   5.5 本章小结 ……………………………………………………………… 45
6 基于协同服务创新视角的供应链企业失败学习决策机理研究 ……… 46
   6.1 背景 …………………………………………………………………… 46
   6.2 演化博弈模型 ………………………………………………………… 47
   6.3 演化博弈分析 ………………………………………………………… 50
   6.4 模型参数分析 ………………………………………………………… 54
   6.5 本章小结及相关建议 ………………………………………………… 56
7 服务创新背景下供应链成员企业失败学习及其激励机制研究 ……… 58
   7.1 背景 …………………………………………………………………… 58
   7.2 供应链企业失败学习决策机制的演化博弈 ………………………… 59
   7.3 演化博弈分析 ………………………………………………………… 60
   7.4 激励机制对演化博弈均衡的影响 …………………………………… 65
   7.5 本章小结及相关建议 ………………………………………………… 68
8 知识管理战略的前因及后果研究 ………………………………………… 70
   8.1 背景 …………………………………………………………………… 70
   8.2 理论框架 ……………………………………………………………… 71
   8.3 研究设计 ……………………………………………………………… 77
   8.4 研究结果 ……………………………………………………………… 85
   8.5 本章结论与讨论 ……………………………………………………… 88
9 环境压力下知识管理战略对组织绩效的影响 ………………………… 92
   9.1 背景 …………………………………………………………………… 92
   9.2 理论基础与研究假设 ………………………………………………… 93
   9.3 研究方法 ……………………………………………………………… 95
   9.4 实证结果 ……………………………………………………………… 98
   9.5 本章结论与讨论 ……………………………………………………… 101
10 制造企业物流服务创新的知识获取方式研究 ………………………… 103
   10.1 背景 ………………………………………………………………… 103
   10.2 制造企业物流服务创新路径 ……………………………………… 103
   10.3 制造企业物流服务创新的知识获取方式 ………………………… 105
   10.4 本章小结 …………………………………………………………… 106
11 失败学习对制造企业物流服务创新的影响研究 ……………………… 108
   11.1 背景 ………………………………………………………………… 108
   11.2 研究框架和命题提出 ……………………………………………… 109

	11.3 研究设计	111
	11.4 案例发现	112
	11.5 案例讨论	115
	11.6 本章小结	117
12	失败学习影响下制造企业物流服务创新模式选择研究	118
	12.1 背景	118
	12.2 博弈模型	119
	12.3 信号传递博弈模型的求解	124
	12.4 数值分析	126
	12.5 本章小结	127
13	失败学习与资源投入对物流服务创新模式选择影响的比较研究	129
	13.1 背景	129
	13.2 物流服务创新模式选择的演化博弈	131
	13.3 失败学习对物流服务创新模式选择的影响	133
	13.4 资源投入对物流服务创新模式选择的影响	136
	13.5 两种影响的比较与数值分析	138
	13.6 本章小结	140
14	服务创新背景下制造企业失败学习与顾客参与策略研究	141
	14.1 背景	141
	14.2 模型的基本假设	142
	14.3 模型求解	144
	14.4 模型结果的讨论	147
	14.5 本章小结	149
15	制造企业服务创新过程中的失败学习路径研究	150
	15.1 背景	150
	15.2 研究设计	151
	15.3 案例分析	153
	15.4 本章小结	158
16	服务创新情景中政府激励下的制造企业失败学习演化路径研究	159
	16.1 背景	159
	16.2 构建演化博弈模型	160
	16.3 演化博弈模型分析	162
	16.4 仿真分析	164
	16.5 本章小结及相关建议	167

17 企业服务创新绩效评价指标体系研究 ································169
 17.1 背景 ································169
 17.2 服务创新绩效评价指标体系研究的内容和发展 ································169
 17.3 服务创新绩效评价指标体系构建的原则 ································170
 17.4 服务创新绩效评价指标体系构建 ································171
 17.5 本章小结 ································174

参考文献 ································175

1 虚拟企业合作模式影响因素实证研究

1.1 背　　景

什么是虚拟企业，关于这个问题国内外的学者做了大量研究，给出的定义可谓不计其数，有的侧重于产品角度，有的侧重于信息网络角度，有的侧重于运行方式角度。根据 Perrin 和 Godart（2004）对虚拟企业所下的定义：虚拟企业是企业因某一具体的项目而结成合作伙伴关系，进而所形成的组织。本章中采用这一定义，因此本章所研究的虚拟企业包括一系列企业间因合作而形成的组织形式。

虚拟企业合作模式的选择是建立在企业选择虚拟合作伙伴的基础之上的，学术界对虚拟企业伙伴选择这个问题从选择方法、评价体系到评价指标都有广泛的研究。而对于合作模式的研究尚在探索之中，关于影响虚拟企业合作模式选择的因素的实证研究更是寥寥无几。而这种研究在理论上有助于我们从根本上了解虚拟企业的形成过程和发展，进而更加深入地了解虚拟企业的特点，推动虚拟企业伙伴选择等相关研究，丰富虚拟企业理论；在实践上有利于企业更深刻地认识虚拟企业合作的本质，确定影响自身和合作伙伴的影响因素，进行综合分析，选择出适合自身发展的合作模式，从而更好地开展虚拟化运作，促进企业迅速、健康地发展。

本章研究的问题：找出影响不同合作模式选择的主要因素。

1.2 理　论　回　顾

虚拟企业是一种崭新的企业组织形式，是21世纪企业进行生产经营和市场竞争的主要模式，这一点已被越来越多的人所认同。建立虚拟企业的一个关键环节是选择灵捷的、有竞争力的和相容的合作伙伴（Nagal 和 Dove，1991）。因此，确定合适的，有竞争力的合作伙伴是虚拟企业形成过程中一项很重要的活动，它直接关系到虚拟企业的市场反应速度及合作的绩效和成败。

当企业选定了合作伙伴时，实际上也就选定了与之相配套的虚拟合作模式。面对不同的类型合作伙伴，企业就必须采用不同的合作模式。只有当企业选定了合适的合作伙伴，又根据实际情况采用了正确的虚拟合作模式，企业才能正常地开展虚拟化运作。可以说不同类型的合作伙伴就决定了不同的虚拟合作模式，因此企业在伙伴选择过程中的影响因素也就是企业在虚拟合作模式选择时的影响因素。在虚拟企业伙伴选择成果较多，虚拟企业合作模式选择成果较少的情况下，我们的研究从虚拟企业伙伴选择开始。

针对虚拟企业的合作伙伴的选择问题，已有不少学者对此进行了研究。学术界对这一问题的研究大致分为两类。一类主要是通过建立数学模型，用偏重定量的方法来研究虚拟企业伙伴选择，这种方法主要侧重于在各种因素的影响下伙伴选择的过程，并根据模型提出企业在选择虚拟合作伙伴的方法。Talluri 和 Baker (1996)提出两阶段的伙伴选择过程模型，然而，该模型仅考虑了伙伴选择过程中的定量因素，忽略了其中大量存在的非定量因素，如信任、文化融合性、通信可能性等，另外它对所有的潜在合作伙伴都要进行定量分析，这样，不仅造成模型可操作性差，而且应用过程复杂。类似的研究还有很多，如吴宪华和张列平（1998）提出了采用 ANP（网络分析法）来选择虚拟企业的合作伙伴。马永军等（2000）采用 AHP（层次分析法）来选择合作伙伴。覃正和卢秉恒（1997）提出采用模糊推理机制选择合作伙伴。马鹏举等（1999）提出采用 F-AHP（模糊层次分析法）解决此问题。陈红菊等（2001）结合我国企业目前的经营现状提出虚拟企业伙伴选择过程中应考虑的因素和应遵循的原则，并给出伙伴选择的三阶段模型，并指出伙伴选择必须遵循两条原则：第一，定性分析与定量分析相结合；第二，单个企业的竞争实力与企业之间合作的相容性相结合。

另外也有不少学者从对合作伙伴的评价指标入手，这是虚拟企业伙伴选择研究中的第二大类。这主要是通过使用概念模型等方法，得出影响企业选择虚拟合作伙伴的因素，或者是伙伴选择过程中的评价指标。Gilbert 等（1994）指出，有效的通信网络、文化融合性、经常保持联系、信任、合作的目标与企业的远景目标一致是实现不同企业的业务过程合作的重要因素。在研究虚拟企业合作时，不少学者对合作风险也进行了研究，Brouthers 等（1995）提出在战略联盟中合作双方所分担的风险必须对等。李瑜玲（2003）指出在动态联盟中信用指标的重要性远远超过了其他指标，Ip 等（2003）指出减小合作风险是虚拟企业必须克服的问题。合作风险是伙伴选择过程中很重要的一个影响因素，而合作风险主要分为外部不可控风险、来自合作对方的风险和自身改变策略风险等。另外研究得比较多的因素是合作成本因素和企业柔性因素，樊友平和陈静宇（2000）提出在战略联盟中评价合作伙伴的投入时，投入经费和投入人员是主要的指标，这里所指的投入也就是合作成本。赵忠华和何显威（2003）认为在评价虚拟企业合作伙伴的时候销售情况和敏捷性是主要评价指标，敏捷性主要指企业响应市场和合作伙伴请求的速度，在很大程度上与企业柔性有关。郑文军等（2000）也认为在动态联盟中企业柔性和成本因素是主要的评价指标。Perrin 和 Godart（2004）认为在虚拟企业整合过程中，柔性是一个重要的因素。企业柔性包括自适应能力，发掘产品新价值、联合开发新产品的能力，以及根据市场需求快速调整生产规模和产品组合的能力等。成本因素则主要包括支付给合作伙伴的报酬，以及可能发生的运输成本、包装成本以及合作过程带来的协作成本。本次研究将验证部分伙伴选择的主要评价指标是否成为影响虚拟企业合作模式选择的因素。

1.3　研 究 设 计

1.3.1　理论框架

虚拟企业合作模式选择为无序多分类变量，本次研究以企业作为个体，采用离散选择模型中的 mlogit 模型分析影响虚拟企业合作模式选择的因素，模型形式为

$$\log(p_i/p_j) = \beta' X \tag{1.1}$$

其中，$i=1，2，\cdots，J$。i 为 $1，2，\cdots，J$ 等互斥选择构成的选择集合（Choice Set）C 中的第 i 个选择，p_i 为企业选择第 i 种合作模式的概率，β 和 X 分别为系数和自变量矩阵。相应从集合 C 中选择 i 的概率为

$$p(i/C) = \frac{\exp(\beta'_i X)}{\sum_{j=1}^{J} \exp(\beta'_j X)} \tag{1.2}$$

在本次研究中表示企业选择第 i 种合作模式的概率。X 为影响企业选择的因素，共有 20 个。

1.3.2　变量设定

关于虚拟企业合作模式的分类。在本章中，我们采用郑尔强和朱世和（2002）的分类标准，虚拟企业合作模式选择共分 6 类。第一类为供应链式；第二类为策略联盟式；第三类为合资经营式；第四类为外包加工式；第五类为插入兼容式；第六类为虚拟合作式。

我们的前期研究经过对虚拟企业伙伴选择评价指标进行综合、分类、提炼，得到影响虚拟企业合作模式的 15 个作用较大的主要因素。主要有：行业因素、企业性质、市场份额、年销售额、企业规模、管理人员文化水平、管理结构、合作成本、产品因素、管理柔性、网络使用状况、合作风险、其他企业影响、相对距离、自身物流状况。

其中需要指出的是，行业因素与产品因素似乎有所重叠，但在我们的研究中，产品因素内涵包括：合作对方的产品能否给本企业最好的支持，以及本企

业的产品能否得到合作伙伴的高度评价。这是个虚拟企业在合作过程中选择与被选择双方互动的影响,不同于简单意义上的某行业的属性决定某产品的属性;其他企业影响指的是,企业在虚拟运作的过程中,选择与伙伴的合作模式时受到某个与其关系密切的企业的影响,选择与其一致的合作模式,存在着跟风,也即羊群行为。

另外,在一些学者的研究中表明,在虚拟企业伙伴选择的过程中,核心竞争力和企业文化的匹配性是两个重要的指标。但是我们与重庆市一些企业界人士的交流过程中明显发现这两个因素对企业的影响较小,尤其是企业文化这一指标,在选择合作模式时几乎不被考虑,至于企业核心竞争力,根据孙东川和叶飞(2001)的定义,核心竞争力这一指标部分体现在产品因素、管理人员文化水平中。

因此,最后进入模型的影响因素变量有企业性质、市场份额、年销售额、企业规模、管理人员文化水平、合作成本、产品因素、管理柔性、网络使用状况、合作风险、其他企业影响、相对距离、自身物流状况这 13 个因素,在加上由行业因素所产生的 4 个哑元变量(dummy variables)和由管理结构所产生的 3 个哑元变量,总共 20 个自变量。需要指出的是市场份额、年销售额、企业规模、管理人员文化水平、合作成本等 5 个自变量均为逆指标(取值越高,实际水平越低),其他为正指标。产品因素、管理柔性、网络使用状况、合作风险、其他企业影响、相对距离、自身物流状况这 7 个变量采用的是 Likert 量表中的 5 分制量表。

1.3.3 问卷

问卷的设计是根据虚拟企业理论、Tracey 等(1999)的研究问卷、李军锋(2003)的研究问卷以及重庆市企业的具体情况设计,共有 22 个题目,其中单选题有 13 个、打分题 7 个、填空题 2 个。内容包括企业自身信息、虚拟伙伴合作模式选择、对合作伙伴的评价以及在选择合作模式时所考虑的因素等。

1.3.4 样本选定

本次研究的总体为全重庆市的各个采用了虚拟合作的企业。

调查方式为非全面调查中的抽样调查,调查方法为分群随机抽样。具体的抽样方法是在重庆大学经济与工商管理学院攻读 MBA 的学员发放问卷,这些学员随机地分布在重庆市的各个地区的各个行业,这些企业都或多或少、或深或浅地采用虚拟运作模式,因此我们所选的样本具有很强的代表性。在实际调查的过程当中我们采用自填式问卷的调查方式,即在课堂上留出时间发给 MBA 学员调查问卷,并当场讲清虚拟运作概念、各个题目的含义。此次研究,我们共发出问卷 300 份,收回问卷 292 份,其中,没有采用过虚拟合作的 46 份,来自同一个企业的多余问卷有 15 份,填答不全的 16 份,有效问卷为 215 份。Sekaran(2005)提出在企业调查中,问卷数量必须是自变量个数的 10 倍,本次研究样本数量是足够的。

1.4 实证结果与分析

1.4.1 企业特点

表 1.1 显示了本次研究样本的统计指标及分类指标。由表 1.1 可见,此次调查企业主要集中在制造业,达到了 37.7%;国有企业在所有企业中占到了相当大的比重,达到了 61.4%;企业规模也以大型企业居多,达到 26.5%。令人稍感不足的是企业性质中含国有资产比重较低的中外合资企业、中外合作企业以及外商独资企业数量较少,特别是中外合作企业只有 1 家,这和重庆是个老工业城市,开放程度不如沿海有关。

表 1.1 虚拟企业合作模式频率分布

统计指标及分类指标		数量	占比/%
行业分布	制造业	81	37.7
	房地产业	49	22.8
	服务业	19	8.8
	IT 业	10	4.7
	其他	56	26
企业性质	国有企业	132	61.4
	民营企业	65	30.2
	中外合资企业	10	4.7
	中外合作企业	1	0.5
	外商独资企业	7	3.3
企业规模	5000 人以上	57	26.5
	1001~5000 人	39	18.1
	501~1000 人	26	12.1
	100~500 人	46	21.4
	100 人以下	47	21.9

续表

统计指标及分类指标		数量	占比/%
合作模式	供应链式	78	36.3
	策略联盟式	30	14
	合资经营式	28	13
	外包加工式	31	14.4
	插入兼容式	24	11.2
	虚拟合作式	24	11.2

表 1.2 列出了本次抽样调查中，部分影响因素的描述性统计结果。

表 1.2 部分主要变量描述性统计表

变量名	样本数量	最小值	最大值	均值	标准误差	标准差
企业性质	215	1	5	1.54	0.06	0.874
管理人员文化水平	215	1	5	2.77	0.09	1.381
其他企业影响	215	1	5	3.12	0.08	1.192
相对距离	215	1	5	2.95	0.09	1.291
合作成本	215	1	5	3.7256	0.0845	1.23861
市场份额	215	1	5	2.89	0.09	1.349
年销售额	215	1	5	3.05	0.1	1.415
企业规模	215	1	5	2.94	0.1	1.529
产品因素	215	1	5	3.6105	0.062	0.90962
管理柔性	215	1	5	3.2686	0.0598	0.87722
网络使用状况	215	1	5	3.2186	0.0739	1.08322
合作风险	215	1	5	3.386	0.0601	0.88096
自身物流状况	215	1	5	3.0221	0.0738	1.0821

1.4.2 回归结果及分析

1. 多元 logit 回归结果（表 1.3）

多元 logit 模型的前提条件是满足"独立无关选择项（independence of irrelative alternatives，IIA）"性质（表 1.4），我们借助 Hausman-McFadden 检验来进行。

表 1.3 多元 logit 回归结果

变量	策略联盟式	z	合资经营式	z	外包加工式	z	插入兼容式	z	虚拟合作式	z
企业性质	-0.3072	-0.84	0.2169	0.68	0.2774	0.98	-1.1020*	-1.75	-1.0935*	-1.92
	-0.3650		0.3199		0.2832		0.6312		0.5692	
市场份额	-0.1264	-0.48	-0.0568	-0.23	0.1139	0.45	0.4796*	1.71	0.4545*	1.67
	-0.2623		0.2499		0.2542		0.2805		0.2728	
年销售额	-0.1804	-0.70	0.2653	0.95	-0.1568	-0.71	0.0400	0.15	-0.2846	-1.01
	-0.2562		0.2789		0.2199		0.2726		0.2816	
企业规模	-0.1034	-0.51	0.3392	1.47	0.3991**	2.07	0.2467	1.01	0.1218	0.51
	-0.2046		0.2311		0.1930		0.2444		0.2412	
管理人员文化水平	-0.6792***	-2.74	0.1295	0.57	-0.4518**	-2.31	-0.5348**	-2.11	0.0203	0.08
	-0.2479		0.2277		0.1952		0.2537		0.2468	
其他企业影响	-0.1766	-0.72	-0.9084***	-3.09	0.1809	0.74	-0.1021	-0.35	-0.6106**	-2.16
	-0.2442		0.2945		0.2439		0.2913		0.2829	
相对距离	-0.1077	-0.52	0.0749	0.33	0.0190	0.09	-0.1995	-0.85	-0.4697**	-1.99
	-0.2084		0.2275		0.2053		0.2359		0.2365	
合作成本	-0.1858	-0.84	-0.7457***	-3.06	0.3491	1.41	-0.6689***	-2.62	-0.7475***	-2.95
	-0.2223		0.2438		0.2475		0.2549		0.2533	
产品因素	-0.6504**	-2.10	-0.7637**	-2.12	-0.0506	-0.17	-0.2240	-0.67	-0.7961**	-2.20
	-0.3094		0.3608		0.3003		0.3348		0.3623	
管理柔性	0.4220	1.18	-0.0426	-0.10	-0.2471	-0.66	0.5587	1.31	0.0012	0.00
	-0.3586		0.4164		0.3744		0.4252		0.4036	
网络使用情况	-0.0523	-0.16	-0.3488	-0.96	-0.4511	-1.41	-0.4477	-1.22	0.2450	0.69
	-0.3278		0.3622		0.3191		0.3675		0.3574	
合作风险	0.3285	0.91	0.6708*	1.70	-0.4243	-1.24	-0.2426	-0.60	0.3329	0.84
	-0.3616		0.3947		0.3422		0.4024		0.3942	

续表

变量	策略联盟式	z	合资经营式	z	外包加工式	z	插入兼容式	z	虚拟合作式	z
自身物流状况	−0.1464	−0.48	0.7104**	2.03	0.6019**	1.97	0.1197	0.35	0.3313	0.97
	−0.3071		0.3499		0.3048		0.3415		0.3411	
D_制造业	−0.6076	−0.82	−0.0545	−0.07	0.2928	0.42	−1.5205**	−2.13	−0.7269	−0.89
	−0.7426		0.7680		0.6997		0.7126		0.8164	
D_服务业	−0.1673	−0.23	−0.1536	−0.19	−0.7846	−0.94	−2.2118**	−2.50	−0.3790	−0.44
	−0.7377		0.8168		0.8350		0.8844		0.8562	
D_房地产业	2.2090*	1.86	1.1989	0.98	0.2822	0.22	−2.0142	−1.31	1.6305	1.31
	−1.1887		1.2259		1.2851		1.5367		1.2417	
D_IT业	0.1282	0.12	−34.0372	0.00	−0.4187	−0.31	−34.5391	0.00	−0.3460	−0.27
	−1.0694		6758149		1.3376		9864719		1.2714	
D_直线职能制	1.3079	1.48	1.4816	1.57	0.7690	1.06	0.4635	0.59	−0.4184	−0.54
	−0.8848		−0.9465		0.7277		0.7797		0.7754	
D_事业部制	0.7385	0.77	1.0352	1.01	0.0868	0.10	−1.2848	−1.19	−0.7601	−0.83
	−0.9634		−1.0252		0.8425		1.0802		0.9141	
D_矩阵制	1.5550	1.10	3.5109**	2.50	0.6187	0.39	3.0341**	2.45	2.1632*	1.84
	−1.4197		−1.4064		1.5708		1.2361		1.1736	
常数项	3.3874	1.54	−0.1891	−0.08	−1.7204	−0.77	4.6766*	1.91	5.6210**	2.27
	2.1972		2.5145		2.2381		2.4423		2.4748	

注：(1) 计算软件 stata8，所用命令为多元 logit 命令
(2) *表示 $p \leq 0.10$；**表示 $p \leq 0.05$；***表示 $p \leq 0.01$
(3) 样本量=215
(4) Log likelihood=−261.7272，LR chi2（40）=197.60，Prob>chi2=0.0000，Pseudo R^2=0.2740
(5) 供应链式是比较组
(6) 表中市场份额、年销售额、企业规模、管理人员文化水平、合作成本等 5 个自变量均为逆指标。变量前带有 D 符号的为哑元变量

表 1.4　IIA 性质检验

	策略联盟式	合资经营式	外包加工式	插入兼容式	虚拟合作式
hm 统计量	0.00	−0.00	4.78	−0.00	0.00
p 值	>0.9999	—	>0.9999	—	>0.9999

2. 结果分析

表 1.3 是多元离散选择模型回归分析的结果，由表可知，广义 R^2 为 0.2740，表明各个自变量作为一个整体，对因变量有一定的影响，该模型有一定解释力度。以下是对实证结果的分析（均是相对供应链式而言）。

（1）策略联盟式。数据显示：在策略联盟式虚拟合作模式中，有三个自变量对其有显著性影响，分别是管理人员文化水平（$p<0.01$）、产品因素（$p<0.05$）、D_房地产业（$p<0.1$）。这意味着管理人员文化水平、产品因素和行业因素为影响企业选择策略联盟式的主要因素，其中管理人员文化水平和产品因素的系数符号为负，房地产业的系数符号为正。表明：①企业中管理人员整体文化层次越高，越偏向于选择策略联盟式这一合作模式。②企业在选择虚拟合作模式时，对产品因素考虑得不多时，倾向于选择策略联盟式。这主要是和供应链式这种具有动态性的合作模式相较而言的，供应链式合作模式主要存在于制造业和服务业中，而在这两个行业之所以更倾向于选择这一合作模式，主要是因为产品在这两个行业中意义相当重大，成为合作时考虑的最主要因素之一，因此回归分析中这一结论基本与现实情况相符。③房地产行业明显倾向于选择策略联盟式，而且，房地产行业较多地采用了策略联盟的形式。

（2）合资经营式。在合资经营式中，共有其他企业影响（$p<0.01$）、合作成本（$p<0.01$）、产品因素（$p<0.05$）、合作风险（$p<0.1$）、自身物流状况（$p<0.05$）、D_矩阵制（$p<0.05$）等六个变量对因变量有显著性影响。说明：①容易受其他企业影响的企业不倾向于选择合资经营式，即企业在选择合作伙伴之间的合作模式时，受其他企业影响较少的企业比较偏向选择合资经营式，说明企业在选择这一模式时是较为理性的，不存在跟风行为。②合作成本越高，企业越倾向于选择这种合作模式。合作成本高的时候，如果一旦合作破裂，企业的损失将会很大，因此企业在选择合作模式的时候会选择合资经营这种较为稳定的合作模式，从而减小企业受到损失的概率。③相对供应链式，对产品因素考虑得越少越倾向选择合资经营式。合资经营主要是强调企业组成一个实体，多从战略和资金上考虑，因此对产品因素的考虑较少。④合作风险越高，企业越倾向选择合资经营式。这与第②点是一致的。⑤自身物流状况越好，越倾向于选择该合作模式。这意味着合资经营这种虚拟合作模式的门槛较高，对方企业对自身的要求高，因为一旦组成一个较为稳定的经营实体后，对方自身企业的状况会给对方带来很大的影响。⑥采用矩阵制的企业倾向于选择合资经营式。矩阵制比其他职能结构更具有柔性，在合资经营的时候，合作的企业双方的管理体系要合而为一，如果管理结构不具有柔性，那么在两个企业整合的时候将会遇到更多的麻烦。

（3）外包加工式。关于该模式，有企业规模（$p<0.05$）、管理人员文化水平

（$p<0.05$）、自身物流状况（$p<0.05$）这三个自变量对因变量有显著影响。①企业规模越小，企业越倾向于采用外包加工式。现代社会竞争异常激烈，在企业规模较小的情况下，竞争实力较弱，因此中小企业在虚拟合作的时候多采用外包加工这种合作模式，保留自身有竞争力的方面，把自身的弱势方面外包出去，从而加强自身的竞争能力，减少人力资源成本。②管理人员文化水平越高，企业越倾向选择外包加工式。一般在管理人员文化水平比较高的企业，它的核心竞争力主要在管理和产品研发方面。此外，管理人员文化水平越高，其对该种合作模式的认识水平和采用虚拟合作的意识也会越强。③自身物流状况越好，越倾向选择外包加工式。外包加工式这种虚拟合作方式本身对物流状况的要求比较高，需要有畅通的运输网络。因此在自身和外部物流状况较好，有较强的物流管理水平的时候，企业更倾向于选择外包加工式。

（4）插入兼容式。企业性质（$p<0.1$）、市场份额（$p<0.1$）、管理人员文化水平（$p<0.05$）、合作成本（$p<0.01$）、D_制造业（$p<0.05$）、D_服务业（$p<0.05$）、D_矩阵制（0.05）的影响显著。①含国有资产比重较高的企业尤其是国有企业，倾向于选择插入兼容式。这表明国有企业经过改制后，现已经拥有一支相对稳定的核心雇员队伍，而在虚拟合作的过程中根据需要临时雇用来自其他企业的流动人员。②市场份额较小的企业比较倾向于选择插入兼容式。选择这种模式，有利于适度降低企业在开拓市场方面的费用，一旦企业达到预期目的，也不会为企业留下难以解决的负担。③管理人员文化层次越高，越倾向选择该合作模式。同外包加工式一样，插入兼容式也是要求企业有一定文化层次的管理队伍，这样才有更强的跨文化包容性，更有利于来自不同企业、拥有不同企业文化的人员在一起开展工作。④合作成本越高，企业越倾向于选择插入兼容式这一虚拟合作模式，因为插入兼容式能够降低合作成本。⑤制造业和服务业不倾向于选择插入兼容这一虚拟合作模式。这是由于相对于其他行业，在这两个行业对产品质量最为看重，而插入兼容式强调的是一种流动性和动态性，这种合作的不稳定性，必然会因为对生产过程的不熟悉而对产品质量带来巨大的冲击。⑥采用矩阵制的企业倾向于选择该合作模式，因为这种合作模式要求企业的管理柔性较强，而矩阵制柔性较强。

（5）虚拟合作式。对因变量有显著影响的自变量是：企业性质（$p<0.1$）、市场份额（$p<0.1$）、其他企业影响（$p<0.05$）、相对距离（$p<0.05$）、合作成本（$p<0.01$）、产品因素（$p<0.05$）、D_矩阵制（$p<0.01$）。①含国有资产占比重高的企业，倾向于选择虚拟合作式。这主要是因为国有资产比重较高的企业，一般规模较大，实力较强，拥有较好的生产、通信等条件。而虚拟合作式正是针对某一机遇，各个分散在不同地方的成员，通过信息基础设施开展经营活动。所以国有资产比重较高的企业倾向于选择有利于发挥自身优势的虚拟合作式。②市场份

额越小，企业越倾向选择虚拟合作式。虚拟合作式对合作伙伴的地理位置要求较其他几种合作模式低，有利于分散在不同地点的企业联合起来，因此市场份额小的企业就倾向于选择该合作模式，联合其他合作伙伴，加强自身实力。③受其他企业的合作模式影响小的企业，倾向于选择虚拟合作式，其分析同策略联盟式。④企业越是不在意与合作伙伴的相对距离，越偏向于选择虚拟合作式。这是虚拟合作式的特点所致。⑤合作成本越高，企业越倾向选择虚拟合作式。这一点与外包加工式道理一样，分散的企业通过信息基础设施进行合作会有利于企业降低合作成本。⑥对产品因素考虑得越少，越倾向于选择虚拟合作式。与供应链式相比较，虚拟合作式对产品因素的考虑较少。⑦采用矩阵制的企业倾向于选择虚拟合作式。说明这种合作模式需要企业有较强的管理柔性，而矩阵制正是具有这一优点。

1.5 本章小结

综上所述，影响企业在虚拟化运作过程中选择合作模式的主要因素有：企业性质、市场份额、企业规模、管理人员文化水平、相对距离、合作成本、合作风险、自身物流状况、行业因素和管理职能结构。我们可以看到，管理人员文化水平对策略联盟式、外包加工式和插入兼容式都有显著影响，可以说管理人员文化水平的高低会直接影响企业合作模式的选择。企业在选择合作模式时会考虑到合作成本，选择虚拟合作，企业是为了降低合作的成本。同时我们可以看到，企业在选择虚拟合作时会考虑自身物流的状况，这也说明物流状况的良好是虚拟合作的保证。而矩阵制对大多数的虚拟合作模式都有正向的影响，可以说这种具有一定柔性的管理职能结构有助于企业的虚拟化运作。同时，企业选择虚拟合作模式时，很少受到其他企业的影响，也就是说在这个过程中不存在羊群行为。

从理论上讲，本次研究是在虚拟企业伙伴选择的基础之上进行的，我们在众多伙伴选择评价指标中找出了一些企业在选择虚拟合作模式时的影响因素，经过实证分析，得出一些对选择有显著影响的因素。这也正好反过来证明了虚拟企业合作模式选择和伙伴选择在很大程度上具有同质性，合作模式选择与合作伙伴选择所研究的内容较为接近。另外，一些伙伴选择中的重要指标，在合作模式选择中所起作用却并不显著（管理柔性和网络使用状况），这说明虚拟企业合作模式选择并不能等同于虚拟企业伙伴选择，合作模式选择有自身独有的知识体系和评价体系，同时虚拟企业合作模式选择也是对虚拟企业伙伴选择的有力补充。

从实践上讲，本次研究所发现的影响因素大致上可分为企业内部因素（企业性质、市场份额、企业规模、管理人员文化水平、自身行业状况、管理职能结构）和外部因素（相对距离、合作成本、合作风险、行业因素）。有助于管理者根据企业自身的内部和外部的情况，选择适合自身发展的合作模式；加强虚拟企业的内部管理和外部管理。例如，自身规模较小，但同时又拥有较高文化水平的管理人员和较好的物流网络的公司，在选择合作模式的时候可以考虑外包加工式，这样可以便于集中力量发挥自身的强项，充分发挥自身人员素质高和灵活性强的优势，避免了全面铺开而带来力量分散的情况，从而为企业在市场竞争中带来优势。再如，我们研究发现矩阵制的管理结构对大部分虚拟合作模式有所促进，虚拟企业可以在管理过程中根据自身情况采用这一具有较强柔性管理结构。最后根据本次研究得出影响虚拟企业合作模式选择的因素，虚拟企业在进行外部管理的时候应该注意根据自身行业状况，降低合作成本、减小合作风险。

超出预料的是管理柔性和网络使用状况这两个比较重要的因素在实证结果都不显著，出现这种情况可能的原因是：①我们的问卷在设计上增大了内部效度而使外部有效性有所降低；②这两个因素在重庆市的企业选择虚拟合作模式的过程中作用不明显。也就是重庆市的企业在选择合作模式的过程中对这两个因素考虑不多。研究中我们发现插入兼容式和虚拟合作式的常数项都显著，说明还有一些影响二者的因素没有被发现，这也是我们后继研究的方向。另外，我们选择的虚拟合作模式分类仅是多种分类方法之一，对其分类不同也会得出不同的影响因素。其次，一些学者认为虚拟企业伙伴选择过程中存在羊群行为，而本次研究结果得出，在虚拟企业合作模式选择中不存在这种行为，后继研究可采用不同合作模式分类来验证羊群行为是否存在。

2 基于熵权系数法的虚拟企业合作模式选择影响因素研究

2.1 背　　景

　　虚拟企业将地理上和组织上分散的企业伙伴组织起来，通过企业间的有效协作，以实现"共赢"为目标。虚拟企业这一概念出现的时候，虚拟企业伙伴选择问题就成为一个国内外学者研究的热门问题，当虚拟企业选择好了合作伙伴的时候，所面临的问题就是选择适合自身和合作伙伴的合作模式，然而企业间的自身差别和合作期望往往千差万别，企业间既有共享、合作的一面，又有自身经营、管理的一面；既有长期的战略发展规划，又有临时的合作开发与生产任务。而在不同的虚拟合作模式中，又因其侧重因素不同而对企业的自身条件和外部环境提出了不同的要求，因此企业同合作伙伴之间采用一个什么样的合作模式才能使合作双方既得到当前利益，又有利于长远发展；既符合企业自身特点，还能充分发挥企业自身长处就成为一个企业必须解决的课题。各种不同虚拟合作模式对合作企业有哪些不同的要求也成了理论研究的重点。但是目前学术界在这方面的研究却不够深入，尚处于初级阶段，多由学者经过理论研究进而提出虚拟合作模式中影响较大的因素，缺乏规范性和实证性。本章通过抽样调查得到数据，在运用熵权系数法，得出不同合作模式中影响较大的因素，这种方法具有较强的实证性，可靠性强，从而有利于企业更深刻地了解虚拟企业合作的本质，根据对自身和对方影响较大的因素出发，选择适合的合作模式，同时也可以推动虚拟企业伙伴选择等相关研究，丰富虚拟企业理论。

　　传统的评价方法有模糊综合评价法、层次分析法、主成分分析法、神经网络法等，但上述方法主要用于得出待评项目的综合评分值，而熵是一种多目标决策的有效方法，是系统状态不确定性的一种度量，能够直接得到各个待评因素的权重，便于我们研究各因素在不同虚拟合作模式中的重要程度。熵目前多被应用于金融、投资、管理等方面。郭存芝（2001）把熵权系数法应用到股票投资价值的计算中，得出了科学合理的股票投资价值的评价方法。陈业华和邱苑华（1999）利用离散熵的一般表达式，推导出 R&D 资金流贴现率的熵近似上限及近似下限公式，并将其运用于 R&D 决策评估。吴成茂和樊相宇（2002）提出了基于模糊熵的人力资源结构优化配置方法，并对现有人力资源结构合理性和协调性进行科学评价。至于在虚拟企业方面，王硕和唐小我（2003）针对虚拟企业合作伙伴选择提出包含专家自身权重的广义熵综合评价模型，还在此基础上开发出了计算机遴选支持系统，辅助企业决策。

关于虚拟企业的概念可谓众说纷纭，根据 Perrin 和 Godart（2004）的定义，本章中虚拟企业是指企业因某一具体的项目而结成合作伙伴关系，进而所形成的组织。因此本章所研究的虚拟企业包括一系列企业间因合作而形成的组织形式。

2.2 熵权系数法的基本原理

"熵"（entropy）原是热力学的一个名词，用以度量分子运动的无规则性，表示不能用来做功的热能，是热能的变化量除以温度所得的商。由 Shannon 引入信息论，用来度量剩余信息量，现在已在工程技术、社会经济等许多方面得到广泛的应用。

在信息论中，信息是系统有序程度的一个度量，熵是系统无序程度的一个度量，二者绝对值相等，符号相反。当系统可能处于几种不同状态，每种状态出现的概率为 $p_i(i=1,2,\cdots,m)$ 时，该系统的熵定义为

$$E = -\sum_{i=1}^{m} p_i \ln p_i \quad (2.1)$$

显然，当 $p_i = \frac{1}{m}, i=1,2,\cdots,m$，即概率相等时，熵取得最大值为

$$E_{\max} = \ln m \quad (2.2)$$

设有 m 个待评项目，n 个评价指标，则原始指标矩阵 $R=(r_{ij})_{m \times n}$，对于某个指标 r_j，有信息熵

$$E_j = -\sum_{i=1}^{m} p_{ij} \ln p_{ij} \quad (2.3)$$

其中，p_{ij} 为指标值 r_{ij} 出现的概率。

可见，某个指标的信息熵越小，表明其指标值的变异程度越大，提供的信息量越大，在综合评价中所起的作用越大，则该指标的权重也应越大；反之，某个指标的信息熵越大，表明其指标值的变异程度越小，提供的信息量越小，在综合评价中越小，则该指标的权重也应越小。所以，可以根据各个指标的变异程度，利用信息熵这一工具，计算各指标的权重，为多准则综合评价提供依据。

2.3 虚拟企业合作模式选择影响因素的熵权系数评价方法

虚拟企业合作模式选择建立在伙伴选择的基础之上，根据国内学者郑文军等

（2000）、李瑜玲（2003），国外学者 Brouthers 等（1995）、Ip 等（2003）的研究，以及我们对虚拟企业伙伴选择评价指标进行综合、分类、提炼得到以下影响虚拟企业合作模式的主要因素，见表 2.1。

表 2.1 虚拟企业合作模式评价体系

指标类型	指标名称	代号
内部因素	行业因素	C1
	企业性质	C2
	市场份额	C3
	年销售额	C4
	企业规模	C5
	管理人员文化水平	C6
	管理柔性	C7
	管理结构	C8
外部因素	合作成本	C9
	产品因素	C10
	网络使用状况	C11
	合作风险	C12
	其他企业影响	C13
	相对距离	C14
	自身物流状况	C15

需要指出的是：许多文献中提到要对指标值矩阵进行标准化，对原始数据作标准化处理的原因是，各个指标都有自身的量纲，并且指标间差异较大，使得不同指标间在量上不能进行比较。经过标准化转换之后能得到标准化（也称无量纲化）数据。但此次研究的目的是了解每个指标在企业进行虚拟合作模式选择时的权重，因此我们通过随机抽样的方法发放问卷，对上述 15 个指标均选用 5 分制打分法将各指标量化。由被调查者根据自身情况选择，这样所得到的指标值矩阵不需要进行标准化。对于虚拟企业合作模式，根据郑东强和朱世和（2002）的研究，把其分为供应链式、策略联盟式、合资经营式、外包加工式、插入兼容式和虚拟合作式。

数据处理步骤如下。

第一步，根据虚拟合作模式的不同对数据进行分类，并统计出每个指标各个分数的选择频数 x_{ij}，得到 6 个 5×15 的矩阵。

第二步，根据这 6 个矩阵算出第 j 个指标下第 i 个打分占该种合作模式的指标

比重 p_{ij} 为

$$p_{ij} = x_{ij} \bigg/ \sum_{i=1}^{5} x_{ij} \qquad (2.4)$$

第三步,计算出每个矩阵中第 j 个指标的熵值为

$$E_j = -\sum_{i=1}^{m} p_{ij} \ln p_{ij} \qquad (2.5)$$

记

$$e_j = \frac{1}{\ln m} E_j \qquad (2.6)$$

第四步,根据熵值得到每个矩阵中第 j 个指标的权重为

$$w_j = (1-e_j) \bigg/ \sum_{j=1}^{n}(1-e_j) \qquad (2.7)$$

此时对于虚拟企业合作模式综合评价,第 j 个指标差异越大,e_j 越小,那么第 j 个指标的权重就会越大,该指标对合作模式综合评价的作用也就会越大。

2.4 实证分析结果

2.4.1 熵权计算结果

在上述数据处理过程中,我们遇到了这个问题:在第一步按合作模式进行分类统计的过程中,某个指标的一个分数在统计频数的时候有可能为 0,即在该类合作模式中,没有人对这个指标选择这个分数。这会对第三步中对 p_{ij} 取对数造成影响。根据熵的性质,说明在该指标中,被调查者更多地选择了其他选项,该指标变化程度很大,变化程度越大的指标,熵值应该越小。因此我们对这一问题的技术处理是:直接令出现这种情况的 $p_{ij} \ln p_{ij}$ 为 0,从而使该指标的熵值计算能够适度减小。

表 2.2 为根据式（2.5）和式（2.6）计算出来的各个指标的熵值

表 2.2 虚拟合作模式影响因素熵值表

	供应链式	策略联盟式	合资经营式	外包加工式	插入兼容式	虚拟合作式
行业因素	0.786646	0.966616	0.828697	0.77965	0.654475	0.947844
企业性质	0.545899	0.507001	0.699438	0.624816	0.419386	0.449383
市场份额	0.928913	0.912221	0.993875	0.899031	0.897944	0.942631
年销售额	0.978952	0.904832	0.94292	0.976383	0.951428	0.816379
企业规模	0.957888	0.957915	0.801006	0.978895	0.980777	0.95589
管理人员文化水平	0.982962	0.743129	0.99759	0.896383	0.93609	0.964687

续表

	供应链式	策略联盟式	合资经营式	外包加工式	插入兼容式	虚拟合作式
管理柔性	0.911265	0.944112	0.831878	0.816442	0.897657	0.980777
管理结构	0.703823	0.615072	0.659157	0.606167	0.7501	0.832468
合作成本	0.853951	0.83103	0.932993	0.778973	0.964687	0.861353
产品因素	0.832848	0.823799	0.768618	0.784212	0.82767	0.956641
网络使用状况	0.986275	0.928872	0.99759	0.899313	0.865815	0.964687
合作风险	0.948954	0.862045	0.951104	0.904416	0.88307	0.831381
其他企业影响	0.953016	0.958978	0.945142	0.927419	0.753347	0.839424
相对距离	0.987283	0.932672	0.943208	0.957377	0.951428	0.884862
自身物流状况	0.974452	0.956113	0.919986	0.871566	0.795383	0.95589

表 2.3 是根据式（2.7）最终计算出的虚拟合作模式选择中各个影响因素在不同合作模式中的权重系数。权重较大的因素就意味着特定的合作模式中影响较大的因素。

表 2.3 虚拟合作模式影响因素权重表

	供应链式	策略联盟式	合资经营式	外包加工式	插入兼容式	虚拟合作式
行业因素	12.80%	1.55%	9.59%	9.58%	13.98%	2.87%
企业性质	27.24%	22.87%	16.82%	16.32%	23.50%	30.33%
市场份额	4.26%	4.07%	0.34%	4.39%	4.13%	3.16%
年销售额	1.26%	4.41%	3.19%	1.03%	1.97%	10.11%
企业规模	2.53%	1.95%	11.14%	0.92%	0.78%	2.43%
管理人员文化水平	1.02%	11.92%	0.13%	4.51%	2.59%	1.94%
管理柔性	5.32%	2.59%	9.41%	7.98%	4.14%	1.06%
管理结构	17.77%	17.86%	19.08%	17.13%	10.11%	9.23%
合作成本	8.76%	7.84%	3.75%	9.61%	1.43%	7.64%
产品因素	10.03%	8.17%	12.95%	9.39%	6.97%	2.39%
网络使用状况	0.82%	3.30%	0.13%	4.38%	5.43%	1.94%
合作风险	3.06%	6.40%	2.74%	4.16%	4.73%	9.29%
其他企业影响	2.82%	1.90%	3.07%	3.16%	9.98%	8.84%
相对距离	0.76%	3.12%	3.18%	1.85%	1.97%	6.34%
自身物流状况	1.53%	2.04%	4.48%	5.59%	8.28%	2.43%

2.4.2 结果分析

（1）我们可以看到在供应链式中权重较大的有行业因素、企业性质、管理柔性、管理结构、合作成本和产品因素。行业因素比较重要是因为供应链式合作主要多存在于制造业中，这种合作模式要求企业有一定的柔性，同时企业间之所以采取这种虚拟合作模式就是因为该合作模式的合作成本可以低于企业独立研发、生产、销售产品的成本。

（2）策略联盟式中，企业性质、管理人员文化水平、管理结构、合作成本、产品因素和合作风险的权重较大。策略联盟式属于虚拟合作模式中虚拟化程度较高的合作模式，因此需要合作双方有文化水平较高的管理层和具有柔性的管理结构，这种虚拟合作模式有利于降低合作成本和合作风险。

（3）合资经营式中行业因素、企业性质、企业规模、管理柔性、管理结构和产品因素有较大的权重。这种合作模式对企业规模和管理柔性有一定要求，同时也要求企业具有一定柔性的管理结构。企业之间采用这种虚拟合作模式，对彼此的产品都有较高的要求。

（4）在外包加工式中行业因素、企业性质、管理柔性、管理结构、合作成本、产品因素和自身物流状况是权重较大的影响因素。外包加工式同样对企业的柔性要求较高，这种合作模式因多出现在制造业中，因此对产品的因素要求也较高，另外有企业具有良好的物流状况也是该模式的要求的特点之一。

（5）插入兼容式中行业因素、企业性质、管理结构、产品因素、其他企业影响和自身物流状况权重较大。这种合作模式主要出现在制造业和其他一些高科技行业中，企业除了有一支相对稳定的核心雇员队伍外，大量人员根据临时需要进行雇佣。由于其人员流动性较大，同样对企业的柔性要求较高，企业要有具有柔性的管理结构。采用这种合作模式的企业是容易受到其他企业影响的结果，即存在一定跟风行为。同时这种模式也对企业的物流状况有较高要求。

（6）虚拟合作式中企业性质、年销售额、管理结构、合作成本、合作风险、其他企业影响和相对距离的权重较大。这种模式是出现较多的一种合作模式，与上面几种虚拟合作模式一样，要求企业有一个具有柔性的管理结构。这种模式要求合作双方有合作诚意，进而降低合作成本和合作风险。采用这种虚拟合作模式的企业也存在着一定的跟风行为，并且对合作双方的相对距离有一定要求。

综上所述，在不同的虚拟合作模式当中所侧重的因素指标基本上各有不同，如在虚拟化程度较高的策略联盟式中，对管理人员文化水平这个指标的要求明显高于其他几种虚拟合作模式；在外包加工式中，由于企业将拟生产产品转包给合作企业，所以该模式对企业的物流状况要求较高；在合资经营式中，对企业规模的要求也是远远高于其他虚拟合作模式。不同的虚拟合作模式在合作成本、合作风险、产品因素和物流状况上有不同的侧重，在有些虚拟合作模式合作中还存在一定的跟风行为。这意味着企业在开展虚拟化运作，选择虚拟合作模式的时候不能一概而论，或者根据领导者的个人偏好选择某种模式。企业虚拟合作模式的选择是一个严谨的过程，必须对自身企业和合作企业进行全面的、综合的分析和评价，根据所得结论再结合自身企业特点才能选择出既有利于企业自身特点，又能让对方获得好处；既让企业获得短期利益，又能促进长期发展的合作模式，最终实现合作既定目标，达到"共赢"。研究中我们发现，企业性质这一指标在几种虚拟合作模式中都占有比较大的权重，可见企业性质在各种虚拟合作模式中都是各企业考虑得很多的一个因素，同时我们还可以看出各种虚拟合作模式都对管理结构有一定要求。这说明企业一旦决定采用虚拟合作模式，就必须具有一套具有柔性的管理结构。

2.5 本章小结

本章通过实证的方式，采用熵权系数法计算了六种虚拟合作模式中的影响因素的权重，得到了几种虚拟合作模式中主要的影响因素，这种实证方式较为客观、详细和准确。企业可根据自身和合作对方的特点选择出适合的虚拟合作模式，还可在已知指标值的情况下根据各指标的权重对自身所采用的虚拟合作模式进行评价，可操作性强。

3 虚拟企业内部学习策略博弈分析

3.1 背　　景

自从 1991 年美国里海（Lehigh）大学的艾科卡（Iacocca）研究所提出"灵捷制造"这一概念以来，虚拟企业因其动态、灵活的特点被国内外的大量企业所采用，虚拟企业的相关研究也逐步成为了学术界研究的热点。虚拟企业的本质就是一个动态的企业间的联盟，企业之间不论地理位置上的远近，通过利用网络技术、信息技术等高科技手段开展虚拟化合作，从而使相互间达到"共赢"。国内外的学者就虚拟企业成因、运行边界、信任机制、绩效评价、分配机制、伙伴选择等多方面做了大量的研究，取得了丰硕的成果。同时在虚拟企业运行过程中关于各个合作伙伴之间学习的研究从动因到学习模式也都有一定的关注。

虚拟企业中的各个伙伴企业基于 Internet 为标志的网络通信技术将各自核心知识进行有机集成，旨在学习和掌握合作伙伴的知识技能和能力，并且与合作伙伴共同创造新的知识（万伦来和达庆利，2002）。与传统企业不同的是：传统企业联盟偏重的是基于设备、劳动、资本等有形资产要素的合作，重视对有形资产的控制，忽视对合作伙伴的知识技能和能力的吸收和积累；而虚拟企业侧重的是基于知识技能和能力等无形资产要素的合作，以数字化信息流为纽带将若干个企业贡献的核心知识能力"捆绑"在一起，能够有效地实现对联盟伙伴间技术、知识技能和能力的吸收和积累（Lei 和 Slocum，1992）。因此从战略上看，组织学习能力是企业核心能力系统中最关键的组成部分，是企业取得竞争优势的最终源泉（芮明杰和樊圣君，2001；安德鲁·坎贝尔等，1999）。虚拟企业研发生产、营销管理、协同共进、降低成本等目标达成的过程就是企业各成员进行技术交流、知识共享、协作攻关的过程。因此，在虚拟企业内部必须建立一个有效的学习模型来促使组织成员的学习（赵林婕和汤书昆，2004）。

从这个角度出发，国内外学者对虚拟企业内各伙伴企业的学习做了大量研究。Hamel（1991）分析了"学习注意力"与联盟学习效率间存在着正相关关系，组织的学习注意力越强，学习速度就越快。国内学者万伦来和达庆利（2002）提出了虚拟企业学习的一般过程模式。赵林婕和汤书昆（2004）在阐述卡尔·波普尔知识进化图式的基础上，提出虚拟企业组织学习的模型。

在虚拟企业各伙伴企业学习的过程中，各伙伴企业之间相互合作、进行知识技术交流，这被称为合作性学习。在学习的过程中各合作企业，受市场风险、自身环境、虚拟企业规模等影响，而采用了一种较为保守的学习策略，以伙伴企业间的相互竞争为学习目标，合作一方想尽可能多地向另一方学习而不是把共同学习作为首要任务，这被称为竞争性学习（赵林捷和汤书昆，2004）。竞争性意味着：一方面，企业要最大限度地从合作伙伴那里汲取知识；另一方面，企业还要尽量保护自己的核心能力不被对方染指（葛京，2004）。合作双方都尽力扩大对集体学习共同成果的占有，从而使双方产生学习的合作状态难以为继，尤其是削弱了双方的相互信任。伙伴企业采用这种学习策略会导致：联盟的长期双赢的结果几乎不可能实现，竞争性的伙伴关系从本质上缺乏稳定性（葛京，2004）。这必然会使各个伙伴企业发生内部损耗，虚拟企业无法实现最大的收益。而究竟采用哪一种学习策略，是企业自身与虚拟企业中的各个合作伙伴相互博弈的结果，在什么样的情况下才能促使伙伴企业采用合作性学习策略，进而使虚拟企业得到最大的收益成为了一个必须研究的问题。

本章引用了一个不完全信息静态博弈模型（蒲勇健，2005）对该问题进行分析，并通过引入信息传递中的噪声，试图得到一个更为贴近现实的较好结果。

3.2 n 个伙伴企业的博弈

首先假定有 n 个企业因为某个特定的市场机遇或合作项目结成了一个虚拟企业。这里的 n 可以看作虚拟企业的虚拟度，也即虚拟企业的规模及其各成员单位之间的合作程度（韩智勇和高玲玲，2004）。n 越大，虚拟企业的内部分工就越细，虚拟化程度也越高。

当虚拟企业中的各个伙伴企业都采用合作性学习策略的时候，各个伙伴企业间可以尽最大可能取长补短，全力投入到最大限度发挥自身核心竞争力中，在这种良好的相互信任的氛围中，各个伙伴企业有机结合，虚拟企业作为一个整体就能发挥出最强的生产、营销、创新能力，从而使各个伙伴企业都能达到收益最大化。假设虚拟企业中的各伙伴企业平均分配所得利益，r 为虚拟企业内部所有伙伴企业都采用合作性学习策略时的收益。

当虚拟企业中有伙伴企业采用竞争性的学习策略，各个合作伙伴之间在开展虚拟化运作时必然会有所顾忌，合作的同时相互保留，单个的伙伴企业必须分心自顾，而无法全力投入到虚拟化运作中，虚拟企业这个有机整体会因为自身某一环达不到最佳而导致自身能力受到极大限制。而且一旦有一个伙伴企业采用了竞争性学习策略，其他合作伙伴必然会因保护自身企业而纷纷采用竞争性学习策略，这样就会产生"多米诺骨牌效应",便会加剧虚拟企业收益的减少。因此设 $f(l)$ 为伙伴企业采用竞争性学习策略而使虚拟企业减少的收益,l 为采用竞争性学习策略的伙伴企业数与虚拟企业中伙伴企业总数之比,即 $l=\frac{n_1}{n}$,n_1 为采用竞争性学习策略的伙伴企业数 $n_1 \leqslant n$。$f(l)$ 为 l 的严格增函数,$0 \leqslant f(l) \leqslant F$,$F$ 为正的常数。假定 $f\left(\frac{n-1}{n}\right) > r > 0$,$f(0) = 0$。这是因为,当只有一个伙伴企业采用合作性学习策略时,该企业的核心竞争力必然会被其他合作伙伴竞相学习、模仿,而导致该企业在后继发展中得不偿失,而所有伙伴企业都采用合作性学习策略时,虚拟企业就不存在伙伴企业间因相互保留所带来的损失。单个伙伴企业的收益函数为

$$r(l) = r - f(l) \tag{3.1}$$

在这个博弈里面存在两个纯战略纳什均衡,其一是所有伙伴企业都采用合作性学习策略,其二是所有伙伴企业都采用竞争性学习策略。根据奇数定理可知,至少存在一个混合战略纳什均衡,即伙伴企业按一定的概率随机决定采用哪种学习策略。

在现实中,除了两种极端情况之外(都采用合作性学习策略和都采用竞争性学习策略),更多的是一种中间状态,即虚拟企业中一部分伙伴企业采用合作性学习策略,一部分伙伴企业采用竞争性学习策略。只用混合战略纳什均衡无法很好解释这一现象,因为每个企业在决定采用何种学习策略时,都是在完全理性的情况下进行选择的,而不是随机决定。

3.3 不完全信息的引入

因为在现实中各个伙伴企业是无法在事先知道自己确切收益的,他们只能够根据自身的一些已有知识对预期收益进行估计,而且他们也往往只能估计出自身的收益,而对其他伙伴企业得到的收益很难估计准确,一旦估计出自身收益后,也不会告诉其他企业。因此我们引入不完全信息。

这里假设每个伙伴企业都不知道真实的最大收益是多少,但知道 r 是一个随机变量,所有企业关于 r 的先验概率分布是 $N\left(\bar{r}, \frac{1}{\alpha}\right)$,$\bar{r}$ 代表该虚拟企业中各伙伴企业平均的收益预期,$\frac{1}{\alpha}$ 代表了合作过程中各种的不确定性。

由于每个伙伴企业在市场、成本等方面的知识差异和信息传递过程中的噪声等原因,伙伴企业 i 对 r 的预测有误差 ε_i,第 i 个企业对都采用合作性学习策略的

最大预期收益为

$$r_i = r + \varepsilon_i \qquad (3.2)$$

ε_i 的概率分布为 $N\left(0, \dfrac{1}{\beta}\right)$，并且 ε_i 与 ε_j 相互独立。还假设 ε_i 与 r 相互独立，$j=1,\cdots,n$，$\dfrac{1}{\beta}$ 代表伙伴企业的预测误差。所有分布为共同知识。r_i 为伙伴企业 i 的私人信息。则单个伙伴企业对采用合作性学习策略的预期收益为

$$r_i(l) = r_i - f(l) \qquad (3.3)$$

由于伙伴企业 i 观察不到其他伙伴企业的决策，即不知道 l，只能根据观察到的 r_i 对 l 作估计，另估计值为 l_i。

令"$|r_i$"表示当企业 i 观察到 r_i 时的情形，则式（3.3）的一般形式为

$$r_i(l_i)|r_i = r_i - f(l_i)|r_i \qquad (3.4)$$

假设伙伴企业是风险中性的，则伙伴企业将根据式（3.4）的数学期望 $E[r_i(l_i)]|r_i$ 来决策。伙伴企业 i 看到 r_i 后对 r 的后验概率分布为 $N\rho_i, \text{VAR}r$（蒲勇健，2005），其中

$$\rho_i = \frac{\alpha\bar{r} + \beta r_i}{\alpha + \beta}, \quad \text{VAR}r = \frac{1}{\alpha + \beta} \qquad (3.5)$$

可知当伙伴企业 i 看到 r_i 即可推出 ρ_i，也就是说看到 r_i 等价于看到 ρ_i。伙伴企业 i 知道 ρ_i，但不知道 ρ_j，ρ_i 是伙伴企业 i 的类型。伙伴企业 i 依据自身类型和对其他伙伴企业类型的估计进行决策。从而构成一个贝叶斯博弈。

根据蒲勇健（2005）可知该模型在一定条件下是存在均衡的，可通过重复提出劣战略的方法找到这个均衡，且当 $f(l)$ 是线性函数且预测误差 $\dfrac{1}{\beta}$ 充分小时，模型存在唯一的贝叶斯纳什均衡，即存在唯一的 ρ^*，使得 $\rho_i \leqslant \rho^*$ 的伙伴企业采用竞争性学习策略，$\rho_i > \rho^*$ 的伙伴企业选择采用合作性学习策略。

如果令 $f(l) = al + b$，a、b 为常数，$a > 0$，$f(l)$ 为增函数，因 $f(0) = 0$，所以 $b = 0$

此时
$$\rho^* = \frac{a(n-1)}{n}\text{pro}(\rho_i < \rho^*) \qquad (3.6)$$

则 ρ^* 是方程

$$\rho^* - \frac{a(n-1)}{n}\Phi[\sqrt{\gamma}(\rho^* - \bar{r})] = 0 \qquad (3.7)$$

的唯一解，式中，
$$\gamma = \frac{\alpha^2(\alpha + \beta)}{\beta(\alpha + 2\beta)} \qquad (3.8)$$

Φ 是标准正态分布函数。

该均衡给出 $\rho_i \leqslant \rho^*$ 的伙伴企业 i 采用竞争性学习策略,而其他的伙伴企业 j 看到 $\rho_j > \rho^*$,则采用合作性学习策略。

3.4 影响因素分析

由式(3.6)可得,采用合作性竞争策略的概率是

$$P(C) = \text{pro}(\rho_i > \rho^*) = 1 - \frac{n}{a(n-1)}\rho^* \tag{3.9}$$

可以得到如下结论。

(1)伙伴企业的数量对学习策略的影响。n 越大时,式(3.7)的解 ρ^* 就越大(蒲勇健,2005),因而 $P(C)$ 的概率就越小,说明虚拟企业的合作伙伴越多,虚拟化程度越高,伙伴企业中采用合作性学习策略的企业的比例就越小。

(2)伙伴企业的预期收益对学习策略的影响。$\frac{\partial \rho^*}{\partial \bar{r}} < 0$,$\bar{r}$ 越大,ρ^* 越小,则 $P(C)$ 就越大,表明伙伴企业对采用虚拟化运作的预期收益越高,采用合作性学习策略的概率越大,这是由于伙伴企业因为有了较高的预期收益,就会担心由于自身学习策略采用不当,导致虚拟企业无法发挥全力,进而无法获取高额回报。

(3)核心能力差异度对学习策略的影响。$\frac{\partial \rho^*}{\partial a} > 0$,$a$ 越大时 ρ^* 越大,则 $P(C)$ 就越小,这里的 a 表示伙伴企业间核心竞争力的差异度。a 越大,伙伴企业之间的核心竞争力差异越大,相互之间的依赖程度就越大,伙伴企业就越容易担心自身核心竞争力被其他伙伴企业学习、模仿,自己在虚拟企业中的位置不保,进而影响自身在市场上的生存状况。因此采用合作性学习策略的概率就越小。

(4)市场不确定性对学习策略的影响

$$\frac{\partial \rho^*}{\partial \gamma} = \frac{\frac{a(n-1)}{n}\Phi[\sqrt{\gamma}(\rho^*-\bar{r})]\frac{1}{2\sqrt{\gamma}}(\rho^*-\bar{r})}{1-\frac{a(n-1)}{n}\sqrt{\gamma}\Phi[\sqrt{\gamma}(\rho^*-\bar{r})]} \tag{3.10}$$

$$\frac{\partial \gamma}{\partial \alpha} = \frac{2\alpha^3 + 7\alpha^2\beta + 4\alpha\beta^2}{\beta(\alpha+2\beta)^2} \tag{3.11}$$

若 $\frac{1}{\beta}$ 充分小,则 γ 充分小,如果 $\bar{r}$ 足够大(此时 ρ^* 足够小,从而 $\rho^*-\bar{r} < 0$),即伙伴企业普遍对市场收益预期较高时,有 $\frac{\partial \rho^*}{\partial \gamma} < 0$,$\frac{\partial \gamma}{\partial \alpha} > 0$,则 $\frac{\partial \rho^*}{\partial \alpha} = \frac{\partial \rho^*}{\partial \gamma} \cdot \frac{\partial \gamma}{\partial \alpha} < 0$。$\frac{1}{\alpha}$ 所代表的不确定性越大,ρ^* 就越大,$P(C)$ 就越小,这表明虽然伙伴企业普遍

认为采用合作性学习策略可以得到较高的回报，但是由于市场和合作自身的风险越大，伙伴企业越保守，采用竞争性学习策略的概率越大。

3.5 对策建议

伙伴企业一旦结成虚拟企业，就开始相互之间学习的过程。当有部分伙伴企业采用竞争性学习策略时，整个虚拟企业组织的利益就会受到影响。要使各个伙伴企业在开展虚拟化合作时自觉地采用合作性学习策略，最大化虚拟企业的收益，进而达到"双赢"或"多赢"就必须做好以下几点。

（1）找准虚拟企业的运行边界。任何的组织都有其运行的适当的边界，虚拟企业同样具有这样一个边界（韩智勇和高玲玲，2004）。这里所指的边界就是虚拟企业内伙伴企业的个数 n。必须在这个边界以内，虚拟企业才能正常地发展运行。因此各个伙伴企业在组建虚拟企业时必须要考虑的一点是，该虚拟企业的运行边界在哪里，虚拟化程度要多高。如果盲目扩大虚拟企业规模，那么随着 n 的增大，必然会带来内部合作、协调成本增加，伙伴企业就会倾向选择合作性学习策略，最终导致虚拟企业的稳定性和收益下降。

（2）建立较完善的信任机制。各个伙伴企业要想使自身所组成的虚拟企业收益的最大化，首先要做到的就是将"信任建设"视作虚拟企业的"生命线"和"首要任务"。在整个虚拟企业内大力倡导、鼓励和支持组织间的相互信任，并把它真正当成虚拟企业的组建之基、力量之源和成功之本（彭灿，2005）。如果组织间没有足够的信任，知识便不能在组织间得到有效的流动和充分的共享，组织间的合作创新也必定是低效甚至无效的。当虚拟企业本身拥有了良好的信任机制后，才能尽可能地降低合作风险 $\frac{1}{\alpha}$，伙伴企业才能毫无顾忌地投入到合作当中，把工作重心放在发挥自身优势上。

（3）建立合理的利益分配机制。合理的利益分配机制是虚拟企业组建的关键，是合作各方绩效得以发挥的重要保证。合理的利益分配机制能够使伙伴企业关于收益的预期更为准确，也能更准确地估计其他伙伴企业的收益，降低由不完全信息带来的不确定性 $\frac{1}{\alpha}$。同时合理的利益分配机制可以增加合作的获益性，提高各个伙伴企业最大收益的预期 $\bar{r}$，因此可以激发各伙伴企业对合作性学习策略的采用，提高在工作努力水平和资源方面的投入。而合理利益分配机制增加合作获益性实际上也是给伙伴企业的隐性"担保"（王蔷，2000），有助于伙伴企业发挥最大的积极性。从这个角度看，这与建立完善的信任机制是相辅相成的。

（4）树立正确的道德观、合作观。虚拟企业内部应该树立起正确的道德观和合作观，能够引导各个伙伴企业全力发挥自身优势和绩效，为虚拟企业利益的最大化出力。虚拟企业的结成有很大原因是各个伙伴企业间有不同的核心竞争力，这是开展虚拟化运作的基础。因此合作过程中，伙伴企业必须发扬团队精神，在注意自身利益的同时也要为其他伙伴企业的利益考虑，正确看待伙伴企业间核心竞争力的差异 a，遵循商业道德和规范，共同谴责和惩罚违规企业，形成鼓励采用合作性学习策略的机制。在这种机制作用下，任何伙伴企业借用合作的手段偷学、模仿其他企业的核心竞争力，最后都只会给自身利益带来影响。

（5）建立学习型组织。通过建立学习型组织，强化组织中每一个成员的团队精神，使他们能够充分认识和理解共同愿景及目标，这样有助于减小伙伴企业间合作的不确定性，同时也为伙伴企业较为准确地预测收益提供帮助，伙伴企业就会更倾向于选择合作性学习策略。这就更便于组织成员间知识和技能的交流，实现联盟知识的共享，有利于组织成员学习能力的提高（王宏起和刘希宋，2004）。从而形成一个虚拟企业内的良性循环。

3.6 本章小结

本章通过一个引入带噪声的不完全信息静态博弈模型，分析了虚拟企业内部采用两种学习策略的均衡问题。通过模型均衡解的参数分析，得到了影响虚拟企业内部学习的几个重要因素，并且分析了各个因素对学习策略的具体影响，得出了伙伴企业选择合作性学习策略的条件。最后本章提出了虚拟企业内部学习策略的几点建议，为虚拟企业内的伙伴企业选择正确的学习策略，提高虚拟企业的整体收益和绩效，促进虚拟企业持续健康的发展提供了参考。

4 供应链合作关系的调节效应研究

4.1 背 景

买方市场背景下(薛佳奇和刘益,2011),与顾客保持长期稳定的合作关系事关企业的生存与发展(张文辉和陈荣秋,2007),但是供应链权力的不平衡将导致供应关系的不稳定(曲洪等,2008)。专用性投资是一种基于长期导向的投资行为(王津港和赵晓飞,2010),因此,供应商为稳定与分销商的合作关系,通常都会进行专用性投资(王国才等,2011)。专用性投资具有创造价值的能力(Ghosh 和 John,1999),但其耐久性和不可转移性,使其投入具有很大的风险(Rokkan 等,2003),利益与风险并存,使企业陷入两难决策(王国才等,2011)。企业一般会在两种情况下增加专用性投资:①在合作过程中基于信任而进行专用性投资;②因依赖于对方的资源而进行专用性投资(Heide,1994)。Stinchcombe 指出,新组织一般说来比成立早的组织面临更大的外部风险(Stinchcombe,1965),而成熟企业和新创企业的风险承受能力不同,因此,在面对风险时,影响成熟企业和新创企业专用性投资决策的因素也可能不同。因此,本章对成熟企业和新创企业合作过程中信任、依赖对合作与专用性投资之间关系的调节作用进行了实证研究。

长期的供应关系必定涉及关系的专用性投资问题(张珩等,2002)。专用性投资具有长期导向,是一种实际可见的承诺行动(李忆和司有和,2009),能使合作关系长期稳定。交易费用理论认为,专用性投资能提高合作效率,降低合作成本,提高合作绩效,具有创造价值的能力(Ghosh 和 John,1999)。如王国才等学者在研究渠道伙伴关系时发现双边专用性投资对合作创新绩效有显著正向影响(王国才等,2011)。但是,专用性投资可能使企业面临被投资方机会主义行为的风险,而每个企业在合作中都可能是专用性投资者或被投资者,所以企业希望进一步认识专用性投资决策的影响因素及影响机制。

Moorman 等(1992)及 Morgan 和 Hunt(1994)指出信任是相信并依赖交易伙伴的一种意愿,是维持交易关系连续性的关键。因此,供应链企业间的信任问题一直是学者研究的重点。前人的研究主要集中于对信任概念的解释(Anderson 和 Narus,1990;Ganesan,1994;Mayer 等,1995)、维度的划分(Mayer 等,1995;Ebert,2009;Dyer 和 Chu,2000)以及信任机制的建立(徐学军和谢卓君,2007;Doney 和 Mullen,1998),很少有学者研究在企业合作过程中信任对企业行为变化的调节作用。邢子政等研究了信任对知识流失风险和知识保护关系的调节效应（邢子政等，2008），认为在信任的调节作用下，企业的风险意识会减弱，会采取一些更有利于合作的行为。但是，信任如何调节供应链企业间合作对专用性投资行为的影响尚待研究，尤其是当企业处于不同发展阶段时，信任对企业投资行为是否一直有显著调节作用还需进一步研究。

回顾前人的研究发现，依赖是供应链合作关系的一个重要维度（曾文杰和马士华，2010），可细分为资源依赖/时序依赖/物流依赖（赵天智和金以慧，2004）、联合依赖/不对称依赖等（党兴华等，2010）不同类型，并可用稳定性等属性来进行刻画（林方和黄慧君，2007）。另外有研究表明，供应链伙伴间的依赖关系对供应链权力实施（郑静静和邓明荣，2009）、信任、关系承诺（吕晖等，2010）、外部组织整合（吴家喜和吴贵生，2009）等方面有显著的直接影响。

但是，依赖性也可视为供应商与分销商关系中，合作伙伴提供重要资源的程度（李随成和禹文钢，2011），是一种关系状态，因此可视为供应链合作发生的情境因素。根据权变理论的观点，依赖除了直接影响供应链合作中的各种要素，还可能对供应链合作要素之间的关系起调节作用。但是，考虑到：①成熟企业因实力雄厚，在合作中具有较大的谈判权，因此依赖可能对成熟企业合作与专用性投资的关系影响较弱；②新创企业一般说来比成立早的组织面临更大的外部风险（Stinchcombe，1965），且风险承受能力有限，需与合作伙伴加强合作关系以共同抵御风险，因此依赖可能对新创企业合作与专用性投资的关系影响较大。综上所述，依赖对成熟企业和新创企业的专用性投资行为可能产生不同的影响，但这一机制尚无人研究，亟待验证。

本章基于 314 家供应商的样本数据，以交易费用理论、资源依赖理论、风险管理理论等为理论基础，研究了成熟企业和新创企业中信任、依赖对合作与专用性投资关系的调节作用，并加以对比，发现：①对成熟企业，信任对合作和专用性投资之间的关系有显著正向调节作用；对新创企业，信任对合作和专用性投资之间的关系有显著负向调节作用；②对成熟企业，依赖对合作和专用性投资之间的关系无调节作用；对新创企业，依赖对合作和专用性投资之间的关系有显著正向调节作用。

4.2　假设提出

4.2.1　合作与专用性投资的关系

长期的供应关系必定涉及关系的专用性投资问题（Stinchcombe，1965）。根据交易费用理论，专用性投资不仅能为企业带来投资效益（李忆和司有和，2009），还能增强被投资方的合作信心，提高交易成功率，并降低交易成本，因此，不管是成熟企业还是新创企业，在企业合作过程中都可能或多或少要进行专用性投资。企业间的合作包括管理技术和生产技术等方面的合作，从风险管理角度看，随着企业合作广度和合作深度的增加，①企业对专用性投资的需求会增强；②企业对专用性投资的投资信心会增强，从而对专用性投资的风险意识会减弱，因此会更愿意增加专用性投资，这一点对成熟企业和新创企业都能成立。

因此提出以下假设。

假设 H4.1a：对成熟企业，合作对专用性投资有正向影响。

假设 H4.1b：对新创企业，合作对专用性投资有正向影响。

4.2.2 信任的调节效应

Moorman 等（1992）认为信任是愿意去相信交易伙伴，且交易伙伴被认为是可靠的。邢子政等（2008）曾将信任作为调节变量，研究其对知识流失风险和知识保护关系的调节效应，本章考虑信任会影响企业合作程度及其专用性投资意愿，因此也可作为调节变量，影响合作与专用性投资的关系。但是成熟企业和新创企业处于不同的发展阶段，各具特点，所面临的问题也不同，因此信任对两类企业可能具有不同的调节作用。

考虑：①成熟企业具有较强的实力，专用性投资能力也强。而专用性投资有助于提高企业绩效（李忆和司有和，2009），因此信任有助于增强企业专用性投资意愿，强化合作与专用性投资之间的关系；②专用性投资的耐久性和不可转移性使其具有一定的风险，成熟企业抵御风险的能力较强，信任的调节作用使成熟企业愿意承担更多风险，增加专用性投资；③成熟企业在合作中具有较大的谈判权，权利的不平衡会打击合作伙伴的积极性，不利于合作。信任有助于成熟企业提高合作意识，增加专用性投资，以实际可见的承诺行动（李忆和司有和，2009）激励合作伙伴。

新创企业与成熟企业的特点不同，这与两类企业的发展阶段和合作地位有关。具体原因是：①新创企业可支配资源较少，因此专用性投资能力有限，在信任的调节作用下，合作程度越高，关系越稳固，新创企业反而会尽量减少专用性投资以提高资金利用率；②新创企业处于起步阶段，抵御风险能力有限，倾向于规避风险，信任调节作用下，合作程度增强会增加新创企业机会主义行为，新创企业为降低自身风险会尽量减少专用性投资。

综上所述提出以下假设。

假设 H4.2a：对成熟企业，信任对合作与专用性投资之间的关系有正向调节作用。

假设 H4.2b：对新创企业，信任对合作与专用性投资之间的关系有负向调节作用。

4.2.3 依赖的调节效应

李随成和禹文钢认为依赖强调了企业为实现预期目标必须维持与合作伙伴之间的关系，依赖性也可视为合作关系中合作伙伴提供重要资源的程度（李随成和禹文钢，2011）。企业对合作伙伴的依赖性越强，说明企业间的互补性越强（吕晖等，2010），企业需要进行的专用性投资就越多。

依赖是客观存在的一种关系状态，根据权变理论，依赖除了直接影响供应链合作中的各种要素，还可能对供应链合作要素之间的关系起调节作用。因此，本章考察依赖对合作与专用性投资关系的调节效应。

但是因为：①成熟企业实力雄厚，在合作过程中具有较大的谈判权，因此依赖对成熟企业合作与专用性投资的关系无显著影响；②成熟企业抗风险能力较强，具有较强的自主性，在合作过程中往往比较主动，因此不会因依赖而被动进行专用性投资。所以，对成熟企业，依赖对合作与专用性投资的关系无显著影响。

而对于新创企业：①在供应链伙伴关系中，对伙伴有较强依赖的一方在一定程度上受伙伴的控制和主导，往往自愿或被迫做出更多承诺（张珩等，2002），而新创企业实力较弱，在合作过程中谈判权力较低，处于弱势地位，因此合作中很容易被迫进行专用性投资，而且依赖性越强，所进行的专用性投资越多；②新创企业抗风险能力有限，需与合作伙伴加强合作以提高生存发展的机会，对合作伙伴依赖性较强，为稳定与合作伙伴的合作关系，会增加专用性投资以表达自己的合作诚意，提高合作伙伴的信心，根据互惠行为理论，这样也可激发合作伙伴相似的投资行为以提高合作绩效。因此，对新创企业，依赖对合作与专用性投资的关系起正向调节作用。

综上所述提出以下假设。

假设 H4.3a：对成熟企业，依赖对合作与专用性投资之间的关系无调节作用。

假设 H4.3b：对新创企业，依赖对合作与专用性投资之间的关系有正向调节作用。

综上所述，建立概念模型如图 4.1 所示。

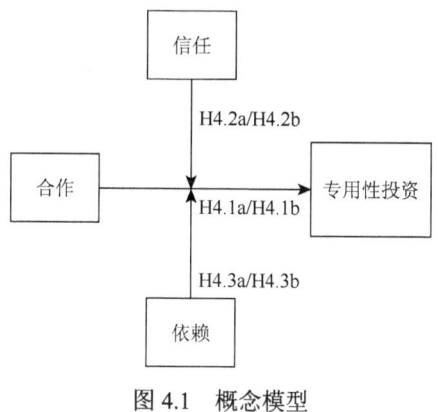

4 供应链合作关系的调节效应研究

```
         信任
          │
          │ H4.2a/H4.2b
          ↓
合作 ──H4.1a/H4.1b──→ 专用性投资
          ↑
          │ H4.3a/H4.3b
          │
         依赖
```

图 4.1 概念模型

4.3 研究设计

4.3.1 变量测量

为保证测量工具的效度及信度，尽量选用国内外现有文献已经使用过的量表，再根据本研究的需要加以适当修改作为搜集实证资料的工具。问卷定稿与调查之前，请相关领域的学者专家对问卷内容提出建议，并对部分企业界人士进行预调查，再根据学者专家和预试者提供的意见对问卷进行修订。

问卷的全部题项，以 Likert 五级量表来衡量。伙伴关系量表主要参考了 Fynes 等（2005）、Morgan 和 Hunt（1994）的研究，企业绩效量表主要参考了 Cao 和 Dowlatshahi（2005）的研究。

4.3.2 样本

本研究的样本企业来自重庆市及其周边地区。重庆市是我国西部唯一的直辖市。历史上是工业基地，工业企业及其配套企业众多，直辖后经济发展很快，其他行业也成长起来，形成了多种行业的供应链伙伴关系，因此适合作为本研究的问卷调查对象。如表 4.1 所示。

表 4.1 样本特征

		企业数	百分比%
所有制类型	国有	167	53.2
	非国有	147	46.8
企业规模（人）	<100	66	21.0
	100~500	90	28.7
	501~1000	45	14.3

续表

		企业数	百分比%
企业规模（人）	1001~5000	57	18.2
	>5000	56	17.8
成立时间	<2	12	3.8
	2~4	25	8.0
	4~7	50	15.3
	7~10	32	10.2
	>10	195	62.1
行业	制造业	97	30.9
	服务业	67	21.3
	其他	150	47.8

调查问卷通过重庆大学在职工商管理硕士（MBA）和企业高级管理人员短训班的教学平台发放。问卷要求被调查者根据其所在企业与其最主要合作伙伴之间的合作关系状况回答问题。本次调查共发出问卷 600 份，回收 443 份，并剔除数据严重缺失、答案前后矛盾或有明显规律的问卷。对于少数来自同一个企业的问卷，根据如下原则进行筛选：首先选择职位较高者的问卷，如果职位等级相同，则选择在该企业就职年限较长者的问卷。最后，得到 314 份有效问卷，有效回收率 52.3%。

样本由多种所有制（国有、非国有）、多种行业（制造业、服务业、其他行业）和多种规模（以员工人数衡量）的企业构成，有较好的代表性。企业经营年限不足 5 年的仅 11.7%，5~10 年的 25.6%，10 年以上的 62.7%，与合作伙伴有长期稳定的合作关系，符合研究需要。问卷填答者绝大多数任部门经理及以上职位，对企业情况较为了解。

目前，不同的研究界定企业是成熟企业还是新创企业的方法和标准不同。具体来看，主要有两种，一是通过企业年龄来判断，将企业创立时间在 42 个月（如全球创业研究协会 Global Entrepreneurial Monitor 采用此标准）、5 年或 8 年以内（Zhang 和 Li，2009）的企业算作新创企业；二是采用调查企业的主要高层经理们的主观判断（杨学儒等，2011）。但杨伟等根据企业年龄将成立 6 年以内的定为新创企业（杨伟等，2011），而彭学兵和胡剑锋将未上市和成立时间在 10 年以内的企业定为新创企业（彭学兵和胡剑锋，2011）。

本章根据所调查样本的特点（多为国有企业），考虑到加入世贸组织对中国企业是一个新的开始，至今已有 10 年，因此参照以上学者对成熟企业和新创企业分类方法的基础上以公司经营年限为分类标准，将公司分为两类，其中经营年限 10 年及 10 年以下的为一类，称为新创企业，共 119 家。经营年限大于 10 年的为第二类企业，称为成熟企业，共 195 家。

4.4 研 究 结 果

4.4.1 信度与效度

用 SPSS 软件分别对新创企业样本和成熟企业样本进行信度分析,6 个变量的 Cronbachp'sα 均超过 0.6（见表 4.2），显示了较好的信度。用 LISREL 软件分别进行验证性因子分析，将 10 个指标按 4 个因子拟合模型，拟合度较好（见表 4.3）。各指标的因子载荷均超过 0.6，且 t 值达到显著性水平（$p<0.01$），显示了很好的收敛效度。各因子之间的相关系数加减两倍标准误（即相关系数的 95%置信区间）均不包含 1，显示了较好的判别效度。

表 4.2 信度、效度分析

变量	题项	因子载荷 成熟	因子载荷 新创	α 成熟	α 新创	CR 成熟	CR 新创	AVE 成熟	AVE 新创
供应商依赖	1. 除了对方，我方很难为产品找到新的顾客	0.65	0.72	0.6650	0.7334	0.668	0.738	0.503	0.586
	2. 在很大程度上，我方依赖于对方来实现我方的经营目标	0.76	0.81						
合作	3. 我方在产品设计方面与对方广泛开展合作	0.74	0.71	0.8143	0.8277	0.814	0.840	0.594	0.640
	4. 我方在业务流程设计方面与对方广泛开展合作	0.81	0.94						
	5. 我方在预测与生产计划方面与对方广泛开展合作	0.76	0.73						
专用性投资	6. 为满足对方的需求，我方调整了生产系统	0.79	0.73	0.8278	0.7753	0.830	0.784	0.620	0.549
	7. 为了与对方的合作，我方在工具和设备上进行了重大投资	0.75	0.66						
	8. 为生产供应给对方的产品，我方调整了生产系统	0.82	0.83						
信任	9. 我方觉得可以完全信任对方	0.83	0.93	0.7801	0.7992	0.783	0.815	0.643	0.691
	10. 对方非常诚实可靠	0.78	0.72						

表 4.3 验证性因子分析模型拟合优度对比

指标类别	绝对拟合度						增值拟合度				简约拟合度	
评价指标	χ^2	df	RMSEA	SRMR	GFI	AGFI	NFI	NNFI	CFI	IFI	PNFI	PGFI
建议标准	—	—	<0.08	<0.08	>0.9	>0.9	>0.9	>0.9	>0.9	>0.9	>0.5	>0.5
成熟企业	40.16	29	0.045	0.0329	0.960	0.925	0.967	0.986	0.991	0.991	0.623	0.506
新创企业	27.204	29	0.000	0.0409	0.955	0.915	0.956	1.001	1.000	1.001	0.616	0.504

4.4.2 结构方程模型拟合与评价

用 LISREL 软件拟合结构方程模型，并从三个方面评价其拟合度。

（1）基本拟合标准：所有指标的因子载荷均在 0.6 至 0.95 之间且达到显著性水平（$p<0.01$），没有负的测量误差，表明模型完全符合基本拟合标准。

（2）整体拟合度：分为三类标准，其中，绝对拟合度、增值拟合度、简约拟合度均达到标准（见表 4.3），总的说来，模型的整体拟合度很好。

（3）模型内在结构拟合度：组成信度（CR）均在 0.6 以上，平均变异抽取量（AVE）均在 0.5 以上（见表 4.2），说明模型的内在结构拟合度达到标准。

4.4.3 假设检验

由于研究假设中涉及变量间的交互效应，我们采用层级回归来进行假设检验。遵循常见的做法，在计算交叉项之前，我们先将变量得分居中化（减去变量的均值），以减少多重共线性的影响，这一处理不会改变回归系数的显著性。另外，我们设置了若干控制变量，包括企业规模（员工数）、经营年限、企业所有权性质（国有、非国有）、所属产业（制造业、服务业、其他行业）、绩效（财务绩效、市场绩效）。将绩效设为控制变量的原因是：我们认为过去的绩效会影响企业投资决策。

回归分析结果如表 4.4 和表 4.5。

表 4.4 中，模型 1 和模型 3 为基准模型，模型 2 和模型 4 为主效应模型，用于检验成熟企业和新创企业合作对专用性投资的作用。

表 4.5 中，模型 5 和模型 8 为基准模型，模型 6 和模型 9 为主效应模型，模型 7 和模型 10 为加入交互效应的模型，用于检验成熟企业和新创企业中信任、依赖对合作和专用性投资关系的调节效应。

所有模型中，各变量的方差膨胀因子（VIF）均远小于 10，说明变量间的多重共线性并不严重，分析结果是可靠的。

由表 4.4 可知，成熟企业（$\beta=0.381$，$p<0.01$）和新创企业（$\beta=0.200$，$p<0.05$）中，合作对专用性投资均有显著正向影响，H4.1a 和 H4.1b 均得到支持。

由表 4.5 知，对于成熟企业，合作和信任的交叉项对合作与专用性投资的关系有显著的正向影响（$\beta=0.133$，$p<0.01$），合作与依赖的交叉项对合作与专用性投资的关系无显著影响（$\beta=-0.029$，$p>0.1$），假设 H4.2a 得到支持，H4.3a 未得到支持。

对于新创企业，合作和信任的交叉项对合作与专用性投资的关系有显著的负向影响（$\beta=-0.226$，$p<0.05$），合作与依赖的交叉项对合作与专用性投资的关系

有显著正向影响（β=0.387，p<0.01），假设 H4.2b 和 H4.3b 均得到支持。

表 4.4 合作对专用性投资的作用

企业类型	成熟企业 模型1 β	模型1 t	模型2 β	模型2 t	对应假设	新创企业 模型3 β	模型3 t	模型4 β	模型4 t	对应假设
公司规模	0.025	0.344	0.050	0.752		−0.014	−0.143	−0.012	−0.119	
国有	−0.098	−1.410	−0.070	−1.076		0.108	1.086	0.125	1.272	
制造业	0.018	0.228	0.048	0.665		0.050	0.509	0.073	0.741	
服务业	−0.139	−1.838	−0.110	−1.568		0.106	1.090	0.101	1.055	
财务绩效	0.133	1.687	0.126	1.725		0.085	0.790	0.082	0.774	
市场绩效	0.194***	2.485	0.082	1.097		0.140	1.302	0.083	0.760	
合作			0.381***	5.627	H1a			0.200**	2.085	H1b
R^2	0.109		0.238			0.060		0.096		
F	3.848		8.359***			1.177		1.661		
ΔR^2	0.109		0.129			0.060		0.036		
ΔF	3.848		31.661***			1.177		4.346**		
VIF 最大值	1.310		1.383			1.347		1.436		

注：（1）系数已标准化；（2）*表示 p<0.1，**表示 p<0.05，***表示 p<0.01；（3）截距未列示

表 4.5 信任、依赖对合作与专用性投资之间关系的调节作用

企业类型	成熟企业 模型5 β	模型5 t	模型6 β	模型6 t	模型7 β	模型7 t	对应假设	新创企业 模型8 β	模型8 t	模型9 β	模型9 t	模型10 β	模型10 t	对应假设
公司规模	0.025	0.344	0.041	0.717	0.031	0.538		−0.014	−0.143	0.000	−0.001	0.018	0.219	
国有	−0.098	−1.410	−0.028	−0.494	−0.023	−0.414		0.108	1.086	0.016	0.183	−0.017	−0.204	
制造业	0.018	0.228	0.089	1.427	0.098	1.578		0.050	0.509	0.114	1.317	0.067	0.816	
服务业	−0.139	−1.838	−0.059	−0.963	−0.054	−0.887		0.106	1.090	0.091	1.077	0.068	0.855	
财务绩效	0.133	1.687	0.061	0.949	0.056	0.867		0.085	0.790	0.054	0.577	−0.012	−0.138	
市场绩效	0.194**	2.485	0.080	1.234	0.103	1.565		0.140	1.302	0.054	0.557	0.127	1.334	

续表

企业类型	因变量：专用性投资											
	成熟企业						新创企业					
	模型 5		模型 6		模型 7		对应假设	模型 8		模型 9		模型 10		对应假设
	β	t	β	t	β	t		β	t	β	t	β	t	
合作			0.263***	4.312	0.274***	4.508				0.038	0.425	0.099	1.135	
信任			0.280***	4.355	0.288***	4.481				0.013	0.132	0.094	1.023	
依赖			0.302***	5.062	0.292***	4.877				0.512***	5.428	0.340***	3.476	
合作×信任					0.133**	2.171	H2a					−0.226**	−2.487	H2b
合作×依赖					−0.029	−0.471	H3a					0.387***	4.039	H3b
R^2	0.109		0.438		0.452			0.060		0.315		0.409	
F	3.848		16.006***		13.743*			1.177		5.472***		6.607***	
ΔR^2	0.109		0.328		0.015			0.060		0.255		0.094	
ΔF	3.848		36.021***		2.438***			1.177		13.274***		8.338***	
VIF 最大值	1.310		1.397		1.441			1.347		1.485		1.703	

注：(1) 系数已标准化；(2) *表示 $p<0.1$，**表示 $p<0.05$，***表示 $p<0.01$；(3) 截距未列示

需要说明的是，表 4.4 中，对于成熟企业和新创企业，合作对专用性投资都有显著的正向作用，但是在表 4.5 中，当加入交互效应后，成熟企业中，合作对专用性投资的作用依然显著，但新创企业中，合作对专用性投资的作用不再显著，原因可能是：①对新创企业而言，合作对专用性投资的影响作用不稳定；②新创企业样本有 119 个，样本量和成熟企业相比相对偏少，导致结果不稳定。但陈晓萍等（2008）和刘军（2008）认为只要交互作用显著，则具有调节效应，表 4.5 中，虽然对新创企业，合作对专用性投资的作用不显著，但交互作用非常显著，所以，信任和依赖对合作与专用性投资的关系有显著的调节作用。

整理以上假设检验的结果如表 4.6 所示。

表 4.6 假设检验结果对比

假设	效应类型	假设关系描述	理论预期		检验结果	
			成熟企业	新创企业	成熟企业	新创企业
H4.1a/H4.1b	主效应	合作→专用性投资	+	+	+	n.s.
H4.2a/H4.2b	调节效应	合作×信任→专用性投资	+	−	+	−
H4.3a/H4.3b	调节效应	合作×依赖→专用性投资	n.s.	+	n.s.	+

4.5 本章小结

本章以交易费用理论、资源依赖理论和风险管理理论为理论基础，收集314家企业的样本数据，按公司经营年限将样本分为成熟企业和新创企业，分别进行统计分析，对比研究发现：①对成熟企业，信任对合作与专用性投资的关系起正向调节作用；对新创企业，信任对合作与专用性投资的关系起负向调节作用；②对成熟企业，依赖对合作与专用性投资的关系无显著影响；对新创企业，依赖对合作与专用性投资的关系起正向调节作用。

已有关于新创企业与成熟企业的比较研究涉及战略、研发、技术创新、生产经营、营销等方面，本章研究了成熟企业和新创企业合作对专用性投资关系的影响机制，并在相同调节变量作用下进行了对比，发现同一调节变量对成熟企业和新创企业具有不同的影响，这在以往的研究中尚不多见，提示学者在对新创企业和成熟企业的研究中调节效应有重要影响，未来应注意对新创企业和成熟企业进行分类研究。

前人对信任的研究主要集中于对信任概念的辨析及信任机制的建立，或者将信任作为前因变量和中介变量进行研究，且前人的研究结果普遍认为信任对企业间合作行为有正向影响，但本章的研究结果表明当信任作为调节变量起作用时，对企业间合作也会有负面影响，且对成熟企业和新创企业的调节作用相反。成熟企业和新创企业由于具有不同的资源基础、组织经验和市场地位，在信任调节作用下表现出了不同的市场行为，本研究结果不仅是对信任作用机制的进一步认识，也是对信任理论研究的补充，进一步揭示新创企业与成熟企业在理论研究中的不同之处。

依赖也是供应链合作关系的重要维度，以往研究对依赖进行了分类，并将其作为前因变量研究其对信任、关系承诺等方面的影响。与前人研究不同，本章考虑到依赖也是一种情景因素，对供应链合作关系各要素之间的关系有重要影响，因此将其作为调节变量进行了研究，发现依赖对成熟企业和新创企业的作用效果不同，这不仅是对前人理论的补充，更进一步强调了区别研究成熟企业和新创企业的重要性。

本研究对管理实践的指导意义体现在：首先，研究结果表明，新创企业和成熟企业在同一调节变量作用下具有不同的市场行为，提示企业应认清自己所处的发展阶段，合理进行专用性投资。在市场行为预测方面应根据合作伙伴所处的发展阶段预测其市场行为。其次，信任对成熟企业间合作与专用性投资之间的关系有促进作用，因此成熟企业间合作应注意维持和强化信任关系。信任对新创企业合作与专用性投资之间的关系有负向调节作用，是因为新创企业处于发展的特殊阶段，会因追求短期利益而采取不利于双方合作的行为，提醒新创企业应以长远利益为重，在强化彼此信任关系的同时避免短期行为。最后，依赖对成熟企业合作与专用性投资之间的关系无显著调节作用，因此成熟企业应注重与合作伙伴加强信任关系，同时减少在依赖关系上的投入。依赖对新创企业合作与专用性投资之间的关系有正向调节作用，所以在适度的范围内新创企业可通过培养双方依赖关系促进双方合作，通过专用性投资实现双方的长期利益。

本章的研究局限有：划分新创企业与成熟企业的标准为企业经营年限，但企业的发展阶段不仅仅与经营年限有关，因此未来研究可寻找更为准确的分类标准。本章所采用的数据为横截面数据，但企业间合作关系的发展是一个连续的过程，未来研究可采用纵向数据以使研究结果更加准确。

5 关系情境、供应商承诺与合作效应的实证研究

5.1 背　　景

由于高度分工和专业化，买方企业的持续经营依赖于供应商的稳定供货。当经营环境发生突变时，供应商的承诺是双方对供货合同进行事后协调，使供应链维持原有运营水平的必要保障。于是，买方企业关心供应商承诺如何产生、受哪些因素影响，而供应商则关心做出承诺以后，会产生哪些合作效应，对己方绩效有何影响。因此，研究供应商承诺的前因后果十分必要。现有关于供应链伙伴承诺的实证研究，大多针对买方企业一侧（Morgan 和 Hunt，1994；Goodman 和 Dion，2001；刘益等，2006），对供应商一侧的研究尚不多见（Prahinski 和 Benton，2004；刘益等，2006）。因此，本章依据 249 家供应商的样本数据，运用结构方程模型，对供应链双方的关系情境、供应商承诺及合作效应之间的关系进行实证检验，以期进一步完善相关理论，并为企业实践提供指导。

5.2 假 设 提 出

5.2.1 供应商承诺

在基于社会交易理论的文献中，承诺被定义为商业关系中的一方期望维持和巩固该关系的意愿（Morgan 和 Hunt，1994；Goodman 和 Dion，2001；刘益等，2006）。交易成本经济学则更强调"可靠的承诺"，即承诺不只是一种维持商业关系的意愿，还包括为实现这一目的而采取的行动或做出的可靠保证。"可靠的承诺"有多种形式，如抵押、专用性投资等。与社会交易理论中"承诺的意愿"相比，"可靠的承诺"能有效地增大承诺方的违约成本，更能起到维持商业关系的作用（Williamson，1985）。

综上所述，我们把供应商承诺分为两个层面：承诺意愿和承诺行动。承诺意愿指供应商维持与买方企业的商业关系的主观意愿，类似于社会交易理论对承诺的定义。承诺行动指供应商为了表明承诺意愿而采取的实际行动，以交易成本经济学中的专用性投资为核心，包括供应商为满足买方企业需求而购买专用性的生产设备、专门调整生产线等。显然，供应商主观上的承诺意愿越强，就越可能促

使其采取某些实际的承诺行动。由此，我们提出以下假设。

H5.1：供应商承诺意愿对其承诺行动有正向影响。

5.2.2 供应链双方的关系情境与供应商承诺

根据权变理论，供应商承诺在很大程度上受到供应链伙伴关系所处情境（称为关系情境）的影响。参考已有研究成果（Morgan 和 Hunt，1994；Goodman 和 Dion，2001），可将关系情境因素归纳为以下三种：环境动态性、供应商对买方企业的信任（简称供应商信任）和供应商对买方企业的依赖（简称供应商依赖）。这三种因素反映了来自外部环境、买方企业和双方相对地位的影响。

1. 环境动态性

环境动态性指外部环境变化的频率和程度（Dess 和 Beard，1984）。在动态性高的环境中，稳固的供应链伙伴关系能够帮助企业抵抗风险并提高获利能力（Fynes 等，2005），因此，企业更珍视伙伴关系，更愿意为其做出承诺。同时，环境动态性使机会主义行为发生的可能性增大，为打消对方顾虑，也需要双方做出更多承诺。由此，我们提出以下假设。

H5.2：环境动态性对供应商承诺意愿有正向影响。

H5.3：环境动态性对供应商承诺行动有正向影响。

2. 供应商信任

信任指商业关系的一方对交易伙伴的可靠性、诚实性具有的信心（Morgan 和 Hunt，1994）。信任作为营销渠道关系的重要基础，能够促进关系承诺（Goodman 和 Dion，2001）。潘文安和张红（2006）的研究证实了中国企业内组织信任和个人信任均能够促进关系承诺。由此，我们提出以下假设。

H5.4：供应商信任对供应商承诺意愿有正向影响。

H5.5：供应商信任对供应商承诺行动有正向影响。

3. 供应商依赖

依赖指商业关系的一方为实现自身经营目标而必须与对方维持关系的一种程度（Fynes 等，2005）。在供应链伙伴关系中，对伙伴有较强依赖的一方在一定程度上受伙伴的控制和主导，往往自愿或被迫做出更多承诺。现有研究表明，分销商对制造商的依赖促使分销商做出更多承诺（Goodman 和 Dion，2001），由此推论，供应商对买方企业的依赖也将促进供应商的承诺。我们提出以下假设。

H5.6：供应商依赖对供应商承诺意愿有正向影响。

H5.7：供应商依赖对供应商承诺行动有正向影响。

5.2.3 供应商承诺与合作效应

现有文献通常从运营绩效的角度来衡量承诺所产生的合作效应，并证实供应商承诺能提升供应商的运营绩效（Prahinski 和 Benton，2004）。我们认为，合作效应可以分为双方合作程度的加深（简称合作程度）和供应商运营获益的增加（简称运营获益）两个方面。①当供应商对买方企业做出承诺，它会寻求各种途径维护合作关系，这种努力通常会导致双方合作程度的进一步加深；②由于供应商对合作关系做出了更多投入，因此也会争取更多回报，充分利用合作关系来提升自己的运营绩效，由此导致运营获益的增加。从买方企业的角度看，供应商的承诺会减轻买方企业对机会主义行为的顾虑，买方企业因此愿意在更大范围内与供应商共享信息、技术和渠道资源，这也导致双方合作程度的加深，同时也增加了供应商的运营获益。由此，我们提出以下假设。

H5.8：供应商承诺意愿对双方合作程度有正向影响。
H5.9：供应商承诺意愿对自身运营获益有正向影响。
H5.10：供应商承诺行动对双方合作程度有正向影响。
H5.11：供应商承诺行动对自身运营获益有正向影响。
H5.12：双方合作程度对供应商运营获益有正向影响。

5.3 研究设计

5.3.1 概念模型

整理前述假设，我们提出概念模型如图 5.1。

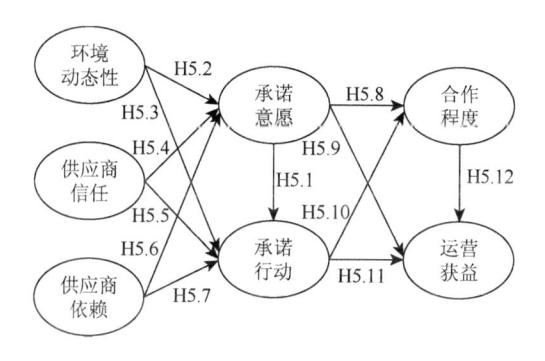

图 5.1 本章概念模型

5.3.2 变量的测量

测量工具来自现有文献（Morgan 和 Hunt，1994；Fynes 等，2005；Cao 和 Dowlatshahi，2005），采用李克特 5 分量表。在征求相关学者专家的意见，并对部分企业界人士进行预调查后，我们对量表进行了适当修改。

5.3.3 样本

问卷通过重庆某大学在职 MBA 和 EMBA 的教学平台发放，要求学员根据其所在企业（作为供应商）与其产品或服务的最主要买主（买方企业）之间的合作关系状况回答问题，共发出问卷 600 份，回收 443 份，回收率为 74%。我们剔除了数据严重缺失、答案前后矛盾和答案呈现明显规律性的问卷，对于来自同一个企业的学员，则选取职位较高或就职年限较长者的问卷。最后，得到有效问卷 249 份，有效回收率为 41.5%。

样本由多种所有制（国有、民营、外资等）、多种行业（制造、服务、信息技术、房地产等）和多种规模（以员工人数衡量）的企业构成，有较好的代表性。企业经营历史普遍较长（不足 5 年的仅 11%，5~10 年的 27%，10 年以上的 62%），具备与买方企业形成长期合作关系的时间条件，符合研究需要。问卷填答者绝大多数任部门经理及以上职位，就职年限多在 5 年以上，对企业情况较为了解。

5.4 研究结果

5.4.1 信度与效度

用 SPSS 软件进行信度分析，7 个变量的 Cronbach's α 均超过 0.6（见表 5.1），显示了较好的信度。用 LISREL 软件进行验证性因子分析，将 19 个指标按 7 个因子拟合模型，拟合度较好（χ^2（131）=175.35，RMSEA=0.037，GFI=0.93，CFI=0.98，NNFI=0.97，IFI=0.98）。各指标的因子载荷均超过 0.6 且 t 值达到显著性水平（$p<0.01$），显示了很好的收敛效度。各因子之间的相关系数加减两倍标准误（即相关系数的 95%置信区间）均不包含 1，显示了较好的判别效度。

表 5.1 量表、信度分析和因子载荷

	量表	载荷
运营获益（α=0.82）	核心能力互补	0.65
	通过信息共享缩短产品从构思到投放市场的时间	0.80
	获取营销渠道并共享市场或消费者忠诚	0.72
	致力于为顾客提供解决方案而不仅仅是销售产品	0.72
合作程度（α=0.78）	我方在产品设计方面与对方广泛开展合作	0.70
	我方在业务流程设计方面与对方广泛开展合作	0.84
	我方在预测与生产计划方面与对方广泛开展合作	0.69
承诺意愿（α=0.82）	与对方的合作关系值得我方尽最大努力去维持	0.93
	我方打算长期维持与对方的合作关系	0.75
承诺行动（α=0.77）	为满足对方的需求，我方调整了生产系统	0.71
	为了与对方合作，我方在工具和设备上进行了重大投资	0.68
	为生产供应给对方的产品，我方调整了生产系统	0.79
环境动态性（α=0.80）	市场特点	0.81
	竞争形势	0.79
	消费者需求	0.68
供应商信任（α=0.73）	我方觉得可以完全信任对方	0.78
	对方非常诚实可靠	0.74
供应商依赖（α=0.67）	除了对方，我方很难为产品找到新的顾客	0.71
	在很大程度上，我方依赖于对方来实现我方的经营目标	0.71

注：α 即内部一致性系数 Cronbach's α，载荷为标准化因子载荷

5.4.2 结构方程模型拟合与评价

用 LISREL 软件拟合结构方程模型，并从三个方面评价其拟合度（黄芳铭，2005）。

（1）基本拟合标准：所有指标的因子载荷均在 0.5 至 0.95 之间且达到显著性水平（$p<0.01$），没有负的测量误差，表明模型完全符合基本拟合标准。

（2）整体拟合度：分为三类标准，其中，绝对拟合度 χ^2（df）=180.35（137）、RMSEA=0.036、SRMR=0.051、GFI=0.93、AGFI=0.90；增值拟合度 NNFI=0.97、CFI=0.98、IFI=0.98；简约拟合度 PNFI=0.74、PGFI=0.67。可见模型的整体拟合度很好。

（3）模型内在结构拟合度：组成信度（CR）均在 0.6 以上，平均变异抽取量（AVE）均在 0.5 以上（见表 5.2），说明模型的内在结构拟合度达到标准。

表 5.2 模型内在结构拟合度指标

	运营获益	合作程度	承诺意愿	承诺行动	环境动态性	供应商信任	供应商依赖
CR	0.82	0.79	0.83	0.77	0.81	0.73	0.67
AVE	0.53	0.56	0.71	0.53	0.58	0.58	0.50

5.4.3 假设检验

假设检验结果如表 5.3，前面提出的 12 个假设中，10 个得到支持，而 H5.2 和 H5.6 未得到支持。

表 5.3 结构方程模型的路径系数与假设检验结果

路径	路径系数	t 值	对应假设	检验结果
承诺意愿→承诺行动	0.26	3.17***	H5.1	支持
环境动态性→承诺意愿	0.08	1.13	H5.2	不支持
环境动态性→承诺行动	0.16	2.27**	H5.3	支持
供应商信任→承诺意愿	0.28	3.11***	H5.4	支持
供应商信任→承诺行动	0.19	2.08**	H5.5	支持
供应商依赖→承诺意愿	−0.20	−2.12**	H5.6	不支持
供应商依赖→承诺行动	0.44	4.65***	H5.7	支持
承诺意愿→合作程度	0.21	2.55**	H5.8	支持
承诺意愿→运营获益	0.15	2.03**	H5.9	支持
承诺行动→合作程度	0.27	3.19***	H5.10	支持
承诺行动→运营获益	0.37	4.36***	H5.11	支持
合作程度→运营获益	0.23	2.84***	H5.12	支持

注：**表示 $p<0.05$，***表示 $p<0.01$。路径系数为完全标准化值

H5.2，与其对应的路径系数不显著。这说明环境动态性对供应商承诺意愿没有明显的作用。

H5.6，与其对应的路径系数是显著的，但符号为负，和预期的相反。与 H5.7 的检验结果（正向显著）对比，可知供应商依赖对供应商承诺的两个层面作用效果不同。一方面，依赖性使供应商在讨价还价中处于不利地位，在经营策略上也不可避免地受到买方企业的控制，这对供应商来说非常不利，因此，供应商在主观上并不愿意对这种依赖性很强的伙伴关系做出承诺，而是会努力寻求更为平等和互惠的新伙伴关系，于是，呈现出依赖与承诺意愿负相关的结果。另一方面，依赖性越强，供应商在经营策略上受买方企业控制越大，越有可能被迫进行设备

上的专用性投资或调整生产线，因此，呈现出依赖与承诺行动正相关的结果。

5.5 本章小结

本章通过实证研究发现，供应商承诺可分为承诺意愿和承诺行动两个意义不同的层面，而承诺意愿能促进承诺行动。关系情境因素中的环境动态性、供应商信任和供应商依赖对供应商承诺有显著的影响，而且对承诺意愿和承诺行动的影响是不同的。供应商承诺对双方的合作程度和供应商的运营获益均有显著的正向影响，而双方合作程度的加深能增大供应商的运营获益。

上述内容对供应商承诺的产生及作用机理进行了补充和证实，并可为供应链管理实践提供参考。对买方企业来说，可从关系情境因素入手，寻求获取和增加供应商承诺的途径，但需注意，单纯限制供应商的独立发展，增加供应商对己方的依赖性，并不一定能增加供应商的承诺。对供应商来说，了解承诺产生的合作效应，有助于供应商实施承诺行动时的决策，并能有针对性地对双方合作程度和己方运营获益进行管理。

本研究只对供应链伙伴关系的一方——供应商进行了调查，对伙伴关系中买方企业的特征描述不够，采用供应商和买方企业的配对样本可以获得更系统的研究结果。同时，本研究样本企业全部来自重庆市，研究结论的可推广性受到限制，有待更大范围的样本对研究结论进行检验。

6 基于协同服务创新视角的供应链企业失败学习决策机理研究

6.1 背　　景

知识经济和全球一体化时代的到来，导致市场竞争越来越激烈，以服务和创新为基础的经济发展模式和产业结构在全球范围内逐步形成，服务创新作为创造和提升服务价值的核心要素，是企业获取竞争优势，推动发展的强大动力（蔺雷和吴贵生，2005）。与此同时，企业之间的竞争将逐渐从传统的产品优势竞争转向服务优势竞争，而协同服务创新可以增强企业的核心竞争力，实现企业的可持续发展（李鹏忠等，2007）。Eltantawy（2008）认为竞争不仅只发生在企业与企业之间，还更多地发生在供应链之间，或者说已经从企业层面转向了供应链层面。供应链上、中、下游的企业必须紧密合作，积极实施协同服务创新战略，才能针对市场变化迅速做出反应并维持企业持久的竞争优势（简兆权等，2013）。供应链企业在实施协同服务创新过程中难免会遇到各种失败，与成功的经验相比，失败的经验更能激励组织搜寻新的问题解决方法，挑战旧观念并实现创新（Sitkin，1992）。因此，供应链企业可以通过失败学习进行失败过程认定、失败经验分析和失败问题解决等三个步骤（Cannon和Edmondson，2005），进而促进服务创新的实现。

2015年，联想完成对IBM X86服务器业务收购。吸取2004并购IBM PC业务后出现的严重供应链问题，联想分析失败原因，利用联想系统集成（深圳）有限公司（LSTC）生产 X86 服务器产品，提出"端对端供应链整合"策略，供应链网络遍布全球 160 个国家地区，通过供应链企业之间的密切合作及工厂精细化管理，提升了服务质量，提高了服务效率，实现了服务创新。可见，在开展服务创新过程中，失败学习的推进作用不可忽视。供应链企业可以通过失败学习主动搜索组织内外部相关的服务创新失败经验，积累失败知识，总结失败原因，主观能动性的创建解决方法，为客户提供更有价值的延伸服务、一体化服务、增值服务和特色服务，帮助企业获得持久性竞争优势。失败学习是组织对内部和外部失败经验进行集体反思，通过调整行为方式来降低未来遭遇类似失败的概率以提升组织绩效的过程（胡洪浩和王重鸣，2011）。学术界针对失败学习的研究主要有以下几个方面：首先，从失败的严重程度来说，Sitkin（1992）认为小失败更有助于组织学习；以 Madsen 和 Desai（2010）为代表的大失败论者主要是从知识管理和问责的视角来考察大失败或严重的失败与经验学习之间的关系。其次，从失败经验来源来讲，Sitkin（1992）主要关注内部失败经验，探索组织内部失败经验的特征和重要性，强调从灾难性失败经验中学习的效果；而 Kim 和 Miner（2007）则关注组织外部失败经验，明确指出：外部失败经验也是组织开展失败学习的一个重要来源，并对组织学习具有显著的促进作用。最后，从创新绩效方面来说，Carmeli 和 Schaubroeck（2008）指出失败学习可以提高组织对当前和未来的危机准备，危机准备越高，组织绩效越好；于晓宇和蔡莉（2013）对中国 177 家高科技新创企业的研究表明，失败学习行为可以激发企业更多的创新活动，提升创新绩效。由此可见，失败学习行为有利于组织降低失败的概率（Cannon 和 Edmondson，2005），供应链企业可以通过失败学习行为增强其服务创新能力，提升创新收益。

国内外关于失败学习的研究主要是从静态角度来进行的，但是供应链企业失败学习活动是一个动态变化的过程，如何从动态变化的过程中得出影响供应链企业失败学习的关键因素对企业具有重要的实践指导意义。本章运用演化博弈方法来研究供应链企业失败学习的演化机制以及各种相关因素对演化进程的影响，分析了失败学习行为对企业的协同服务创新收益，并提出了提高供应链企业选择失败学习策略概率的有效对策，旨在为促进供应链企业间关于协同服务创新视角的失败学习提供指导。

6.2　演化博弈模型

供应链企业在进行协调服务创新时，整个供应链系统是处于合作状态，此时有两种情况，一是企业进行失败学习，即采取失败学习来降低服务创新过程中的事故发生率，并将失败学习成果转化为现实收益（Cannon 和 Edmondson，2005），提升企业的组织创新绩效（Madsen 和 Desai，2010），这时企业就会增加自己的学习成本投入，将更多的资源用于失败经验的分析，并愿意与供应链企业通过失败学习进行协同服务创新，减少服务创新过程中的失败概率；二是企业不进行失败学习，就会为进行相应的保守学习，选择自我学习的模式，在这种情况下，企业没有失败学习成本，采取的是搭便车策略，可以从合作企业分享的失败经验中获得对自己有利的知识，产生服务创新收益，但与其他进行失败学习的企业就形成一种隐形竞争关系。这种失败学习系统是通过自身的演化所形成的，供应链企业会根据其他企业的策略选择，考虑在自身群体中的相对适应性来选择和调整各自的策略。本章研究了供应链企业间失败学习行为，本章模型的相关变量如下。

R_i（$i=A$，B），失败学习能力。失败学习能力强的企业比学习能力差的企业在失败学习中获得更大的收益，有利于企业增强自我效能感，最终促进失败学习。

K_i（$i=A, B$），失败知识量。企业拥有的失败知识量越多，其他企业越有可能从中获得对自己有利的经验，产生更大的收益。

β 且 $\beta>1$，失败学习协同效应系数。企业同时进行失败学习，会带来服务创新协同效应，产生 1+1>2 的效果，企业间的失败知识差异与信任程度会对协同效应产生重要影响。

λ 且 $\lambda>1$，失败学习承诺。供应链企业对彼此进行失败学习行为的承诺，良好、可靠的承诺能够提升信任水平，有利于失败学习行为产生。

D，激励系数。DK_i（$i=A, B$）表示企业进行失败学习而因此受到的激励，激励包括供应链联盟对进行失败学习企业的精神奖励和物质奖励。企业拥有的失败知识量越多，在进行失败学习时获得的激励就越大。激励行为可以减少失败对员工个体情绪的消极影响，激发团队的创新能力，提升企业的创新收益。

L_i，领导行为系数。领导行为可以促进企业的失败学习氛围和失败学习过程，越有效的团队领导行为越能帮助企业克服团队失败学习障碍，促进创新收益。L_iK_i（$i=A, B$）表示企业因有效的领导行为获得的额外收益。

C_i，（$i=A, B$），失败学习成本。失败学习行为的产生不可避免会发生一些成本，它包括学习的时间成本、物质成本以及学习中可能运用的技术成本等。

F，额外费用。FK_i（$i=A, B$）表示在供应链企业中，一方进行失败学习，另外一方不进行失败学习时，学习方需要学习企业自身和对方的失败知识来完成服务创新，由于达不到协同服务创新的状态，这时学习方需要支付给对方相关失败学习的知识产权或者技术专利等额外费用，不学习方可以得到对方支付的额外收益。

T，重复失败的损失。当企业不进行失败学习时，企业会因为失败问题产生消极情绪，降低创新的积极性和收益，增加再次失败的概率，出现重复失败的损失。

对本章研究的供应链企业间失败学习行为，做出如下假设。

（1）博弈主体：供应链企业的失败学习活动参与企业数为 2，供应商 A 和制造商 B（以下简称 A 和 B）。A 和 B 是代表供应链中任意两个参与失败学习的服务创新企业，且满足有限理性的假设。

（2）策略选择：博弈双方进行失败学习的策略博弈时，各自的策略集分别为 A\{失败学习，不失败学习\}和 B\{失败学习，不失败学习\}。为简化起见，供应链企业的失败学习策略包括组织内外部失败学习、失败经验交流、失败文化建立和协同服务创新战略等。

（3）策略选择的比例：假设供应商 A 选择"失败学习"策略的概率为 x（$0 \leqslant x \leqslant 1$），那么它选择"不失败学习"策略的概率为 $1-x$。B 选择"失败学习"策略的概率为 y（$0 \leqslant y \leqslant 1$），那么其选择"不失败学习"的概率为 $1-y$。x 与 y

的值不是固定的，根据演化博弈论，它们会随着参与人在学习与不学习的过程中调整而调整，不过为了方便讨论，我们假定它们的初始值是确定的。

（4）组织成员的个体学习能力构建、激励机制与问责制度设计和团队领导行为是影响失败学习的三大要素（胡洪浩和王重鸣，2011），鉴于此，本章假设供应链企业的失败学习能力（R），供应链企业间结成联盟，为了鼓励失败学习活动，引入激励机制，对失败学习进行正向激励（D），以及供应链企业的领导行为（L）。

（5）收益矩阵：结合前面的假设条件，用 U 表示博弈方的收益，由此分析得到博弈双方的收益矩阵，如表 6.1 所示。

表 6.1　失败学习博弈参与者的期望收益矩阵

A \ B	失败学习 Y	不失败学习 $1-Y$
失败学习 X	$R_a K_{a+b}\beta\lambda+DK_a+\underline{L_a K_a}-C_a$, $R_b K_{a+b}\beta\lambda+DK_b+\underline{L_b K_b}-C_b$	$R_a K_{a+b}+DK_a+\underline{L_a K_a}-C_a-FK_b$, FK_b-T
不失败学习 $1-X$	FK_a-T, $R_b K_{a+b}+DK_b+\underline{L_b K_b}-C_b-FK_a$	$-T$, $-T$

①当 A 和 B 均选择进行失败学习时，双方处于协同服务创新状态，均可从对方的失败学习过程中获益，收益共由四部分组成：失败学习协同创新收益、失败学习激励、失败学习领导行为额外收益、失败学习成本。

其中，失败学习协同创新收益：A 和 B 同时进行失败学习时会产生合作关系，两个企业会共同分享自己的失败经验，共同合作创新，发生协同效应，达到 1+1＞2 的效果，因而 A 的协同收益可以表示为 $R_a K_{a+b}\beta\lambda$，它与 A 的失败学习能力，企业 A、B 的失败知识量以及 A 和 B 的协同效应系数与相互承诺正向相关。

失败学习激励：DK_a。它同激励系数、有效失败经验量相关。

失败学习领导行为：$\underline{L_a K_a}$。它同领导行为的有效程度、有效失败经验量相关。

失败学习成本：C_a。它同企业的失败学习投入有关。

由此可见：A 的收益为 $R_a K_{a+b}\beta\lambda+DK_a+\underline{L_a K_a}-C_a$；

同理，B 的直接收益为 $R_b K_{a+b}\beta\lambda+DK_b+\underline{L_b K_b}-C_b$。

②当 A 进行失败学习，而 B 不进行失败学习时，A 和 B 处于不协同服务创新状态，其收益分别为 $\{R_a K_{a+b}+DK_a+\underline{L_a K_a}-C_a-FK_b, FK_b-T\}$。此时由于 A 只是单方面的进行失败学习，所以 A 可以获得自己的失败学习收益，以及通过采取失败学习行为获得的激励收益和领导额外收益，无法获得协同收益。在付出成本的同时需要给 B 一定的费用，因为供应链企业处于合作关系，当 A 进行失败学习时，需要学习企业自身和对方的失败知识来完成失败学习，即使 B 没有进行失败学习，A 同样可以从 B 身上获取有益的失败知识，但是可能会触犯到对方的知识产权、

技术专利等，需要支付一定的费用 FK_b。而 B 能够获得 A 支付的费用 FK_b，同时，不进行失败学习会产生重复失败的损失 T。同理，可以得出当 B 进行失败学习，而 A 不进行失败学习时，A、B 双方的收益分别为 $\{FK_a-T, R_bK_{a+b}+DK_b+L_bK_b-C_b-FK_a\}$。

③当供应商 A 和制造商 B 都选择不进行失败学习时，A 和 B 处于封闭状态下均无失败学习收益，但是会产生重复失败的损失，即其收益均为 $-T$。

6.3　演化博弈分析

根据上述假设及支付矩阵，可以得到供应商 A 采取失败学习策略的期望收益 U_{a1}、不采取失败学习策略的期收益 U_{a2} 和平均期望收益 $\bar{U}_a$ 分别为

$$U_{a1} = y(R_aK_{a+b}\beta\lambda + DK_a + L_aK_a - C_a) + (1-y)(R_aK_{a+b} + DK_a + L_aK_a - C_a - FK_b)$$

$$U_{a2} = y(FK_a - T) + (1-y)(-T)$$

$$\bar{U}_a = xU_{a1} + (1-x)U_{a2}$$

构造 A 的复制动态方程

$$F(x) = \frac{dx}{dt} = x(U_{a1} - \bar{U}_a) = x(1-x)[y(R_aK_{a+b}\beta\lambda - R_aK_{a+b} + FK_b - FK_a) + R_aK_{a+b} + DK_a + L_aK_a - C_a - FK_b + T]$$

欲求得该博弈的演化稳定策略，首先需要得到复制动态方程的稳定点，而复制动态方程的稳定策略要求该稳定点 x^* 要满足两个条件：第一，$F(x^*)=0$；第二，演化稳定策略要求具有一定的抗干扰性，这就要求当 x 向低于 x^* 水平偏离时，$F(x)$ 大于 0，x 向高于 x^* 水平偏离时，$F(x)$ 小于 0，由微分方程相关性质得出，在 x^* 点处的 $F(x)$ 一阶导数应满足 $F'(x^*)<0$，符合上述两个条件的稳定点 x^* 才是演化稳定策略。

由 $F(x)=0$ 得，$x^*=0$ 或 $x^*=1$，$y^*=(C_a+FK_b-R_aK_{a+b}-DK_a-L_aK_a-T)/R_aK_{a+b}\beta\lambda-R_aK_{a+b}+FK_b-FK_a$。

（1）当 $C_a+FK_b-R_aK_{a+b}-DK_a-L_aK_a-T>R_aK_{a+b}\beta\lambda-R_aK_{a+b}+FK_b-FK_a$，即 $FK_a-T>R_aK_{a+b}\beta\lambda+DK_a+L_aK_a-C_a$ 时，对于任意的 y（$0 \leq y \leq 1$），有 $F'(x=0)<0$，此时 $x=0$ 是 A 的演化稳定策略。　　　　　　　　　　　　　　　　　　（Ⅰ）

（2）当 $FK_a-T<R_aK_{a+b}\beta\lambda+DK_a+L_aK_a-C_a$ 时，如果 $y>y^*$，有 $F'(x)=1<0$，此时 $x=1$ 是 A 的演化稳定策略，如果 $y<y^*$，则 $F'(x)=0<0$，$x=0$ 是演化稳定策略。　　　　　　　　　　　　　　　　　　　　　　　　　　　（Ⅱ）

也就是说在 $FK_a-T>R_aK_{a+b}\beta\lambda+DK_a+L_aK_a-C_a$ 情形下，A 的演化稳定策略将受到临界值 y^* 的影响，临界值 y^* 越小，y 落在区间$[y^*, 1]$的概率越大，A 的演化

稳定策略会越趋向于选择失败学习。

同理，可得制造商 B 采取失败学习策略的期望收益 U_{b1}、不采取失败学习策略的期收益 U_{b2} 和平均期望收益 $\bar{U}_b$ 分别为

$$U_{b1} = x(R_b K_{a+b}\beta\lambda + DK_b + L_b K_b - C_b) + (1-x)(R_b K_{a+b} + DK_b + L_b K_b - C_b - FK_a)$$

$$U_{b2} = x(FK_b - T) + (1-x)(-T)$$

$$\bar{U}_b = yU_{a1} + (1-y)U_{a2}$$

B 的复制动态方程为

$$F(y) = \frac{\mathrm{d}y}{\mathrm{d}t} = y(U_{b1} - \bar{U}_b) = y(1-y)[x(R_b K_{a+b}\beta\lambda - R_b K_{a+b} + FK_a - FK_b)] + R_b K_{a+b}$$
$$+ DK_b + L_b K_b - C_b - FK_a + T]$$

令 $F(y)=0$ 得，$y^*=0$ 或 $y^*=1$，$x^*=(C_b+FK_a-R_b K_{a+b}-DK_b-L_b K_b-T)/R_b K_{a+b}\beta\lambda-R_b K_{a+b}+FK_a-FK_b$。

（1）当 $C_b+FK_a-R_b K_{a+b}-DK_b-L_b K_b-T > R_b K_{a+b}\beta\lambda-R_b K_{a+b}+FK_a-FK_b$，即 $FK_b-T > R_b K_{a+b}\beta\lambda+DK_b+L_b K_b-C_b$ 时，对于任意的 x（$0 \leq x \leq 1$），有 $F'(y=0)<0$，此时 $y=0$ 是 B 的演化稳定策略。　　　　　　　　　　　　　　　　　　（Ⅲ）

（2）当 $FK_b-T < R_b K_{a+b}\beta\lambda+DK_b+L_b K_b-C_b$ 时，如果 $x > x^*$，$y=1$ 是 B 的演化稳定策略，如果 $x < x^*$，则 $y=0$ 是 B 的演化稳定策略。　　　　（Ⅳ）

以上是分别对 A 和 B 进行单独考查时的情形，企业 A 和 B 参数特性不同，其所处情形也相应发生变化，最终的博弈结果的形成需要同时考虑 A 和 B 两者分别所处情形，A、B 之间的相互作用形成进化稳定策略，这里一共有如下四种情况。

①A 和 B 分别处于情形（Ⅰ）和（Ⅲ）时，演化博弈收敛于点 O（0，0），即 {不失败学习，不失败学习}为演化稳定策略，如图 6.1 所示。

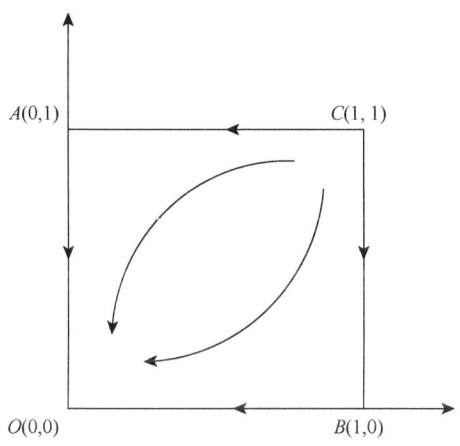

图 6.1 当 $FK_a-T > R_a K_{a+b}\beta\lambda+DK_a+L_a K_a-C_a$，$FK_b-T > R_b K_{a+b}\beta\lambda+DK_b+L_b K_b-C_b$ 时系统演化图

②A 和 B 分别处于情形（Ⅰ）和（Ⅳ）时，演化博弈收敛于点 $O(0,0)$，即 {不失败学习，不失败学习} 为演化稳定策略，如图 6.2 所示。

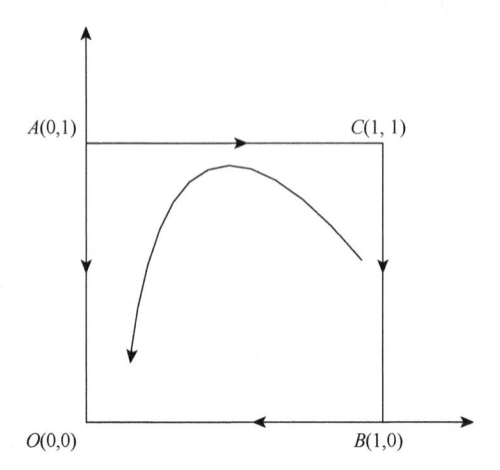

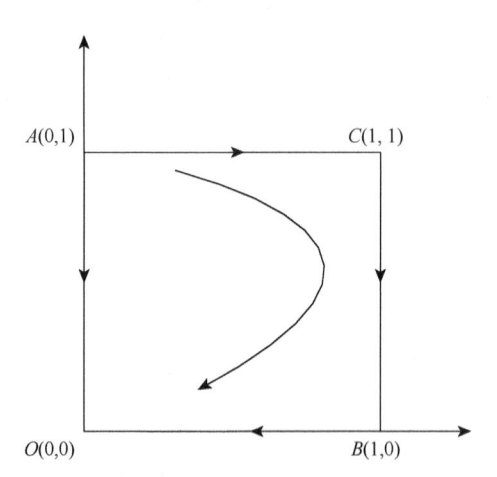

图 6.2 当 $FK_a-T>R_aK_{a+b}\beta\lambda+DK_a+\underline{L_aK_a}-C_a$，$FK_b-T<R_bK_{a+b}\beta\lambda+DK_b+\underline{L_bK_b}-C_b$ 时系统演化图

③A 和 B 分别处于情形（Ⅱ）和（Ⅲ）时，演化博弈收敛于点 $O(0,0)$，即 {不失败学习，不失败学习} 为演化稳定策略，如图 6.3 所示。

图 6.3 当 $FK_a-T<R_aK_{a+b}\beta\lambda+DK_a+\underline{L_aK_a}-C_a$，$FK_b-T>R_bK_{a+b}\beta\lambda+DK_b+\underline{L_bK_b}-C_b$ 时系统演化图

图 6.1、图 6.2、图 6.3 分别描述了三种情况的系统演化情形。由以上图可得，这三种情形的最终演化稳定点都为 $O(0,0)$，即双方的演化稳定策略都是采取策略 B。综合以上三种情形得出，当 $FK_a-T>R_aK_{a+b}\beta\lambda+DK_a+\underline{L_aK_a}-C_a$ 与 $FK_b-T>R_bK_{a+b}\beta\lambda+DK_b+\underline{L_bK_b}-C_b$ 中有任意一个不等式成立，这种情况一般是发生在失败学

习成本较高，或者不失败学习损失较小的时候，不论最初双方失败学习的意愿有多么强烈，随着时间的推演与博弈的反复进行，供应链成员间失败学习博弈发展的最终结果会是双方都不进行失败学习。

④A 和 B 分别处于情形（Ⅱ）和（Ⅳ）时，最终进化稳定策略取决于企业 A 和 B 的初始状态。{不失败学习，不失败学习}与{失败学习，失败学习}都有可能成为进化稳定策略，如图 6.4 所示。

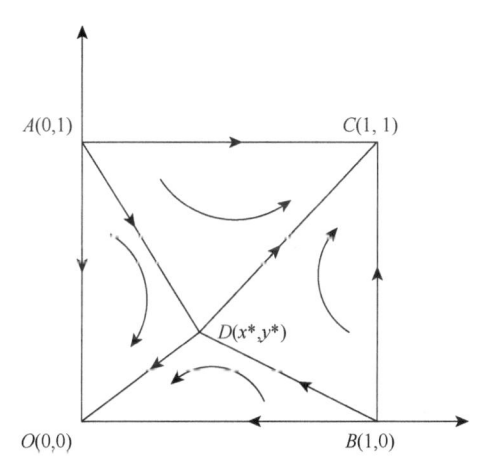

图 6.4 当 $FK_a-T<R_aK_{a+b}\beta\lambda+DK_a+\underline{L_aK_a}-C_a$，$FK_b-T<R_bK_{a+b}\beta\lambda+DK_b+\underline{L_bK_b}-C_b$ 时系统演化图

当 $FK_a-T<R_aK_{a+b}\beta\lambda+DK_a+\underline{L_aK_a}-C_a$ 与 $FK_b-T<R_bK_{a+b}\beta\lambda+DK_b+\underline{L_bK_b}-C_b$ 同时成立，即供应链企业选择失败学习策略收益大于选择不学习策略收益时，演化博弈进化稳定策略有两个，点 $O(0,0)$ 和 $C(1,1)$，分别代表{不失败学习，不失败学习}与{失败学习，失败学习}，如图 6.4 所示。折线 ADB 成为不同博弈结果的分界线，当处于图中区域 ADBC 时，演化博弈收敛于 $C(1,1)$，即供应链企业均进行失败学习；当处于图中区域 ADBO 时，演化博弈收敛于 $O(0,0)$，即供应链企业均不进行失败学习。

图 6.4 描述了供应商 A 和制造商 B 博弈的动态过程。由不稳定的均衡点 A、B 和鞍点 D 连成的折线为系统收敛于不同状态的临界线，即在折线的右上方（ADBC 部分）系统将收敛于完全协同创新关系（即都采取失败学习策略），在折线的左下方（ADBO 部分）系统将收敛于不协同创新关系（即都不采取失败学习策略）。临界点 $D(x^*, y^*)$ {$x^*=(C_b+FK_a-R_bK_{a+b}-DK_b-\underline{L_bK_b}-T)/R_bK_{a+b}\beta\lambda-R_bK_{a+h}+FK_a-FK_h$，$y^*=(C_a+FK_b-R_aK_{a+b}-DK_a-\underline{L_aK_a}-T)/R_aK_{a+b}\beta\lambda-R_aK_{a+b}+FK_b-FK_a$}成为影响博弈结果的关键点，演化博弈的收敛趋势，将随着临界点 D 的移动而发生移动。临界点 $D(x^*, y^*)$ 越小，区域 ADBC 越大，失败学习越

有可能发生，反之也成立。

这种情况会出现在 $RK_{a+b}\beta\lambda$ 协同收益较高的时候。通常对于供应链企业而言，此参数是企业间核心竞争力的差异，通过失败学习行为共享特有的服务创新失败经验知识的融合，进而获得的服务创新知识和失败经验知识，双方互补性越强，协同创新价值越大。由图 6.4 可知，当失败学习中的协同收益越大时，系统向均衡点 $C(1,1)$ 收敛的概率越大，所有供应链企业都选择失败学习策略的可能性越大，反之亦然。因而，应尽可能提高企业间失败学习的频度和深度，以相应提高协同收益程度，使协同企业朝着失败学习的方向发展，完成协同链整体资源的最优化，实现服务创新。

6.4 模型参数分析

从博弈模型可以得出，供应链企业间失败学习行为最终演变为学习还是不学习同失败学习博弈的收益矩阵密切相关。通过对博弈收益矩阵系数的变化进行研究，得出影响失败学习行为的相关结论，下面对影响临界值 $D(x^*,y^*)$ 的系数分别进行讨论。

（1）失败学习成本 C_i。从临界点的表达式中可以看到，C_i 越小，临界点越小，博弈双方初始状态处于区域 $ADBC$ 的概率越大，双方均进行失败学习的概率也就越大，反之亦然。供应链企业在进行失败学习决策之前，失败学习成本成为首要考虑因素，这里的成本既包括时间成本又包括物质成本等。成本过高，企业必然会要求更高的收益，而如果预期收益得不到满足，企业失败学习就会止步不前，失败学习就难以为继。供应链企业间的失败学习活动是一种跨组织间的交互活动，影响成本的因素往往会更加复杂，企业间文化差异、组织结构、沟通方式、知识距离等都对会失败学习的成本产生重要的影响。若想保证失败学习活动的顺利进行，供应链企业应当努力减少这些因素对成本的影响，尽可能降低成本，从而促进失败学习活动的进行。

（2）失败学习能力 R_i。失败学习能力直接影响供应链企业在失败学习活动获得的收益，从临界点表示式中我们也能得出，R_i 越大，临界值越小，临界点向坐标轴左移动，区域 $ADBC$ 的面积变大，博弈双方越有可能演化为双方均进行失败学习的演化稳定策略。这就在实践中要求供应链企业注重提升员工素质、增进团队学习氛围、培养学习型组织文化，重视对失败知识的吸收和利用。

（3）失败学习协同效应系数 β。通过模型我们得出，失败学习协同效应系数 β 会对失败学习行为产生正向积极的影响，协同效应越明显，失败学习发生的概率越大。企业间的失败知识差异、信任程度对协同效应产生重要影响。知识差异过大，知识背景与结构迥异，知识水平相差悬殊，无形中会阻碍失败学习活动的发生和深入；知识差异过小，知识同质过甚，失败学习会出现动力不足的现象，其效果也不显著。所以失败学习的主体间，既要保持一定的失败知识差异，形成知识经验互补，又要有一定相似性，为失败学习与协同服务创新的发生创造必要条件。企业间信任程度的高低同样对协同效应产生重要影响，信任程度过低甚至会导致失败学习无法进行，加强企业间的沟通与协调，建立保障机制，将有利于信任水平的提升。

（4）失败知识量 K_i。失败知识量 K_i 同样也会对失败学习产生重要影响，在本章的博弈模型中，当 K_i 值增大时，临界点向坐标轴左下角移动，区域 $ADBC$ 的面积变大，双方最终选择失败学习的概率同样增大。通常情况下，失败知识量是衡量企业失败知识价值的重要标志，失败知识量越大，参与企业从失败学习活动中越有可能获得更大收益。在失败学习这一动态演化的过程中，供应链企业可以通过增强失败学习意愿、采取有效激励措施以及培养长期合作关系等策略加大双方进行失败知识量的协同创新。

（5）激励系数 D 和领导行为系数 L_i。通过博弈模型分析，我们发现当 D 或者 L_i 变大时，区域 $ADBC$ 面积变大，博弈演变成双方均选择失败学习策略的可能性增大。当对采取失败学习策略的企业的激励系数和领导行为系数越大时，所有供应链企业都选择失败学习策略的可能性越大，反之亦然。在失败学习的具体实现中，供应链企业需要通过一定的失败学习激励机制和信誉管理措施来促进协同企业间的共同学习与协作，以实现失败学习的协同服务创新收益最大化，从而有利于协同企业失败学习关系的建立和维护。这种激励不仅包括物质激励，也包括非物质激励，例如，由于积极学习失败知识能够得到供应链其他成员的认可、尊重和信任，从而有利于企业形象的提升。

（6）额外费用 F。额外费用越大时，企业都选择失败学习策略的可能性越小。企业根据自身的情况，一部分实力雄厚的企业会选择失败学习策略，另外一部分企业会选择不失败学习策略。

（7）重复失败的损失 T。损失越大，区域 $ADBC$ 的面积越大，演化博弈收敛于点 C 的可能性增大，即企业 A 和 B 都选择不失败学习策略的概率增加。本章的失败学习损失主要指的是重复失败的损失，当企业不进行失败学习时，企业会因为失败问题产生消极情绪，降低创新的积极性和收益，增加再次失败的概率，出现重复失败的损失。所以不失败学习的损失直接影响供应链企业失败学习策略的选择，企业应该重视失败学知识，防止不失败学习的重复损失，造成企业成本和资源的浪费。

（8）学习承诺 λ。承诺值 λ 越高，区域 $ADBC$ 面积越大，演化博弈越容易收敛于点 D，企业 A 和 B 都选择失败学习的概率越大。供应链企业之间保持良好的失败学习承诺,有利于彼此双方形成稳定、持续的失败学习信念,建立良好的信任水平,从而促进失败学习行为的发生,促进协同服务创新。

6.5 本章小结及相关建议

本章通过建立演化博弈模型对供应链企业的失败学习行为进行分析,研究了供应链中两类企业实施失败学习策略的动态博弈过程,从中找出企业在策略选择时的影响因素。结果表明:失败学习的成本 C、失败学习能力 R、失败学习协同效应系数 β、失败知识量 K、激励系数 D、领导行为系数 L、额外费用 F、重复失败的损失 T 和学习承诺 λ 是影响供应链企业失败学习的重要因素,具体研究结论如下。

首先,供应链企业失败学习系统受到有利因素和限制因素的影响。供应链企业失败学习的演化过程是在系统有利因素和限制因素双重作用下完成的。其中有利因素包括失败学习能力、失败学习协同效应系数、失败知识量、激励系数、领导行为系数和学习承诺;限制因素包括失败学习的成本投入、额外费用和重复失败的损失等。为了促使供应链企业进行失败学习行为,应设法提高利益系数的比值,使企业能从失败学习策略中受益,通过协同知识创新,提升供应链的创新能力,在培养组织学习能力的同时增强企业的核心竞争力。另外,要尽可能地降低实施失败学习策略的成本,加强激励机制,创建植根于供应链企业中的失败学习文化,提高企业的服务创新能力。企业的策略选择依赖于自身知识、技术和资本存量,自身实力比较雄厚的企业本身初始选择失败学习的概率就比较高,另外再权衡创新收益、学习成本等相关因素,愿意尝试选择失败学习;而实力比较薄弱的企业倾向于选择相反的策略。在供应链网络集群内,一部分企业将以失败学习为主,另一部分企业将以不失败学习为主。两者在集群内良性互动,实现了创新资源的优化配置,减少了重复创新开发,节省了社会资源。

其次,激励机制可以促进供应链企业选择失败学习策略。理想的激励机制能够使供应链企业密切合作,实现系统最优的状态(郭敏,2002)。因此,供应链联盟应该重视对供应链企业的激励机制,有效的激励能弥补企业因失败学习带来的高额成本和风险损失,增加企业失败学习策略的选择计划,通过激励方式能促使企业间形成一种长期、稳定的合作方式,加强企业间的信任关系和战略伙伴关系,以提高企业的服务创新质量,增加创新收益。对激励供应链企业间失败学习提出如下建议。第一,供应链成员间结成联盟,将失败学习和协同服务创新设立为联盟准入门槛,业务往来时优先考虑积极参与协同服务创新失败学习的成员企业。第二,加强沟通与协调,提升联盟成员间信任水平与协同效应,降低失败学习风险损失。第三，借助失败学习联盟，引入激励机制，鼓励与促进失败学习行为的发生。第四，行业协会等其他第三方机构、政府相关部门加强引导监督，培育鼓励协同服务创新和失败学习的环境与氛围，降低失败学习成本，同时供应链主导企业应发挥示范效应，主动进行协同服务创新和失败学习，推动失败学习合作的进行。

7 服务创新背景下供应链成员企业失败学习及其激励机制研究

7.1 背　　景

当前，世界经济从产品创新向服务创新转变，服务创新作为创造和提升服务价值的核心要素，已成为企业获取竞争优势的重要来源进而成为社会经济发展的关键动力（蔺雷和吴贵生，2005）。竞争过程不仅仅只发生在企业与企业之间，而更多地发生在供应链之间，或者说已经从企业层面转向了供应链层面（Lin等，2009；Eltantawy，2008）。供应链上、中、下游的成员企业必须紧密合作，积极实施服务创新战略，才能针对市场变化迅速做出反应并维持企业持久的竞争优势（简兆权等，2013）。供应链成员企业在实施服务创新过程中难免会遇到各种失败，与成功的经验相比，失败的经验更能激励组织搜寻新的问题解决方法，挑战旧观念并实现创新。如何有效地从自身失败的经验，或者从其他企业的失败中吸取教训，发现自身在进行服务创新时战略、管理、人才上的不足，是供应链成员企业面对的首要问题。因此，供应链成员企业可以通过失败学习进行失败知识认定、分析失败经验和创建问题对策方案（Sitkin，1992），进而促进服务创新的实现。

失败学习是企业对失败进行反应，追究失败的根源，理清行为和结果之间的关系及其对工作环境的影响，旨在获取能避免重蹈覆辙的知识和技能（Zhao，2011）。学术界针对失败学习的创新绩效方面已经开始关注，国外学者 Sitkin（1992）发现与成功的经验相比，失败的经验更能激励组织搜寻新的问题解决方法，挑战旧观念并实现创新；Carmeli 和 Schaubroeck（2008）指出失败学习可以提高组织对当前和未来的危机准备，危机准备越高，组织绩效越好；Cannon 和 Edmondson（2005）提出了失败学习由认定失败、分析失败和审慎试验等三个序列行动过程组成的观点，认为失败学习能提升组织绩效（如服务质量、组织适应性和创新性等）。国内学者于晓宇和蔡莉（2013）对中国 177 家高科技新创企业的研究表明，失败学习行为可以激发企业更多的创新活动，提升创新绩效；朱雪春和陈万明（2014）在研究动态变化的市场环境中发现失败学习是组织实现服务创新和提高绩效的途径；查成伟等（2016）认为失败学习是企业增强创新能力的关键环节，因此，强化对失败学习的认知和提升员工的失败学习能力对于企业创新绩效提升具有重要意义。由此可见，失败学习行为有利于组织降低失败的概率（胡洪浩和王重鸣，2011），因此，供应链成员企业可以通过失败学习行为增强其服务创新能力，提升创新收益。

国内外关于失败学习的研究主要是从静态角度来进行的，但是供应链成员企业失败学习活动是一个动态变化的过程，如何从动态变化的过程中得出影响供应链成员企业失败学习的关键因素，对企业具有重要的实践指导意义。本章运用演化博弈方法来研究供应链成员企业失败学习的演化机制以及各种相关因素对演化进程的影响，分析了失败学习行为对企业的创新收益，并提出了提高供应链成员企业选择失败学习策略概率的有效对策，旨在为促进供应链成员企业间关于服务创新视角的失败学习提供指导。

7.2 供应链企业失败学习决策机制的演化博弈

对本章研究的供应链成员企业间失败学习行为，本章做出如下假设。

（1）博弈主体。供应链成员企业的失败学习活动参与企业数为 2，供应商 A 和制造商 B（以下简称 A 和 B）。A 和 B 是代表供应链中任意两个参与失败学习、进行服务创新的企业的合作关系，且满足有限理性的假设。

（2）策略选择。博弈双方进行失败学习的策略博弈时，各自的策略集分别为 A{失败学习，不失败学习}和 B{失败学习，不失败学习}。为简化起见，实行失败学习策略包括合作、共享服务创新失败知识经验、愿意接受服务创新失败知识、发展失败学习企业文化等。当供应商 A 进行失败学习时，就会增加自己的学习成本投入，将更多的资源用于失败经验的分析，并愿意进行失败经验知识共享，同时，有可能会因为共享行为导致自身知识优势的丧失；当供应商 A 不进行失败学习时，就会进行相应的保守学习，选择自我学习的模式，在这种情况下，企业没有失败学习成本，采取的是搭便车策略，可以从对方共享的失败经验中获得对自己有利的知识，产生服务创新收益，但与其他进行失败学习的企业就形成一种竞争关系。同理，制造商 B 情况一样。这种失败学习系统是通过自身的演化所形成的，供应商 A 和制造商 B 根据对方的策略选择，考虑在自身群体中的相对适应性来选择和调整各自的策略。

（3）策略选择的比例：假设供应商 A 选择"失败学习"策略的概率为 x（$0 \leqslant x \leqslant 1$），那么它选择"不失败学习"策略的概率为 $1-x$。B 选择"失败学习"策略的概率为 y（$0 \leqslant y \leqslant 1$），那么其选择"不失败学习"的概率为 $1-y$。

（4）约束条件。在供应链成员企业采取失败学习策略时，失败学习的收益大于所需要投入的成本，即 $W_a > C_a$，$W_b > C_b$；但是供应链成员企业进行失败学习时所获得的收益还不能完全弥补学习损失,即 $L_a>W_a$、$L_b>W_b$。

(5)收益矩阵。结合前面的假设条件,用 U 表示博弈方的收益,由此分析得到博弈双方的收益矩阵,如表 7.1 所示。

表 7.1 失败学习博弈参与者的期望收益矩阵

A \ B	失败学习 y	不失败学习 $1-y$
失败学习 x	$\pi_a+U_a+W_a-C_a$, $\pi_b+U_b+W_b-C_b$	$\pi_a+W_a-C_a-L_a$, π_b+L_a
不失败学习 $1-x$	π_a+L_b, $\pi_b+W_b-C_b-L_b$	π_a, π_b

在支付矩阵中,π_a,π_{ab} 分别表示供应商 A 和制造商 B 不进行失败学习策略时的服务创新正常收益;U_a,U_b 分别表示供应商 A 和制造商 B 进行失败学习策略时得到的服务创新超额收益,即两个企业通过失败学习行为带来的协同收益;W_a,W_b 分别表示供应商 A 和制造商 B 独立进行失败学习策略时获得的失败学习收益;但双方在进行失败学习策略的过程中也需要投入成本,C_a,C_b 分别表示双方为选择失败学习的初始投入成本。当其中一方采取失败学习(分享服务创新失败经验知识),而另外一方却隐藏失败经验知识,这样,积极进行失败学习策略的一方将遭受风险损失 L_a(对企业而 A 言),L_b(对企业而 B 言),同时,不采取失败学习策略的企业将从对方产生的损失中获取相应的收益,即 L_a、L_b。

7.3 演化博弈分析

7.3.1 演化过程的平衡点分析

当供应商 A 选择进行失败学习策略时,期望收益为
$$U_{a1} = y(\pi_a + U_a + W_a - C_a) + (1-y)(\pi_a + W_a - C_a - L_a)$$
当供应链企业 A 选择不进行失败学习策略时,期望收益为
$$U_{a2} = y(\pi_a + L_b) + (1-y)(\pi_a)$$
因此,供应链企业 A 的平均收益为
$$\overline{U}_a = xU_{a1} + (1-x)U_{a2}$$
由此可得到供应链企业 A 选择失败学习的复制动态方程为
$$\begin{aligned}F(x) = \frac{\mathrm{d}x}{\mathrm{d}t} &= x(U_{a1} - \overline{U}_a) \\ &= x(1-x)(U_{a1} - U_{a2}) \\ &= x(1-x)(y(U_a + L_a - L_b) + W_a - C_a - L_a)\end{aligned}$$

同理，供应链企业 B 的复制动态方程为

$$F(y)\frac{dy}{dt} = y(U_{b1}-\bar{U}_b)$$
$$= y(1-y)(U_{b1}-U_{b2})$$
$$= y(1-y)(x(U_b+L_b-L_a)+W_b-C_b-L_b)$$

令 $\begin{cases} \dfrac{dx}{dt}=0 \\ \dfrac{dy}{dt}=0 \end{cases}$

$$\begin{cases} y^* = \dfrac{C_a+L_a-W_a}{U_a+L_a-L_b} \\ x^* = \dfrac{C_b+L_b-W_b}{U_b+L_b-L_a} \end{cases}$$

因此，对方程组的稳定点进行分析可以找到系统的 5 个局部均衡点，分别为：$O(0,0)$，$A(0,1)$，$B(1,0)$，$C(1,1)$，$D(x^*,y^*)$。其中，$x^*=\dfrac{C_b+L_b-W_b}{U_b+L_b-L_a}$，$y^*=\dfrac{C_a+L_a-W_a}{U_a+L_a-L_b}$ 且 $0<x^*<1$，$0<y^*<1$。

7.3.2 均衡点的稳定性分析

复制动态方程所求解得到的均衡点不一定是系统演化的稳定策略（ESS），根据提出的稳定策略验证方法，其均衡点的稳定性可依据雅可比矩阵的稳定性判定方法得到（Friedman，1998；易余胤等，2005）。演化均衡的稳定性可以从该系统的雅可比矩阵（记为 J）的局部稳定分析导出。对 $F(x)$ 和 $F(y)$ 分别关于 x 和 y 求偏导得如下雅可比矩阵：

$$J = \begin{bmatrix} \dfrac{\partial F(x)}{\partial x} & \dfrac{\partial F(x)}{\partial y} \\ \dfrac{\partial F(y)}{\partial x} & \dfrac{\partial F(y)}{\partial y} \end{bmatrix} = \begin{bmatrix} a_{11} & a_{12} \\ a_{21} & a_{22} \end{bmatrix}$$

其中，
$$a_{11} = (1-2x)(y(U_a+L_a-L_b)+W_a-C_a-L_a)$$
$$a_{12} = x(1-x)(U_a+L_a-L_b)$$
$$a_{21} = y(1-y)(U_b+L_b-L_a)$$
$$a_{22} = (1-2y)(x(U_b+L_b-L_a)+W_b-C_b-L_b)$$

如果能够满足条件：

（1）$a_{11}+a_{22}<0$（迹条件，值记为 tr$J$）；

（2）$\begin{vmatrix} a_{11} & a_{12} \\ a_{21} & a_{22} \end{vmatrix}>0$（雅可比行列式条件，值记为 det$J$）。

能够满足以上条件（1）、（2）的复制动态方程的均衡点是局部稳定的，该均衡点就是演化稳定策略（ESS）。

若供应链企业之间是否进行失败学习呈相互依赖关系，由于供应商 A 和制造商 B 之间是相互对称的，因而在判断局部稳定性时共有如下 4 种情况：

（1）$U_a-L_b>C_a-W_a$，$U_b-L_a>C_b-W_b$；

（2）$U_a-L_b>C_a-W_a$，$U_b-L_a<C_b-W_b$；

（3）$U_a-L_b<C_a-W_a$，$U_b-L_a>C_b-W_b$；

（4）$U_a-L_b<C_a-W_a$，$U_b-L_a<C_b-W_b$。

各情况下局部稳定性的分析结果如表 7.2 至表 7.7，系统演化动态相位图如图 7.1 至图 7.4 所示。

表 7.2 当 $U_a-L_b>C_a-W_a$，$U_b-L_a>C_b-W_b$ 时，局部均衡点的稳定性分析

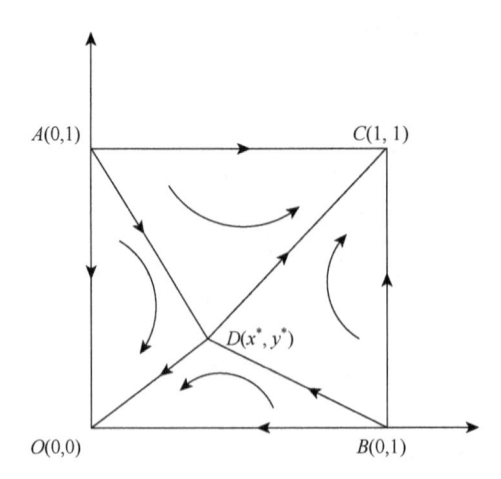

均衡点	J 的行列式符号	J 的迹符号	结果
$O(0, 0)$	+	−	ESS
$A(0, 1)$	+	+	不稳定点
$B(1, 0)$	+	+	不稳定点
$C(1, 1)$	+	−	ESS
$D(p^*, q^*)$	−	0	鞍点

图 7.1 当 $U_a-L_b>C_a-W_a$，$U_b-L_a>C_b-W_b$ 时系统演化图

由表 7.2 可得，在 5 个局部均衡点中，仅有 O 和 C 点是稳定的，它们分别对应供应商 A 和制造商 B 同时采取策略 B 与同时采取策略 A 两种情况。另外，该演化系统还有两个不稳定的均衡点（A 点和 B 点）及一个鞍点（D 点）。

图 7.1 描述了供应商 A 和制造商 B 博弈的动态过程。由不稳定的均衡点 A、B 和鞍点 D 连成的折线为系统收敛于不同状态的临界线，即在折线的右上方（$ADBC$ 部分）系统将收敛于完全采取策略 A 达到完全合作关系（即都采取失败学习策略），在折线的左下方（$ADBO$ 部分）系统将收敛于完全不合作关系（即都不采取失败学习策略）。这种情况会出现在 U 协同收益较高的时候。通常情况下，对于企业而言，此参数是企业间核心竞争力的差异，通过失败学习行为共享特有的服务创新失败经验知识的融合，进而获得的服务创新知识，双方互补性越强，协同创新价值越大。由图 7.1 可知，当失败学习中的协同收益越大时，系统向均衡点 C（1，1）收敛的概率越大，所有供应链企业都选择失败学习策略的可能性越大，反之亦然。因而，应尽可能提高企业间失败学习的频度和深度，以相应提高协同收益程度，使协同企业朝着失败学习的方向发展，完成协同链整体资源的最优化，实现服务创新。

表 7.3 当 $U_a-L_b>C_a-W_a$，$U_b-L_a<C_b-W_b$ 时，局部均衡点的稳定性分析

均衡点	J 的行列式符号	J 的迹符号	结果
O（0，0）	+	−	ESS
A（0，1）	+	+	不稳定点
B（1，0）	−	不确定	鞍点
C（1，1）	−	不确定	鞍点

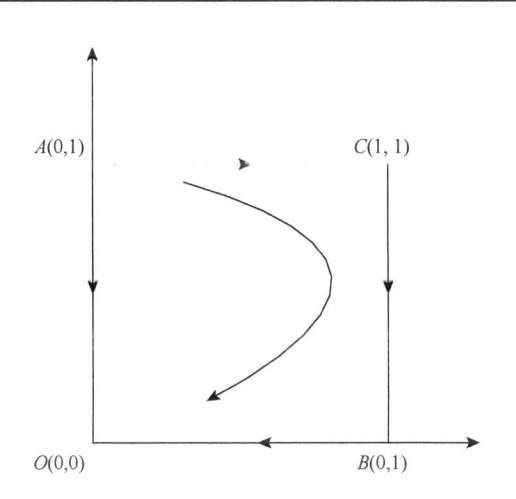

图 7.2 当 $U_a-L_b>C_a-W_a$，$U_b-L_a<C_b-W_b$ 时系统演化图

表 7.4　当 $U_a-L_b<C_a-W_a$，$U_b-L_a>C_b-W_b$ 时，局部均衡点的稳定性分析

均衡点	J 的行列式符号	J 的迹符号	结果
O（0，0）	+	−	ESS
A（0，1）	−	不确定	鞍点
B（1，0）	+	+	不稳定点
C（1，1）	−	不确定	鞍点

图 7.3　当 $U_a-L_b<C_a-W_a$，$U_b-L_a>C_b-W_b$ 时系统演化图

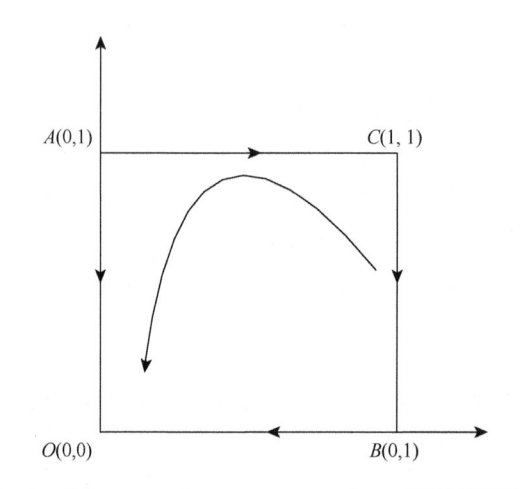

表 7.5　当 $U_a-L_b<C_a-W_a$，$U_b-L_a<C_b-W_b$ 时，局部均衡点的稳定性分析

均衡点	J 的行列式符号	J 的迹符号	结果
O（0，0）	+	−	ESS
A（0，1）	−	不确定	鞍点
B（1，0）	−	不确定	鞍点
C（1，1）	+	+	不稳定点

表 7.3、表 7.4、表 7.5 是其他三种情况的局部均衡点稳定性分析，图 7.2、图 7.3、图 7.4 分别描述了其他三种情况时的系统演化情形。由以上图表可得，其他三种情形的最终演化稳定点都为 O（0，0），即双方的演化稳定策略都是采取策略 B。综合以上三种情形得出，当 $U_a-L_b>C_a-W_a$；$U_b-L_a>C_b-W_b$ 中有任意一个不等式成立，这种情况一般是发生在失败学习成本较高，或者失败学习损失较大的时候，不论最初双方对失败学习的意愿有多么强烈，随着时间的推演与博弈的反复进行，供应链企业间失败学习博弈发展的最终结果会

是双方都不进行失败学习。

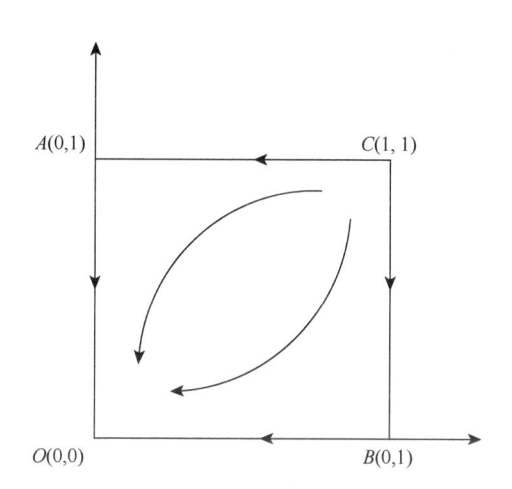

图7.4 当 $U_a-L_b<C_a-W_a$，$U_b-L_a<C_b-W_b$ 时系统演化图

7.4 激励机制对演化博弈均衡的影响

当成本、风险损失与收益分配机制不完善时，成员企业难以预测将来的失败学习创新收益，会促使机会主义行为的发生，包括隐匿有价值的服务创新失败经验知识和不按质按量执行失败学习协议。这不仅会降低成员企业参与所获的收益，更会带来失败学习的风险。所以，供应链成员企业需要建立良好的分配机制和监督机制，有助于引导、协调和激励各企业的失败学习行为。因此，为了鼓励供应链成员企业更好地实施失败学习策略，本章引入激励机制，假定供应链成员企业间结成联盟，对采取失败学习行为的企业进行激励 D，D_a 和 D_b 表示供应商 A 和制造商 B 进行失败学习受到的正向激励，主要是为了弥补失败学习成本与失败经验共享风险损失，激励包括供应链联盟对进行失败学习行为的企业的精神奖励和物质奖励，以及因进行失败学习对企业所带来的形象与声誉的提升。企业拥有的服务创新失败经验越多，在进行失败学习时的知识分享量越多，获得的激励就越大。同时，在供应链成员企业采取失败学习策略时，企业通过失败学习行为所获得的激励收益大于企业失败学习的收益，即 $D_a>W_a$、$D_b>W_b$；但是企业进行失败学习时所获得的激励收益还不能完全弥补失败学习损失，即 $L_a>D_a$、$L_b>D_b$；在失败学习协同创新的作用下，如果博弈双方都能相互信任，有共担风险、共享收益的强烈意愿，共同采取失败学习策略，那么由此产生的失败学习损失小于协同创新收益，即 $U_a>L_a$、$U_b>L_a$，具体博弈收益如表7.6。

表 7.6　激励机制下供应链企业失败学习博弈支付矩阵

A \ B	失败学习 y	不失败学习 $1-y$
失败学习 x	$\pi_a+U_a+W_a-C_a+D_a$, $\pi_b+U_b+W_b-C_b+D_b$	$\pi_a+W_a-C_a-L_a+D_a$, π_b+L_a
不失败学习 $1-x$	π_a+L_b, $\pi_b+W_b-C_b-L_b+D_b$	π_a, π_b

演化博弈的复制动态方程为

$$\begin{cases} x^* = x(1-x)(y(U_a+L_a-L_b)+W_a-C_a-L_a+D_a) \\ y^* = y(1-y)(x(U_b+L_b-L_a)+W_b-C_b-L_b+D_b) \end{cases}$$

求解可以得出该演化博弈系统的 5 个局部均衡点（表 7.7）$O(0,0)$、$A(0,1)$、$B(1,0)$、$C(1,1)$，以及 $D(x^{*'}, y^{*'})$，其中

$$\begin{cases} x^{*'} = \dfrac{C_b+L_b-W_b-D_b}{U_b+L_b-L_a} \\ y^{*'} = \dfrac{C_a+L_a-W_a-D_a}{U_a+L_a-L_b} \end{cases}$$

表 7.7　激励机制下均衡点分析

均衡点	a_{11}	a_{22}
$O(0,0)$	$W_a-C_a-L_a+D_a$	$W_b-C_b-L_b+D_b$
$A(0,1)$	$U_a+W_a-C_a-L_b+D_a$	$U_b+W_b-C_b-L_a+D_b$
$B(1,0)$	$-(W_a-C_a-L_a+D_a)$	$-(W_b-C_b-L_b+D_b)$
$C(1,1)$	$-(U_a+W_a-C_a-L_b+D_a)$	$-(U_b+W_b-C_b-L_a+D_b)$

其均衡点的稳定性可依据雅可比矩阵的稳定性判定方法得到。则上述系统的雅可比矩阵 J 为

$$J = \begin{bmatrix} (1-2x)(y(U_a+L_a-L_b)+W_a-C_a-L_a+D_a) & x(1-x)(U_b+L_a-L_b) \\ y(1-y)(U_b+L_b-L_a) & (1-2x)x(U_b+L_b-L_a)+W_b-C_b-L_b+D_b \end{bmatrix}$$

复制动态方程的均衡点是局部稳定的充要条件为 tr $J<0$，det $J>0$，表 7.7 中 tr $J=a_{11}+a_{22}<0$，det $J=a_{11}a_{22}>0$。得出激励 D 须满足以下条件：

$$D_a \geqslant C_a+L_a-U_a-W_a, \quad D_b \geqslant C_b+L_b-U_b-W_b$$

进而得到 5 个均衡点的分析结果如表 7.8 所示。

在五个局部均衡点中，其中，有两个均衡点具有稳定性，即（失败学习，失败学习），（不失败学习，不失败学习），即当系统达到稳定均衡时，全体供应链成员企业要么都选择进行失败学习，要么都选择不进行失败学习。具体如图 7.5 所

示，图中 O、A、B、C 及 D 分别为上述的均衡点，系统最终的演化稳定性均衡点为 O 或 C 点，而至于鞍点往哪个方向演化则受系统的初始状态、失败学习的初始投入成本、失败学习的协同创新收益以及供应链联盟所给予的激励等因素的共同影响。

表7.8 供应链联盟激励下供应链成员企业演化博弈稳定性分析

均衡点	J的行列式符号	J的迹符号	结果
$O(0,0)$	+	−	ESS
$A(0,1)$	+	+	不稳定点
$B(1,0)$	+	+	不稳定点
$C(1,1)$	+	−	ESS
$D(x^*,y^*)$	−	0	鞍点

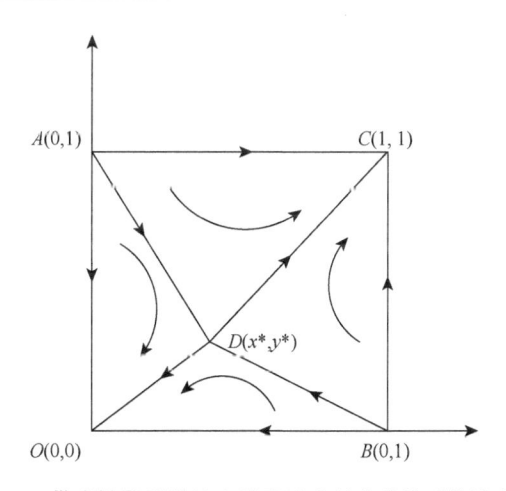

图7.5 供应链联盟激励下供应链成员企业的系统演化图

由图 7.5 可知，在其他的条件不变的情况下，激励 D 直接影响了演化系统的靶点位置，可以看到通过提升激励 D_a、D_b，靶点将引向 O 点，即在折线的右上方 ADBC 部分的面积会越来越大，在折线的左下方 ADBO 部分的面积会越来越小，由此可减少系统向 (0,0) 点的收敛，扩大向 (1,1) 点的收敛，提升供应链成员企业选择失败学习策略的概率。当系统收敛到模式（失败学习，失败学习），即两个企业均选择失败学习，这是一种理想状态。同时，可以对于不同两个企业的激励效果 K_a、K_b，从靶点的坐标公式分离出来，即

$$K_a = \frac{D_a}{U_a + L_a - L_b}$$

$$K_b = \frac{D_b}{U_b + L_b - L_a}$$

可见，对于同等的激励，激励效果会受到两个企业失败学习的协同创新收益以及失败学习的风险损失影响。当 $U_a+L_a-L_b > U_b+L_b-L_a$ 的时候，同等条件下（即 $D_a=D_b$）对制商 B 的激励影响作用更大，反之对 A 的激励作用更大，供应链联盟可根据企业间的学习收益和损失的参数，进行合理的分配激励政策，提升激励效果，实现服务创新。

7.5 本章小结及相关建议

本章通过构建服务创新背景下，供应链成员企业失败学习的博弈支付矩阵，研究了供应链中，两类企业实施服务创新过程中失败学习策略的动态博弈过程，分析了供应链成员企业的失败学习策略选择的均衡条件及影响因素，并在此基础上探讨了供应链联盟的激励机制。研究表明：①失败学习可以降低供应链成员企业面临服务创新战略失败的概率，提升组织创新绩效，供应链成员企业应该重视失败学习，加强失败学习能力的提升。②供应链成员企业的失败学习策略，从长期博弈的结果来看是有限理性的，（失败学习，失败学习）和（不失败学习，不失败学习）是均衡点，即当系统达到稳定均衡时，全体供应链成员企业，要么都选择进行失败学习实现服务创新，要么都选择不进行失败学习实现服务创新。③供应链联盟的激励越大，供应链成员企业选择失败学习的概率越大，激励效果会受到两个企业失败学习的协同创新收益以及失败学习的风险损失影响。

因此，为了促进供应链成员企业服务创新过程中的失败学习，本章提出如下建议。

（1）供应链成员企业应该增强其失败学习能力，提高服务创新水平。企业要设法提高失败学习的创新收益，尽可能地降低实施失败学习的成本和风险，提升企业员工的失败知识吸收能力，建立失败学习型组织，培育失败学习的环境与氛围，促使服务创新的实现。

（2）供应链成员企业应该根据自身的现实情况选择是否进行失败学习，以及开展失败学习的速度。自身实力比较雄厚的企业资源充足、经验丰富、创新意识强烈，在选择初始应当极力发展失败学习，而实力比较薄弱的企业在选择初始应该适当放缓失败学习，或者采用其他的学习方式，后期根据企业发展状况进行调整。

（3）供应链联盟应该引入激励机制，鼓励与促进失败学习行为的发生。供应链联盟可以对供应链成员企业进行考察，根据企业间的失败学习收益和损失，以及服务创新结果，进行合理的分配激励政策，推动失败学习的进行，提升激励效果，实现服务创新。

本章运用博弈论研究了服务创新背景下，供应链成员企业失败学习的决策行为，分析了失败学习影响因素，探讨了失败学习的激励机制。但没有考虑组织情境因素，如企业文化和地域差异等对供应链成员企业失败学习的影响。对此，在后续研究中可以结合实证研究的方法作深入探索。

8 知识管理战略的前因及后果研究

8.1 背 景

企业要在竞争中获取并保持竞争优势，就必须具有能够为其带来竞争优势的资源。而一种资源要成为企业持续竞争优势的来源，就必须是稀缺、有价值、难以被替代和模仿的（Barney，1991）。

在知识经济时代，知识已经广泛地被企业界和学术界认为是能够给企业带来持续竞争优势的几种核心资源之一（Grant，1996a；Nonaka 和 Takeuchi，1995），企业创造及整合知识的机制构成了竞争优势的最终源泉（Nonaka 和 Takeuchi，1995）。知识管理作为企业管理中一个重要环节，被越来越多的企业应用到日常的管理过程当中（Zack，1999；Hansen 等，1999）。学术界也对知识管理的方方面面进行了大量而深入的研究（Perez 和 Pablos，2003；Schulz 和 Jobe，2001；Schultze 和 Leidner，2002；Tanriverdi，2005）。其中，关于知识管理战略与组织绩效关系的研究在知识管理研究中占有重要的地位。它对于了解知识管理的全貌，澄清知识管理活动发展的方向，避免知识资源低效率甚至无效率运用有极其重要的作用（谢洪明等，2002）。Choi 和 Lee（2003）采用韩国企业作为样本，进行实证研究发现，当采用动态式（dynamic）知识管理战略时，企业的绩效会较高。Choi 等（2008）经过实证研究发现，当企业采用隐性－内部导向的知识管理战略和显性－外部导向的知识管理战略，并能使二者互补时，企业就会受益于这二者的协同效应，并表现出更高的绩效。但是企业实施知识管理战略受到哪些自身因素的影响？这些因素如何影响企业采用知识管理战略？不同的知识管理战略是否都对绩效产生影响？对于这些问题，学术界并没有足够的研究。

我国正处在经济转型时期，企业必须独立地面向市场，开展市场化运作，参与市场竞争；同时，作为一个新型工业化国家，许多产业都处于起步阶段，面临着全球化、国际化的严峻挑战，企业必须解决的问题是，如何面对国外强劲对手的竞争，并且如何在竞争中站稳脚跟，甚至走向世界。因此怎样根据企业自身特征，采用合适的知识管理战略来提高企业绩效，不仅仅是学术领域需要研究的问题，也是中国企业亟须明确的重要问题。

根据资源基础理论（Resource-Based View）的观点，企业的竞争是基于其自身所具有资源的异质性而展开的（Barney，1991），这种资源异质性会直接导致企业间财务绩效上的不同（Peteraf，1993）。和强调企业战略要与竞争环境、行业、市场等外部因素相联系的观点不同，资源基础理论观点强调竞争优势来源于企业内部的资源和能力。这就意味着，企业要想通过采用知识管理战略来获取并保持持续竞争优势，就必须依赖自身所拥有的资源和能力，也就是说，企业所具有的资源和能力决定了企业知识管理战略的采用与实施。企业的资源可以分为三类：人力资源、物力资源和组织资源（Barney，1991）。而人力资源和 IT 作为前两种资源的代表，被认为是知识管理的"使能器"（Enabler）（Choi 等，2008），换句话说，当知识管理与人力资源和 IT 相匹配时，企业就会得到更多的利润（Hansen 等，1999）。另外，组织结构也被认为是显著影响知识管理的因素（Lin 和 Germain，2003）。本章拟以我国东部、中部、西部的企业为调查对象，研究以人力资源、IT 能力、组织结构为前因的知识管理战略及其绩效后果。

8.2 理论框架

8.2.1 知识管理战略与组织绩效

知识被认为是企业最重要的战略资源，在知识经济时代，组织基于其自身的知识资源与其竞争对手相区别（Zack，1999）。管理学大师德鲁克认为，我们正朝着一个以知识为基本经济资源的社会迈进，这种知识资源会替代资本、劳动力和自然资源（Drucker，1993）。而知识管理的目的是将知识作为企业最重要的资源，把最大限度地获取、掌握、应用知识作为提高企业竞争力的关键要素，通过有效的知识管理促进企业的发展（Teece，2000）。企业的管理者有必要对知识进行有效的管理，因为持续竞争优势的获取，取决于企业开发和配置以知识为基础的资源（Perez 和 Pablos，2003）。也就是说，企业必须采用合适的知识管理战略来面对动态的环境和激烈的竞争，进而促进自身的发展。

Hansen 等（1999）通过对国际上大型的咨询公司研究发现，一些咨询公司倾向于把知识仔细地编码并储存到数据库中，使公司任何员工都能容易地获取和使用。他把这种知识管理战略命名为"编码化"（codification）战略。采用这种战略的企业把知识从其开发者那里提取出来，以备在其他的情况下重新使用。这种方法可以使员工在不需要与知识的开发者联系的情况下，搜寻并获得这些知识。编码化战略的实质是强调对外显（explicit）知识的规范化管理。采用编码化战略的目的是增强企业记录知识的能力，因此这会降低员工通过 IT 获取和重新使用知识的复杂性。采用这种知识管理战略的企业能通过对知识的重新使用来达到规模优势（Hansen 等，1999）和组织效率（Markus，2001），进而促进组织绩效的提高。Schulz 和 Jobe（2001）的研究发现：当跨国公司的子公司采用了编码化战略后，促进了组织内知识的流动，进而获得了更高的绩效。同时，Hansen等的研究还发现，另一部分咨询公司倾向于让知识同其开发人员紧密地联系在一起，并鼓励员工通过相互交流来分享知识，在这些公司里，电脑的作用主要是用来交流知识，而不是储存知识。相应地他把这种知识管理战略命名为"个人化"（personalization）战略（Hansen等，1999）。个人化战略关注于员工之间的交流，并认为这是主要的知识获取途径，而不像编码化战略那样，知识主要从企业数据库中获取。与编码化战略相对，个人化战略的实质是强调对隐性（tacit）知识的管理。因为隐性知识是无法具体记录、无法具体表达的知识（Howells，1996），所以采用隐性知识导向战略（即个人化战略）的企业会使自己的知识免于被竞争对手模仿（Schulz和Jobe，2001）。因此关注隐性知识（难以被模仿，能够带来竞争优势，是创新的关键部分并且使员工个体更有创造力）的企业能够开发出核心的流程，获取新的理念，而且能够很容易地结合自己的能力与经验，在动态的环境中获得竞争优势（Nonaka和Takeuchi，1995）。

Zack（1999）认为当企业处于一个知识密集程度很高的行业中，并且竞争对手拥有更多的知识时，企业必须加强知识管理的水平才能赶上竞争对手。为了适应行业中知识的迅速变化，企业必须创造更多的知识，在这种情况下，企业为了保住自己在竞争中的位置，就必须进行"知识创造"（Exploration）。当企业所具有的知识资源和能力明显地超过了竞争对手时，企业就有机会利用其所处行业或者跨行业的知识，这种情况下，企业只需要进行"知识利用"（Exploitation）。与Zack相近的是，Kang等也认为组织学习可以分为探索、创造性的学习和拓展、利用性学习（Kang等，2007）。无论企业是采用创造性知识管理战略或是利用性知识管理战略，出发点都是促使企业在知识资源上超过竞争对手，保持企业所拥有的知识资源优势。因此企业根据自身所处的行业情况和竞争环境，采用知识创造战略或知识利用战略，都会为企业创造出在知识资源上的优势，进而为企业带来竞争上的优势。有效的知识管理需要对知识进行创造和利用（Choi和Lee，2003）。

当组织员工在组织内部创造并传递新的知识时，这就被称为"内部学习"（internal learning）。而当组织通过向外部获取或模仿，从而使知识传递进入组织内部时，就称为"外部学习"（external learning）（Bierly和Chakrbarti，1996）。知识的来源有可能在自企业内部，也有可能来自企业的外部（Zack，1999）。企业内部的知识存在于员工的头脑里，嵌入在员工的日常行为、管理流程中，储存在企业的数据库中。而企业外部的知识可以从公开发表刊物、大学、政府机构以及专业协会等处获取（Zack，1999）。在一些企业中知识主要从内部来源获取：工友、企业数据库、内部资料。而另一些企业则更加关注企业外部，有意识地进行外部环境扫描，从外部获取观念，管理措施和行为，寻求与其他组织建立合作的关系

(Jordan 和 Jones, 1997)。采用内部学习战略的企业, 其学习速度很快, 有很强的知识复制能力 (Pai, 2005)。更多关注内部学习的企业对组织发展的过程有更好的控制, 并且有助于企业更好地理解隐性知识 (Chesbrough 和 Teece, 1996)。同样, 通过外部学习可以拓宽企业的知识基础 (knowledge base), 进而增加企业的柔性, 这对处于动态环境中的企业非常重要 (Grant, 1996a)。采用外部学习战略的企业整合知识的能力很强, 向外界学习的能力也很强 (Pai, 2005)。有学者研究发现, 大多数组织都采取了内部学习 (战略) 和外部学习 (战略), 只是由于着重点不同而在知识管理过程上有所差异 (Jordan 和 Jones, 1997)。通过对我国台湾集成电路设计公司的实证研究, Pai (2005) 发现采用了内部学习战略或外部学习战略的企业, 其绩效都较几乎没有采用知识管理战略的企业高。

尽管有学者认为企业在各种知识管理战略之间不能并重, 如 Hansen 等认为, 在编码化战略和个人化战略之间, 企业无法二者兼顾, 只能是重点采用一种战略, 再辅之以另一种战略 (80-20 split) (Hansen 等, 1999)。但是大量的学者通过研究发现, 知识管理战略之间具有互补性 (complementarity) (Choi 等, 2008)。如 Zack (1999) 认为, 创造性知识管理战略和利用性知识管理战略应该是相辅相成的; Choi 等 (2008) 认为组织应该整合多种知识管理方法作为综合 (combining) 知识管理战略, 知识管理战略在互补、整合的基础之上, 能够给企业带来更高的绩效; Choi 和 Lee (2003) 发现企业整合隐性知识管理 (个性化战略) 和显性知识管理 (编码化战略) 会带来更高的绩效; Verona (1999) 通过对企业能力方面的文献研究发现, 外部知识 (外部学习) 和内部知识 (内部学习) 的整合能够促进绩效。可见, 各种知识管理战略所构成的一个潜变量会对绩效产生影响。因此本章提出如下假设拟加以验证。

H8.1: 知识管理战略对组织绩效有正的影响。

8.2.2 人力资源与知识管理战略

人力资源是能带来竞争优势的潜在资源, 人力资源管理措施能为企业带来持续竞争优势, 特别是当其与企业战略相匹配的时候 (Huselid, 1995)。知识最终是由人创造和负载的 (Oltra, 2005), 员工是组织内知识的载体 (Currie 和 Kerrin, 2003)。因此, 企业的人力资源对于有效的知识管理来说, 是非常重要的 (Choi 和 Lee, 2003)。所以, 当人力资源与企业的知识管理战略相匹配时, 就会给企业带来更高的绩效。从资源基础理论来看, 人力资源的理论结构 (architecture) 包括战略价值和独特性 (Lepak 和 Snell, 1999; Lepak 和 Snell, 2002)。所谓人力资源战略价值是指, 企业的人力资源能够提高企业的效率和效果, 拓展市场机会, 降低威胁的潜力。而人力资源的独特性是指其稀缺、专业化和企业独有的程度

(Lepak 和 Snell, 2002)认为, 当人力资源具有高的战略价值和高的独特性时, 就意味着企业拥有了一个促进企业战略的知识基础, 此时企业的员工也象征着企业的知识。

有学者研究发现, 企业对外招聘一些有价值的人力资源与企业采用编码化战略有匹配关系(Haesli 和 Boxall, 2005)。在一些采用编码化战略的企业里, 大都雇佣名校毕业的大学生, 要求员工能够很好地掌握并再利用已有知识, 能够运用已经形成的解决方案到其他类似的情形(Hansen 等, 1999)。因此, 拥有战略价值和独特性的人力资源对企业采用编码化战略有促进作用。而采用个人化战略的企业偏向于雇佣喜欢解决问题、并能很好地面对不确定性工作的 MBA, 这些企业鼓励员工直接与他人分享知识(Hansen 等, 1999)。当企业具有战略价值和独特性的人力资源时, 企业会长期稳定地雇佣自身的员工(Koch 和 McGrath, 1996)。在市场竞争中, 当企业成功留住关键的员工时, 就会有利于隐性知识在企业中的分散。与这些员工签订长约, 并保持低的员工流动, 能为企业采用个人化战略提供支持(Haesli 和 Boxall, 2005)。可见个人化战略也要求企业拥有战略价值和独特性较高的人力资源。

企业对人力资源进行管理, 采用一些人力资源的管理措施, 就必然会加强员工之间的交流。员工之间交流的频率越高, 认识和获取不同知识的概率就越高, 进而会促进员工对自身和企业已有知识的利用。同时, 员工之间的交流也会逐渐地形成一种社会联系, 这会给员工正式的机会通过相互探讨、相互促进来识别和发现新的知识, 从而促进企业知识的创造。因此, 人力资源可以通过增强员工交流的价值来增强企业创造和利用知识的能力(Kang 等, 2007)。

有战略价值和独特性的员工, 他们有更强的专业技术和学习能力(Lepak 和 Snell, 2002)。他们能够很容易地向企业外部的各种知识来源如期刊、大学、研究机构等学习。同时他们也能在相互交流过程中分享知识、相互学习, 这就能促进企业内部知识的整合(Laursen 和 Mahnke, 2001)。而人力资源管理的措施正是能够建立起员工之间联系, 并在此基础上增强员工间获取、转移知识的机会、动机和能力(Alder 和 Kwon, 2002; Dyer 和 Nobeoka, 2000)。因此, 对企业有战略价值和独特性的人力资源进行管理, 能够促进企业采用内部学习和外部学习战略。

综上所述, 人力资源是对知识管理战略有影响的, 在一些国外企业实际运作过程当中, 管理者也对这个问题有着充分的认识, 如 Choi 和 Lee(2003)在对一个企业的研究中就发现, 在企业 130 万美元的人力资源管理支出中, 有近 30%用于支持知识管理行为。在此基础上, 本章提出如下假设, 欲加以验证。

H8.2a: 人力资源战略价值对知识管理战略有正面的影响。

H8.2b: 人力资源独特性对知识管理战略有正面的影响。

8.2.3　IT 能力与知识管理战略

大量的学者认为 IT 能够提高组织的知识管理能力（Alavi 和 Leidner，2001；Gold 等，2001；Schultze 和 Leidner，2002）。但同时，因为 IT 会被竞争对手通过购买的方式进行模仿（Clemons 和 Row，1991），所以技术本身并不能创造持续竞争优势，有大量的证据表明，IT 和绩效之间没有直接的联系（Hitt 和 Brynjolfsson，1996；Zahra 和 Covin，1993；Powell 和 Dent-Micallef，1997）。但是企业 IT 的优势可以通过资源间的互补嵌入到组织里（Powell 和 Dent-Micallef，1997），形成企业的 IT 能力。根据资源基础理论的观点，企业的能力是竞争对手难于模仿和复制的，所以企业的 IT 能力能够给企业带来竞争优势，使企业有更高的利润（Bharadwaj，2000）。根据 Tippins 和 Sohi（2003）的定义，企业的 IT 能力就是企业所掌握的关于如何有效利用 IT 来管理信息和知识的过程。

很明显，企业的 IT 能力强，意味着企业拥有完备的 IT 设施并能够熟练地运用这些 IT 设施。而编码化知识管理战略正是需要依赖于电脑技术（Haesli 和 Boxall，2005），对企业现有的知识进行存储（Hansen 等，1999；Tippens 和 Sohi，2003），并随时供需要知识的员工访问提取，这样便于员工正确地理解信息，有助于显性知识的传递和转移（Tippens 和 Sohi，2003）。采用编码化战略的企业往往会大量投资到 IT 上，以使员工能够很方便地获取可重复利用的、经过整理记录的知识（Hansen 等，1999）。企业可以通过使用先进的 IT 设施来增强其记录整理知识的能力，从而降低员工获取和使用知识的复杂性（Choi 和 Lee，2003）。因此，较强的 IT 能力能够使知识存储和访问的速度更快、效率更高，换句话说，较强的 IT 能力能够促进企业采用编码化战略。个人化知识管理战略依赖于员工个体的差异性和社会关系网络（Haesli 和 Boxall，2005）。强的 IT 能力可以促进员工之间的交流，如一些企业所采用的基于内部局域网的员工论坛，可供员工自由地交流心得、兴趣和知识，拓展人际关系，这就有利于企业内部员工关系网络的形成。采用个人化战略的企业在 IT 上进行投资，目的就是促进员工间的交流和隐性知识的转移（Hansen 等，1999）。因此采用个人化战略的企业需要较强的 IT 能力来加强员工之间的沟通，所以 IT 能力能够促进个人化战略。

创造和利用知识依赖于 IT（Swan 等，2000）。创造得到的知识有可能源于过去得到的经验和教训。在 IT 能力强的企业中，经验和教训被完整、清晰地记录下来，便于员工准确、顺利地获取，这就促进员工创造出新的知识。同时这些经验和教训也为员工利用已有知识提供了依据和帮助。所以 IT 能力促进了企业知识的创造和利用。

IT 能力可以加强员工间的联系，促进员工间的交流，有助于知识的流动和散布，开发了 IT 能力的企业容易形成知识基础（Tippens 和 Sohi，2003）。而当企业的知识基础深厚且宽广时，企业的员工就更容易在这个基础上向企业内部或外部进行学习。Tanriverdi（2005）的研究发现，当跨国企业的各个子公司都采用了相同的 IT 架构标准时，企业就能建立跨子公司的联系和跨组织边界的处理流程，这就会有利于识别和交流相关的知识。因此 IT 能力有利于企业的内部学习和外部学习。

基于上述分析，本研究提出如下假设，欲加以检验。

H8.3：IT 能力对知识管理战略有正的影响。

8.2.4 组织结构与知识管理战略

组织结构被广泛地认为是影响企业知识管理的一个重要因素（Lin 和 Germain，2003）。而组织的正规化（formalization）和分权化（decentralization）更被认为是组织结构中对知识管理产生主要影响的因素。组织正规化是关于过程、规则、角色以及运作流程的标准化和记录（Ferrell 和 Skinner，1988）。组织分权化是指决策制定的权力下放到组织低层的程度（Lin 和 Germain，2003）。组织结构对企业知识管理战略的影响长期以来受到了很多学者的关注，虽然有部分学者认为正规化程度与企业的知识管理负相关，如 Gold 等（2001）认为员工之间的互动是促进有效知识管理的必要因素，而正规化的组织会抑制这些互动（Gold 等，2001）。但是大部分学者认为组织正规化和分权化对知识管理有所促进。

正规化的结构会为组织的知识管理做出相应的规定和方针，使知识的整理和记录更加有章可循。在企业做战略计划的过程中，正规化的过程会使信息的收集和分散系统化，从而有利于对重要战略信息的识别和储存（Lin 和 Germain，2003）。正规化能够促进员工之间的交流，而员工间较强的联系能促进隐性知识的转移（Uzzi，1997）。分权化也可以通过决策权力的下放，使更多的员工参与到企业日常管理中来，加强员工间的联系。员工通过交流、观察来学习，也许不能明确表述出所学内容，但却能把知识运用到其他类似的工作任务中（Argote 等，2003）。所以正规化和分权化能够通过增加员工间的交流，促进显性和隐性知识的转移和传递，因此能很好地促进企业采用编码化和个人化战略。

正规化会促使大量的经验、教训、有效的管理方法、措施等进入组织记忆（John 和 Martin，1984），储存于企业的数据库中，便于员工获取。如前所述，这些组织记忆有利于员工对知识的创造和利用。John 等认为，正规化有利于大量的有效措施进入组织记忆，因此会使知识管理更为有效（John 和 Martin，1984）。Lin 和 Germain（2003）也发现，正规化不是知识使用的障碍，反而对知识使用有所促进。学者 Damanpour 认为，分权化的结构能够促进知识管理的成功（Damanpour，

1991)。分权化会促使员工有更高的积极性，员工会更加主动地掌握和学习组织已有的知识。为了使所做出的决策更具有科学性和针对性，员工会倾向于主动创造知识和利用知识。

从组织交流的角度看，正规化的组织结构规定了组织中交流的网络形式，而员工正是通过这个网络进行交流学习，进而促进信息的流动（Rapert 和 Wren，1998）。组织所规定的员工联系不仅能够给员工提供相互学习的机会，进而还可以拉近员工间物理和心理上的距离，使知识的转移和流动更加准确和顺畅，这能很好地提高知识管理的效果（Argote 等，2003），有利于企业开展内部学习。Lin 和 Germain（2003）对中国内地国有企业的研究发现，正规化有助于企业学习及使用顾客知识和产品知识。这说明组织正规化也能促进企业外部学习。而分权化的组织同样也有利于内部的交流（Bennett 和 Gabriel，1999）。而且分权化能让组织更具柔性、创造力，能够对外界做出更迅速的响应（Lin 和 Germain，2003），因此企业就能更好地向外部进行学习。所以组织结构的正规化和分权化能够促进企业采用内部学习和外部学习战略。

基于上面的论述，本章提出如下假设，拟加以验证。

H8.4a：组织正规化对知识管理战略有正的影响。

H8.4b：组织分权化对知识管理战略有正的影响。

8.3 研 究 设 计

8.3.1 研究框架

本章以前人研究成果为理论基础，经过逻辑推演和小组讨论，确定了本研究的理论框架如图 8.1 所示。在这个理论框架下，人力资源战略价值、人力资源独

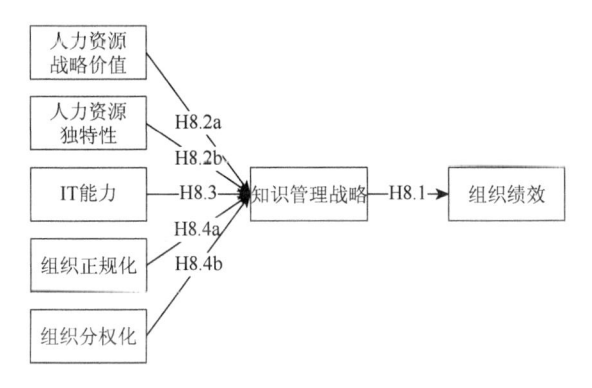

图 8.1 本章的研究框架

特性、IT 能力、组织正规化和组织分权化作为对知识管理战略产生作用的前因变量，组织绩效则作为知识管理战略的后果变量。本章拟通过结构方程模型来对此该框架下各变量之间的关系进行分析。

8.3.2 预研究

为了保证正式调查时问卷的信度和效度，本次研究在人力资源、IT 能力、组织正规化以及组织绩效的操作性定义和测量上，采用或参考了国外文献的成熟量表。将其翻译成为汉语之后，再根据汉语表达习惯进行了修订。知识管理战略这个潜变量采用了国外期刊的操作性定义，但由于缺乏适合本次研究理论框架的量表，因此我们在借鉴国外文献的基础上，开发出了知识管理战略的量表。Hansen 等（1999）提出知识管理战略可以分为编码化战略（codification）和个人化战略（personalization）；Zack（1999）认为知识管理战略可以分为知识创造战略（exploration）和知识利用战略（exploitation）；Bierly 和 Chakrabarti（1996）把知识管理战略分为内部学习战略（internal learning）和外部学习战略（external learning）。本章分别把这 6 种战略作为知识管理战略这个潜变量的 6 个维度，再通过文献研究找出陈述这 6 个方面的条目。量表初步完成后，首先请两位研究相关领域的教授审阅。根据所反馈的意见对量表进行修改后，我们先后邀请了两位企业经理进行访谈，根据他们的意见，修改了一些题项的表达方式，并把一些含义比较晦涩、不太容易理解的题项删除。接着进行了小规模的预测试。

（1）预测试。预测试在重庆市某高校举办的企业中高层管理人员短训班上进行，有 19 位来自不同企业的学员参加。预测试由任课教师主持，先说明研究目的，再请学员独立完成问卷，最后请学员对问卷内容和表述方式发表看法。根据收集到的意见，对问卷再次进行了修改。

（2）小样本测试。修改后的问卷在重庆市某重点高校的在职 MBA 学员中进行小样本测试。共发放问卷 200 份，回收有效问卷 113 份。根据小样本数据的统计分析结果，对问卷进行再次修订后，形成最终定稿。

8.3.3 量表

根据专家意见、个案访谈、预测试和小样本调查的结果，问卷最终修订如下。知识管理战略包含 6 个维度：①编码化战略；②个人化战略；③知识创造战略；④知识利用战略；⑤内部学习战略；⑥外部学习战略。每个维度下有 4 个题项，总共 24 个题项。

人力资源战略价值和人力资源独特性采用了 Lepak 和 Snell（2002）的量表。

根据预研究的结果,对其进行修订后,战略价值下有 3 个题项,独特性下有 4 个题项,共 7 个题项。

IT 能力参考了 Tippins 和 Sohi（2003）的量表,包含了 IT 知识、IT 操作和 IT 对象等 3 个维度,其中 IT 知识包含 3 个题项,IT 操作包含 3 个题项,IT 对象包含 3 个题项,共 9 个题项。

组织正规化参考了 Ferrell 和 Skinner（1988）的量表,包含 3 个题项。考虑到学术界对组织集权化（Centralization）的研究更加丰富和深入,因此本次研究采用了 Ferrell 和 Skinner（1988）的集权化量表,在后期统计过程中,对其进行反向记分,作为组织分权化的得分值,该维度下有 3 个题项,组织结构共 6 个题项。

参照 Tsui 等（2006）、王辉等（2006）和谢洪明等（2006）的组织绩效量表,本次研究组织绩效包含两个维度,短期绩效,2 个题项;增长绩效,3 个题项,总共 5 个题项。

本次研究所有量表均采用 Likert 5 分量表。

8.3.4 抽样

正式研究的抽样通过两种方式进行。

其一,在上海、安徽和重庆（分别代表东、中、西部地区）各选一所重点高校,向在职攻读的 EMBA、MBA 学员以及企业管理人员短训班学员发放问卷。在重庆的高校,我们避开了预测试和小样本测试阶段已经调查过的那些班级。调查均在教学课堂上进行,由任课教师简单介绍调查目的,请符合条件的学员填写问卷并当场回收。对于来自同一企业的学员,只请其中一人填写问卷。本次研究将大型企业下属的独立经营单位（如分公司、事业部等）视为一个独立企业。其二,向北京、江苏、浙江、福建、广东等地与课题组有协作关系的企业,以邮寄或 Email 的方式发放问卷。

两种调查方式共发放 900 份问卷,回收 489 份,回收率为 54%。按如下标准剔除无效问卷:①填答严重缺漏;②答案呈现明显的规律性;③来自非竞争行业的问卷,如供水、供电、供气、邮政、烟草及盐业专卖等,由于本次研究采用与主要竞争对手相比较的方式测量企业绩效,因而不适用于这类行业;④非企业单位的问卷,如学校、医院。最终,共得到有效问卷 397 份,有效回收率为 44%。

对两种方式回收的问卷的关键变量进行比较,T 检验的结果显示,两组问卷之间并不存在显著的差异。

样本企业来自多种行业,依据 2003 年国家统计局《三次产业划分规定》将其归为两类。其中,第二产业样本大多数为制造业,少数为建筑业和采掘业;第三产业样本则包括了房地产开发、交通运输、金融服务、电信服务、商贸、咨询、中介、计算机软件与网络、商务服务、居民服务和其他服务等诸多行业。样本的描述性统计见表8.1。

表8.1 样本的描述性统计

描述		样本数	比重（%）	描述		样本数	比重（%）
所有制性质	国有	185	46.6	企业所在地	上海	101	25.4
	民营	90	22.7		其他东部省市	22	5.6
	外资	107	26.9		安徽	123	31.0
	其他	15	3.8		重庆	151	38.0
企业规模	100人以内	81	20.4	受访者的职位	高层管理者	56	14.1
	101~500人	107	27.0		中层管理者	154	38.8
	501~1000人	58	14.6		基层管理者	118	29.7
	1001~5000人	78	19.6		一般员工	69	17.4
	5000人以上	73	18.4				
企业经营年限	不足2年	5	1.3	受访者服务年限	不足2年	39	9.8
	2~5年	56	14.1		2~5年	170	42.8
	6~10年	92	23.2		6~10年	122	30.7
	11~15年	69	17.4		10年以上	66	16.6
	15年以上	175	44.1				
受访者工作部门	战略规划	25	6.3	是否高科技产业	是	141	35.5
	行政/人事	49	12.3		否	256	64.5
	财务	39	9.8	所属产业	第二产业	172	43.3
	生产/服务运营	93	23.4		第三产业	225	56.7
	营销	82	20.7				
	研发	31	7.8				
	其他或多选	78	19.6				

来自上海和其他东部省市的样本占31%，来自安徽的样本占31%，而来自重庆的样本占38%，可见本次研究所抽取的样本在地域分布上比较均匀。来自第二产业的样本占43.3%，来自第三产业的占56.7%，表明本次研究所抽取样本的行业分布也是比较均匀的。被调查者中，大部分是企业中、高层管理者（52.9%），绝大部分被调查者工作年限都在2年以上（90.2%），主要从事行政/人事（12.3%）、生产/服务运营（23.4%）和营销（20.7%）等工作，这可以保证被调查者对自身的企业有比较深入的了解。受调查的企业大都持续经营了6年以上（84.7%），表明本次研究的样本企业经营持续性较好，在其自身所处的行业中，有较强的代表性。

综上所述，本次研究问卷的真实性和可靠性是能够得到很好保证的。

8.3.5 样本的信度和效度

1. 信度

本次研究采用 Cronbach's α 系数来检验变量的信度，如表 8.2 所示。

表 8.2 各变量及维度的 Cronbach's α 系数

变量	维度	Cronbach's α	变量	维度	Cronbach's α
知识管理战略		0.90	IT 能力		0.91
	编码化	0.77		IT 知识	0.90
	个人化	0.71		IT 操作	0.89
	知识创造	0.81		IT 对象	0.89
	知识利用	0.87	组织结构		0.68
	内部学习	0.69		正规化	0.87
	外部学习	0.69		分权化	0.79
人力资源		0.81	组织绩效		0.82
	战略价值	0.81		短期绩效	0.88
	独特性	0.85		增长绩效	0.80

知识管理战略的 Cronbach's α 系数达到了 0.90，其卜的编码化、个人化、知识创造、知识利用、内部学习和外部学习的 Cronbach's α 分别为 0.77、0.71、0.81、0.87、0.69、0.69。人力资源量表的信度系数为 0.81，战略价值和独特性的 Cronbach's α 系数分别为 0.81、0.85。IT 能力的 Cronbach's α 系数为 0.91，其中 IT 知识、IT 操作和 IT 对象的 Cronbach's α 系数分别为 0.90、0.89、0.89。组织结构的信度系数为 0.68，正规化维度和分权化维度的 Cronbach's α 系数为 0.87 和 0.79。最后组织绩效的 Cronbach's α 系数是 0.82，短期绩效和增长绩效的 Cronbach's α 系数是 0.88 和 0.80。Hair 等（1998）指出：当变量的测量指标少于 6 个时，Cronbach's α 系数大于 0.6 表明量表是可靠的，在探索性研究中，大于 0.5 就是可接受的。而信度系数稍低的内部学习和外部学习分别只有 4 个题项，组织结构 6 个题项。因此，可以看出本次研究量表具有较好的信度。

2. 效度

（1）内容效度。本次研究除知识管理战略以外的其他量表均选自英文已有文献，有大量的学者采用了这些量表来对变量进行测量和验证。而知识管理战略量表的开发如前所述，从大量的文献中抽取相应的条目，本章几位作者进行了反复筛选，初步量表形成后，经过了两位相关领域教授和两位企业高级管理人员的评阅，因此本次研究所采用的量表能够符合内容效度的要求。

（2）建构效度。本研究用验证性因子分析来检验量表的建构效度。验证性因子分析结果如表 8.3 至表 8.10。

表 8.3 知识管理战略各题项因子载荷

	问题项	因子载荷（标准化系数）
编码化战略	COD1 要求员工将工作相关的技能和经验整理成系统的文档	0.69***
	COD2 教导员工从公司内部的文件和手册中获取所需的知识	0.71***
	COD3 要求员工将所有的会议都整理出完整的会议记录	0.58***
	COD4 教导员工，遇到问题时应查阅前人制定的文件和手册	0.73***
个人化战略	PER1 教导员工，遇到问题时应向公司内相关专家进行面对面的请教	0.64***
	PER2 鼓励员工通过私下的交谈和讨论来分享知识	0.59***
	PER3 会安排一对一的指导，来传授给员工必要的工作技能	0.64***
	PER4 遇到新问题时，通常会召集相关同事开会找出解决办法	0.59***
知识创造战略	EXA1 经常尝试开发全新的、有根本性变革的产品/服务	0.69***
	EXA2 经常尝试运用尚不成熟、有一定风险的新技术/技能	0.69***
	EXA3 经常尝试开拓全新的、尚无相关营销经验的细分市场	0.79***
	EXA4 经常尝试同行业其他公司没有采用过的经营战略/战术	0.71***
知识利用战略	EXI1 经常对已有的技术/技能进行改良，以适应当前需要	0.79***
	EXI2 努力提高已有的技术/技能在多个相关业务领域的适用性	0.85***
	EXI3 经常利用已有的技术/技能来增加产品/服务的功能和种类	0.81***
	EXI4 经常对公司积累的业务经验进行提炼，并应用于当前业务中	0.73***
内部学习战略	INT1 通常自己培养所需的专业人才	0.48***
	INT2 通常自己开发所需的新技术或服务技能	0.50***
	INT3 经常组织公司内部的专家对员工进行业务培训	0.67***
	INT4 鼓励员工为新产品/服务的开发提出建议	0.68***
外部学习战略	EXT1 经常与外部厂商或科研院所合作开发新产品/服务	0.58***
	EXT2 经常从公司外聘请专家来培训员工或提供咨询服务	0.68***
	EXT3 很重视从互联网或公开出版物中获取信息和知识	0.55***
	EXT4 很重视从客户那里获取建议和信息	0.59***

注：***表示 $p<0.01$

表 8.4　人力资源各题项因子载荷

	问题项	因子载荷（标准化系数）
战略价值	STV1 员工直接影响到顾客满意度	0.74***
	STV2 我们的员工直接给本公司绩效和生产力带来影响	0.93***
	STV3 我们的员工是公司提供高质量的产品（服务）的保证	0.66***
独特性	UNQ1 我们的员工素质出众，在人才市场上不多见	0.81***
	UNQ2 拥有出色的员工，是本公司区别于竞争对手的一大特色	0.91***
	UNQ3 我们的员工在本行业中被公认为是最好的	0.79***
	UNQ4 本公司的人力资源优势很难被竞争对手模仿或复制	0.57***

注：***表示 $p<0.01$

表 8.5　IT 能力各题项因子载荷

	问题项	因子载荷（标准化系数）
IT 知识	ITK1 信息技术部门的员工对计算机信息系统的知识很丰富	0.84***
	ITK2 公司拥有丰富的计算机技术方面的专业知识	0.94***
	ITK3 我们对计算机技术方面的新进展非常了解	0.81***
IT 操作	ITC1 公司善于运用计算机信息系统来收集和分析系顾客信息	0.80***
	ITC2 当需要管理顾客信息时，我们经常使用计算机信息系统	0.89***
	ITC3 我们依靠计算机信息系统来获取、储存和处理顾客信息	0.87***
IT 对象	ITO1 公司有正式的信息技术部门	0.89***
	ITO2 公司雇佣了专业的信息技术经理	0.88***
	ITO3 每年我们都为信息技术方面的营建和软件准备了大量预算	0.81***

注：***表示 $p<0.01$

表 8.6　组织结构各题项因子载荷

	问题项	因子载荷（标准化系数）
正规化	FOR1 公司的大部分事物都有正式的处理流程，且形成了书面规定	0.77***
	FOR2 有完善的规章制度	0.91***
	FOR3 要求公司上下都严格按规定的程序办事	0.83***
分权化（集权化量表反向记分）	DEC1 即使是很小的事项，员工也必须向自己的上级请示	0.82***
	DEC2 员工在自己的指责范围内采取行动也必须事先征得上级同意	0.83***
	DEC3 员工在工作中遇到特殊情况时，不能自行决定处理方式	0.60***

注：***表示 $p<0.01$

表 8.7 组织绩效各题项因子载荷

	问题项	因子载荷（标准化系数）
短期绩效	STP1 市场份额	0.84***
	STP2 营业额	0.94***
增长绩效	INP1 总资产的增长速度	0.84***
	INP2 营业额的增长速度	0.88***
	INP3 员工士气	0.56***

注：***表示 $p<0.01$

表 8.8 本次研究各变量验证性因子分析拟合指标

	知识管理战略	人力资源	IT能力	组织结构	组织绩效
GFI	0.88	0.99	0.95	0.98	0.99
NNFI	0.96	0.99	0.97	0.97	0.98
CFI	0.96	0.99	0.98	0.98	0.99
SRMR	0.058	0.039	0.042	0.042	0.02
RMSEA	0.064	0.039	0.089	0.068	0.064
χ^2	$\chi^2(237)=618.97$	$\chi^2(13)=20.96$	$\chi^2(24)=100.05$	$\chi^2(8)=22.47$	$\chi^2(4)=10.51$

表 8.9 知识管理战略的判别效度分析

模式	χ^2	Df	$\Delta\chi^2$
未限定测量模式	618.97	237	
编码化战略与个性化战略的相关系数限定为1	736.46	238	117.49***
编码化战略与知识创造战略的相关系数限定为1	1073.07	238	454.1***
编码化战略与知识利用战略的相关系数限定为1	1021.18	238	402.21***
编码化战略与内部学习战略的相关系数限定为1	792.22	238	173.25***
编码化战略与外部学习战略的相关系数限定为1	723.03	238	104.06***
个性化战略与知识创造战略的相关系数限定为1	888.76	238	269.79***
个性化战略与知识利用战略的相关系数限定为1	808.98	238	190.01***
个性化战略与内部学习战略的相关系数限定为1	697.14	238	78.17***
个性化战略与外部学习战略的相关系数限定为1	721.92	238	102.95***
知识创造战略与知识利用战略的相关系数限定为1	1021.61	238	402.64***
知识创造战略与内部学习战略的相关系数限定为1	810.44	238	191.44***
知识创造战略与外部学习战略的相关系数限定为1	736.71	238	117.74***
知识利用战略与内部学习战略的相关系数限定为1	715.38	238	96.41***
知识利用战略与外部学习战略的相关系数限定为1	666.59	238	47.62***
内部学习战略与外部学习战略的相关系数限定为1	647.81	238	28.84***

注：$\Delta\chi^2$ 以未限定模式为基准，***表示 $p<0.001$

表8.10 人力资源、IT能力、组织结构、组织绩效的判别效度分析

	模式	χ^2	Df	$\Delta\chi^2$
人力资源	未限定测量模式	20.96	13	
	战略价值与独特性的相关系数限定为1	385.84	14	364.88***
IT能力	未限定测量模式	100.05	24	
	IT知识与IT操作的相关系数限定为1	513.80	25	413.75***
	IT知识与IT对象的相关系数限定为1	590.22	25	490.17***
	IT操作与IT对象的相关系数限定为1	670.59	25	570.54***
组织结构	未限定测量模式	22.47	8	
	正规化与分权化的相关系数限定为1	604.75	9	582.25***
组织绩效	未限定测量模式	10.51	4	
	短期绩效与增长绩效的相关系数限定为1	233.92	5	223.41***

注：$\Delta\chi^2$以未限定模式为基准，***表示$p<0.001$

从表8.3到表8.7可以看出，各题项因子载荷基本上都到了0.5以上，而且T值都达到较高的显著性水平。因此本次研究变量的各因子具有较好的会聚效度。从表8.9到表8.10可见，限定变量内维度间相互关系为1所得到的卡方值与未限定测量模式的卡方值之差大于$p(\chi_1^2>C)=0.001$的临界值10.83。所以，本研究变量各个因子之间具有很好的判别效度。

8.4 研究结果

由于本次研究所收集样本中各个变量的信度、内容效度、会聚效度、判别效度都达到了可以接受的水平，所以以单一测量指标取代多重测量指标是可行的。因此本章在知识管理战略、IT能力、组织绩效的测量方法上，对各维度下的题项得分加总再取均值，并以此作为该维度的得分，再由维度构成变量的多重测量指标。经过缩减测量指标数量后，本章采用结构方程模型（SEM）来分析变量间的相互影响关系。

8.4.1 整体模型分析

本研究理论模型的结构方程路径图如图8.2所示，图中椭圆表示潜变量，方格表示观测变量。

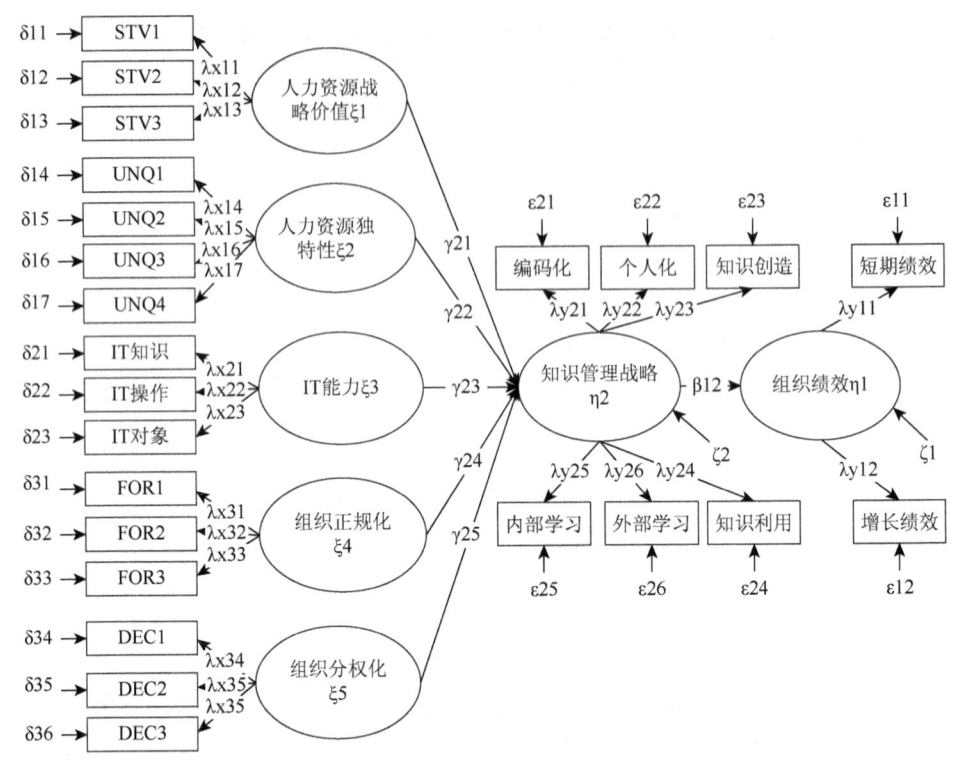

图 8.2 本章理论模型与参数结构

8.4.2 整体理论模型评价

模型拟合基本情况如表 8.11 所示，下面将从基本拟合标准、整体模型拟合度以及模型内在结构拟合度三个方面对模型的拟合度进行评价。

（1）基本拟合标准。模型中测量指标的因子载荷应该在 0.5～0.95，并且达到显著水平。否则被认为有可能出现模式误差、辨认问题或输入误差等情况。由表 8.11 可知，模型完全符合基本拟合标准。

（2）整体模型拟合度。该指标用于检验理论模型与观测数据的拟合程度。本章从绝对拟合度指标、简约拟合度指标和增量拟合度指标来评价模型。绝对拟合度指标：χ^2=550.57，df=236，GFI=0.90，SRMR=0.053，RMSEA=0.058，可见各指标都达到了可接受范围，表明样本数据与模型有很好的拟合；简约拟合度指标：PNFI=0.81，PGFI=0.70，完全符合标准，反映出该模型比较简约；增量拟合度指标：NNFI=0.96，NFI=0.95，CFI=0.97，三个指标都达到了标准，说明本章的结构方程模型具有不错的拟合程度。整体而言，综合各项指标的判断，本章理论模型的整体模型拟合程度非常好。

8 知识管理战略的前因及后果研究

表 8.11 模型拟合基本情况

变量	因子载荷 λ（标准化值）	T 值	测量误差（ε 或 δ）	组成信度（CR）	平均变异抽取量（AVE）
人力资源战略价值				0.83	0.61
STV1	0.77	16.66***	0.41		
STV2	0.89	20.12***	0.21		
STV3	0.68	14.27***	0.54		
人力资源独特性				0.86	0.61
UNQ1	0.81	18.91***	0.34		
UNQ2	0.90	22.18***	0.18		
UNQ3	0.79	18.04***	0.38		
UNQ4	0.58	12.20***	0.66		
IT 能力				0.81	0.59
IT 知识	0.79	17.09***	0.38		
IT 操作	0.79	17.18***	0.38		
IT 对象	0.72	15.25***	0.48		
组织正规化				0.89	0.70
FOR1	0.78	17.58***	0.40		
FOR2	0.90	21.66***	0.19		
FOR3	0.83	19.44***	0.30		
组织分权化				0.80	0.57
DEC1	0.83	16.89***	0.31		
DEC2	0.82	16.73***	0.33		
DEC3	0.59	11.86***	0.65		
知识管理战略				0.82	0.44
编码化	0.57[a]	——	0.67		
个人化	0.60	9.50***	0.64		
知识创造	0.55	8.88***	0.70		
知识利用	0.77	11.14***	0.41		
内部学习	0.70	10.46***	0.51		
外部学习	0.75	10.94***	0.44		
组织绩效				0.71	0.57
短期绩效	0.53[a]	——	0.72		
增长绩效	0.93	6.72***	0.13		

注：χ^2=550.57, df=236, GFI=0.90, SRMR=0.053, RMSEA=0.058, NNFI=0.96, NFI=0.95, CFI=0.97, PNFI=0.81, PGFI=0.70

***表示 $p<0.01$

a 设为固定值

(3) 模型内在结构拟合度。人力资源战略价值、人力资源独特性、IT 能力、组织正规化、组织分权化、知识管理战略和组织绩效的组成信度（CR）分别是 0.83、0.86、0.81、0.89、0.80、0.82、0.71，都在 0.7 以上。这些变量的平均变异抽取量（AVE）分别是 0.61、0.61、0.59、0.70、0.57、0.44、0.57。其中知识管理战略稍低（0.44），虽然希望 AVE 大于 0.5，但是实际估计中大部分情况下都会小于 0.5（Kearns 和 Lederer, 2003）。而其他变量的 AVE 值都大于 0.5。所以整体来看，本研究模型具有较好的内在结构拟合度。

总的来说，本章的结构方程模型具有非常好的拟合度，可以利用它的结果对研究假设进行验证。

8.4.3 假设检验

研究假设检验的情况如表 8.12 所示。

表 8.12 研究假设的检验

假设	标准化的参数估计值	T 值	验证结果
H8.1：知识管理战略对组织绩效有正的影响	$\beta_{12}=0.59$	5.57***	支持
H8.2a：人力资源战略价值对知识管理战略有正面的影响	$\gamma_{21}=0.17$	3.28***	支持
H8.2b：人力资源独特性对知识管理战略有正面的影响	$\gamma_{22}=0.38$	6.84***	支持
H8.3：IT 能力对知识管理战略有正的影响	$\gamma_{23}=0.32$	5.24***	支持
H8.4a：组织正规化对知识管理战略有正的影响	$\gamma_{24}=0.18$	3.69***	支持
H8.4b：组织分权化对知识管理战略有正的影响	$\gamma_{25}=0.10$	2.40**	支持

注：***表示 $p<0.01$，**表示 $p<0.05$

可以看出本研究提出的 6 个假设都得到了支持。

8.5 本章结论与讨论

8.5.1 研究结论

本章从资源基础理论视角出发，以人力资源、IT 能力、组织结构作为知识管理战略的前因变量，以组织绩效作为知识管理战略的后果变量进行了探讨。目的在于寻找知识管理战略的企业内在影响因素以及知识管理战略与绩效后果的相互影响关系。本章通过文献研究来构建理论模型，选择我国东部、中部、西部三个有代表性城市的企业作为实证研究对象。结果表明人力资源战略价值、人力资源独特性、IT能力、组织正规化、组织分权化都对知识管理战略有正向的影响，知识管理战略对组织绩效也存在着正向的影响。该结论初步揭示出企业资源和能力与知识管理战略再到组织绩效之间的作用机制：企业具有稀缺的、有价值的、难以被替代和模仿的资源和能力，就能够以此为基础来实施知识管理战略，而实施知识管理战略的直接后果就是给企业带来持续竞争优势，并体现在组织绩效的提高上。

本研究结论对资源基础理论（伊迪丝·彭罗斯，2007；Barney，1991）有所贡献。资源和能力作为比产品和市场更能持久（enduring）的因素，能够给企业带来竞争优势（Zack，1999），而在知识经济时代，知识作为企业最重要的资源之一，是企业持续竞争优势的来源。知识管理战略正是企业对自身这一重要资源的管理方式。因此知识管理战略也是企业日常运营中所采用的具体战略。学术界对于企业的资源和能力与企业具体战略之间有怎样的联系这个问题研究甚少，而本章的研究结果有助于阐明企业资源和能力对企业具体战略的影响机制。同时本章的研究结果也支持了Barney（1991）所提出的，人力、物力和组织三种企业的主要资源对企业战略产生影响，并带来持续竞争优势的结论。

本研究结论同样也对知识基础理论（knowledge-based theory）（Grant，1996b）也有所贡献。大量的学者认为知识是企业形成能力的基础资源，企业所创造出知识的质量以及整合知识的机制是竞争优势的最终来源（Nonaka和Takeuchi，1995；Spanos和Lioukas，2001）。但是却少有实证研究成果出现，本章研究结果证实了知识作为企业的核心资源对企业的竞争优势有直接的促进作用。

本章的研究结果进一步证实了一些学者提出的对知识管理产生正向影响的因素（Lepak和Snell，2002；Tippins和Sohi，2003；Lin和Germain，2003）。本章把这些因素对知识管理的影响，细化到了其对知识管理战略层面的影响，并把这些因素统一纳入资源基础理论体系下，证实了人力资源、IT能力、组织结构对知识管理战略的正向作用。

不同知识管理战略之间的关系历来是学术界争论的焦点之一。如Hansen等（1999）认为企业只能采用以一种知识管理战略为主，其他知识管理战略为辅的方式。而Choi等（2008）认为知识管理战略是互补的，企业必须综合采用各种知识管理战略。本章的研究结果证明不同知识管理战略之间是可以互补的，企业同时采用不同的知识管理战略，并在不同的知识管理战略中取长补短，才能够更好地促进组织绩效的提高。

我们研究团队通过文献研究归纳出了6种不同的知识管理战略，包含了编码化战略、个人化战略、知识创造战略、知识利用战略、内部学习战略和外部学习战略，较为全面地涵盖了大部分学者所提出的知识管理战略，通过实证检验，表现出了良好的信度和效度。由于本次研究样本分布较为均匀，因此知识管理战略量表也体现出了较好的一般性。

8.5.2 管理意义

本章研究所发现的结果对于企业管理有如下实际意义。

（1）实施知识管理战略能够提高企业绩效。企业在日常管理过程中采用知识管理战略，能够提高自身的绩效水平。中国的企业处于转型经济之中，面对国内、国际市场竞争，提高自身绩效水平，促进持续发展是一个非常重要的问题。中国企业应该树立起重视知识的观念，充分认识到知识作为企业最重要的资源之一，对企业竞争优势的贡献，进而采取正确的战略来对知识进行管理。而中国企业恰恰在这个方面同国际竞争对手存在着一定的差距，在本章作者同两位企业经理的交流中了解到，大部分企业虽然都或多或少地采取了措施来对本企业的知识进行管理，但普遍都没有形成知识管理战略的概念。大多数企业现有的知识管理活动还处于传统管理思想与方法下对知识资源零散的管理，尚未建立起全面的知识管理体系。部分企业由于缺乏有效的知识管理，导致知识资源的严重浪费。换句话说，中国企业的知识管理都还处于较低的层次。所以处于转型经济中的中国企业必须做到的一点是，重视知识管理，用正确的战略来指导知识管理，并把知识管理战略提到与其他企业战略同等的高度加以认识。

（2）企业的人力资源、IT能力和组织结构能够促进知识管理战略。企业要正确、顺利地采用并实施知识管理战略所要具备的前提条件是具有合适的资源。本研究发现，企业要采用并实施知识管理战略，应该具有稀缺并有战略价值的人力资源，具有较强使用IT技术的能力，具有正规而分权的组织结构。因此企业在考虑实施知识管理战略之前，应该对自身所拥有的资源和能力有着充分的认识。加强对员工队伍的培训，促进员工队伍的发展；加强对IT设施的投入，并使员工对其能够熟练地掌握、运用；建立更为正规的组织结构，并让更多的员工参与到决策过程中，这些措施都能够有效地促进知识管理战略的采用和实施，进而为企业带来更高的绩效和持久的发展。

8.5.3 研究局限与后续研究方向

本章在理论推演和实证研究上力求符合科学原则，虽然得到了对知识管理战略理论和实践都非常重要的结论，但仍存在着一些局限和不足。①本章在建立知识管理战略前因、后果框架的过程中，没有考虑行业的因素。而知识管理战略在不同的行业中应该会有不同的影响因素。后续研究可以考虑行业对知识管理战略的影响，找出某些特定行业中，特殊的知识管理战略前因。②本章研究的知识管理战略后果只有组织绩效一个变量，后续研究可加入知识管理战略的其他后果，如知识管理效果、组织创新等。③本章从资源基础理论视角出发，只找到了企业内部三个影响知识管理战略的前因，而没有考虑企业外部环境对知识管理战略的影响。在模型中加入环境的影响也许会有不同结果。④研究因果关系，最好的研究方法应该是试验法。在受到客观条件限制，无法进行试验时，最好采用纵向的时间序列数据来进行验证。而本次研究受种种客观条件所限，采用了横截面数据进行验证。后续研究可考虑对研究样本进行跟踪调查，收集时间序列数据来验证本章提出的因果关系。

9 环境压力下知识管理战略对组织绩效的影响

9.1 背 景

随着经济国际化与市场全球化的不断推进,新技术和新产品的开发速度的提高,电子信息、通信、交通行业的高速发展,使企业的竞争环境日益复杂。面对如此巨大的外部压力,越来越多的企业认识到,继续采用传统的经营模式、经营战略已经很难为企业带来竞争优势。在知识经济时代,企业必须采取一系列措施对企业内部的知识进行行之有效的管理,不断加强企业的创新能力,才能更好地面对动荡与竞争的环境,在市场竞争中站稳脚跟。因此知识管理作为企业管理中一个重要环节,被越来越多的企业应用到日常的管理过程当中(Zack, 1999; Hansen 等, 1999)。企业知识管理的方式和方法越来越成为衡量一个现代企业管理水平高低的重要标准,是企业生存与发展的必要条件。许多公司将"知识管理"视为与财务、生产等同等重要的工作,致力于知识的有效获取、创造及转移。知识管理战略也迅速地成为学术界和企业界关注的热点。

国外学者对知识管理战略进行了一定的研究(Zack, 1999; Hansen 等, 1999; Swan 等, 2000),虽然这些研究的结论大都发现企业采用知识管理战略会促进企业的绩效,但这些研究多从定性层面进行分析,缺乏实证基础。中国企业处于特殊转型经济的背景下,与国外企业所处的环境有很大的不同,因此,中国企业的自身特点决定了,知识管理战略的研究需要中国情景下的数据进行实证。其次,中国企业面临着来自国内、国外的竞争,企业的外部环境越来越复杂。而这种复杂的环境是否是企业采取知识管理战略的一个推动因素,学术界尚无人研究。因此,中国企业是否在迫于外部环境压力之下采用知识管理战略?采用知识管理战略是否促进了绩效的增长?这些问题不仅是学术界关心的问题,也是中国企业必须弄清的问题。

本章拟以我国东部、中部、西部的企业为调查对象,对外部环境压力是否促进了企业对知识管理战略的采用;采用知识管理战略是否促进了企业绩效的增长进行实证研究。以期弥补相关研究的不足,进一步完善相关理论,为我国企业实践提供指导。

9.2 理论基础与研究假设

9.2.1 知识管理战略与企业绩效

学者对知识管理战略的研究最早可以追溯到 Polanyi（1966）的研究，他将知识分为"显性知识"（explicit）和"隐性知识"（tacit）。之后大量的学者对知识管理战略进行了研究，Bierly 和 Chakrbarti（1996）根据组织学习的知识来源和学习新知识的速度，把知识管理战略分为内部学习（internal learning）、外部学习（external learning）；Zack（1999）根据企业对知识的使用情况把知识管理战略分为知识创造（exploration）和知识利用（exploitation）；Hansen 等（1999）认为知识管理战略主要分为编码化战略（codification）和个人化战略（personalization）两种。

企业知识的来源存在于内部和外部。企业内部的知识存在于员工的头脑中，嵌入在员工的日常行为、管理流程中，储存在企业的数据库里。一些企业的知识就主要从内部来源获取：工友、企业数据库、内部资料。这种倾向于让组织员工在组织内部创造并传递新知识的知识管理战略叫做内部学习战略。采用内部学习战略的企业，其学习速度很快，有很强的知识复制能力（Pai，2005）。这会使企业在竞争中获取优势。

而另一些企业倾向于关注外部：有意识地进行外部环境扫描，从外部获取观念、管理措施和行为，寻求与其他企业建立组织合作的关系。这些外部的知识来源包括公开发表刊物、大学、政府机构以及专业协会等。这种倾向于通过向外部获取或模仿，从而使知识传递进入组织内部的知识管理战略就是外部学习战略。通过外部学习可以拓宽企业的知识基础，进而增加企业的柔性，这对处于动态环境中的企业是非常重要的（Grant，1996a）。采用外部学习战略的企业整合知识的能力很强，向外界学习的能力也很强（Pai，2005）。因此采用外部学习战略，可以通过提高企业知识管理能力来为企业创造出竞争优势。

当企业处于一个知识密集程度很高的行业中，并且竞争对手拥有更多的知识时，企业必须加强知识管理的水平才能赶上竞争对手。为了适应行业中知识的迅速变化，企业必须创造更多的知识，在这种情况下，企业为了保住自己在竞争中的位置，就需要采用知识创造战略（Zack，1999）。

当企业所具有的知识资源和能力明显地超过了竞争对手时，企业可以利用起自身的知识优势，整合其所处行业或者其他相关行业的知识，这种情况下，企业就可以采用知识利用战略（Zack，1999）。无论企业是采用创造性知识管理战略或是利用性知识管理战略，出发点都是促使企业在知识资源上超过竞争对手，保持企业所拥有的知识资源优势。因此企业根据自身业情况和竞争环境，采用知识创造战略或知识利用战略，都会为企业创造出知识资源的优势，进而提高企业的绩效。

编码化战略是指企业把知识从其开发者那里提取出来，详细、规范地记录在企业内部资料库中，以备在其他的情况下重新使用。采用这种战略可以使员工在不需要与知识的开发者联系的情况下，搜寻并获得知识。采用编码化战略的目的是增强企业记录知识的能力，因此这会降低员工通过 IT 获取和重新使用知识的复杂性。采用这种知识管理战略的企业能通过对知识的重新使用来达到规模优势（Hansen 等，1999）和组织效率（Markus，2001），进而促进组织绩效的提高。

个人化战略是指企业鼓励员工之间的交流，进而促进隐性知识的产生和扩散，并将其作为主要的知识获取途径。因为隐性知识是无法具体记录、无法具体表达的知识（Howells，1996），所以采用个人化战略企业的知识资源不易被竞争对手模仿。因此关注隐性知识采用个人化战略的企业很容易结合自己的能力与经验，在动态的环境中获得竞争优势。因此本章提出如下假设拟加以验证。

H9.1：企业采用知识管理战略对组织绩效有正的影响。

9.2.2 环境压力与知识管理战略

外部环境被广泛地认为对企业的知识管理产生影响（Zahra，1996；Zahra 和 Bogner，1999），而在外部环境压力中，动态性和竞争性是影响企业知识管理战略的两个重要方面（Levinthal 和 March，1993）。为了应对激烈的市场竞争和动态的环境，企业必须采用合适的知识管理战略（Covin 和 Slevin，1989）。

环境的动态性是指环境变化的频率和不稳定的程度。动态的环境表现为技术的改变，消费者偏好的变化，产品需求以及原材料供应上的波动（Jansen 等，2006）。动态的环境会使当前的产品和服务很快过时，使得企业必须研发新的产品和服务（Sorensen 和 Stuart，2000）。因此动态的环境给企业带来了很大生存压力，企业要想生存下去，降低产品和服务过时所带来的威胁，就必须从现有的产品、服务和市场出发，进行创新（Jansen 等，2006）。而企业进行创新，就必须要对已有的知识合理地管理，不论企业的知识来源是从内部还是外部；利用已有知识还是创造知识；鼓励员工进行知识交流还是对知识进行规范记录，都有助于形成企业的知识基础，进而为企业创新提供条件。换句话说，在动态的环境下，企业只有通过创新才能生存和发展，而创新会迫使企业采用知识管理战略来合理、科学地管理知识。因此环境动态性对企业的知识管理战略有促进作用。

环境的竞争性是指企业所处的外部环境竞争激烈的程度（Matusik 和 Hill，1998），它反映出竞争中竞争对手的数量和竞争领域的广度（Miller，1987）。在竞争性很强的环境中，企业与竞争对手之间的产品同质化现象严重，市场上存在大量的模仿产品和服务（Lumpkin 和 Dess, 2001），企业必须加快知识更新、运用的速度。也就是说，竞争性很强的环境会在无形中强迫企业进行新产品、服务的研发，而要做好研发，企业也就必须采取知识管理战略来管理知识。Gupta 和 Govindrajan（1991）认为在当环境竞争性很强的情况下，企业要加强有效的知识扩散就必须提高非正式交流的频率，而这正是知识管理战略所能做到的。因此，在竞争性很强的环境中，企业只有采用合适的知识管理战略才能做到对知识的有效管理，进而在激烈的市场竞争中生存下来。所以环境的竞争性会促进企业知识管理战略的采用。

因此本章提出如下假设拟加以验证。

H9.2：环境压力对知识管理战略有促进作用。

9.2.3 环境压力与企业绩效

企业在市场上运作，不可避免地会受到外部环境的影响。由于通信技术、电子技术等不断发展，产品的研发速度越来越快，竞争日趋透明化，致使企业所处的环境越来越具有强烈的动态性和竞争性，企业所面临的环境压力也越来越大。

在动态性和竞争性很强的环境中，企业在技术上的进步，很快就会扩散到竞争对手那里，这就迫使企业必须在一个相当长的时期内持续地发布新的产品和服务，甚至不惜挤占自身已有产品和服务的市场份额（D'Aveni, 1994；Eisenhardt, 1989）。D'Aveni（1994）还发现，如果企业所处行业环境的动态性和竞争性非常强，就会导致企业间的过度竞争，而这带来的后果就是企业由竞争优势所带来的各种形式的利润难以持续。一些大型企业的规模优势也会受到限制（Lumpkin 和 Dess, 2001；Zahra 和 Bogner, 1999）。同时在这种强大的环境压力下，企业必须持续地监控市场变化，并相应地对产品作出改变（Fynes 等, 2005），这势必会给企业带来巨大的开支，进而挤压企业的利润空间，企业也会长时间地处于一种疲于应付的局面，企业的绩效因而会受到影响。

因此本章提出如下假设拟加以验证。

H9.3：环境压力对组织绩效有负的影响。

9.3 研究方法

9.3.1 抽样样本

为了验证上述假设，在探索性研究和深度访谈的基础上，本研究采用问卷调研的研究方式。调研分两步进行：①在上海、安徽和重庆（分别代表东、中、西部地区）各选一所重点高校，向在职攻读的 EMBA、MBA 学员以及企业管理人员短训班学员发放问卷。对于来自同一企业的学员，只请其中一人填写问卷。②向北京、江苏、浙江、福建、广东等地与课题组有协作关系的企业，以邮寄或 Email 的方式发放问卷。两种调查方式共发放 900 份问卷，回收 489 份，回收率为 54%。剔除掉填答不全、来自非企业单位和垄断行业的样本后共得到有效问卷 397 份，有效回收率为 44%。对两种方式回收的问卷的关键变量进行比较，T 检验的结果显示，两组问卷之间并不存在显著的差异。

样本中来自上海和其他东部省市的样本占 31%，来自安徽的样本占 31%，来自重庆的样本占 38%，可见本次研究所抽取的样本在地域分布上比较均匀。来自第二产业的样本占 43.3%，来自第三产业的占 56.7%，表明本次研究所抽取样本的行业分布也是比较均匀的。被调查者中，大部分是企业中、高层管理者（52.9%），绝大部分被调查者工作年限在 2 年以上（90.2%），这可以保证被调查者对自身的企业有比较深入的了解。受调查的企业大部分持续经营了 6 年以上（84.7%），表明本次研究的样本企业经营持续性较好，在其自身所处的行业中，有较强的代表性。综上所述，本次研究问卷的真实性和可靠性有很好的保证。

9.3.2 测量方法

本次研究在环境压力及组织绩效的操作性定义和测量上，采用或参考了国外文献的成熟量表。知识管理战略这个潜变量采用了国外期刊的操作性定义，但由于缺乏适合本次研究理论框架的量表，因此我们在借鉴国外文献的基础上，开发了知识管理战略的量表。根据 Hansen 等（1999），Zack（1999），Bierly 和 Chakrabarti（1996）的研究。本章把"编码化""个人化""知识创造""知识利用""内部学习""外部学习"这 6 种战略作为知识管理战略这个潜变量的 6 个维度，再通过文献研究找出陈述这 6 个方面的条目。量表初步完成后，首先请两位研究相关领域的教授审阅。根据所反馈的意见对量表进行修改后，我们先后邀请了两位企业经理进行访谈，根据他们的意见，修改了一些题项的表达方式，并把一些含义比较晦涩、不容易理解的题项删除。经过专家意见、个案访谈、预测试和小样本调查，问卷最终被修订如下：知识管理战略下包含 6 个维度，每个维度下 4 个题项，总共 24 个题项。环境压力采用了 Jansen 等（2006）的量表。修订后，包括动态性 4 个题项和竞争性 4 个题项。参照 Tsui 等（2006）的组织绩效量表，本次研究组织绩效包含两个维度，共 5 个题项。本次研究所有量表均采用 Likert 5 分量表。

9.3.3 样本的信度与效度

本次研究采用 Cronbach's α 系数来检验变量的信度，如表 9.1 所示。

表 9.1 各变量及维度的 Cronbach's α 系数

变量或维度	Cronbach's α	变量或维度	Cronbach's α
知识管理战略	0.90	环境压力	0.89
编码化	0.77	动态性	0.85
个人化	0.71	竞争性	0.85
知识创造	0.81	组织绩效	0.82
知识利用	0.87	短期绩效	0.88
内部学习	0.69	增长绩效	0.80
外部学习	0.69		

各变量及维度的 Cronbach's α 值都在可接受范围，可以看出本次研究所用量表具有较好的信度。

在效度上，本次研究除知识管理战略以外的其他量表均选自英文已有文献，有大量的学者采用了这些量表来对变量进行测量和验证。而知识管理战略量表的开发如前所述，初步量表形成后，经过了两位相关领域教授和两位企业高级管理人员的评阅，因此本次研究所采用的量表能够符合内容效度的要求。本研究以验证性因子分析来检验量表的建构效度，各项指标如表 9.2 所示，可见各指标均达到较好的效度水平。知识管理战略变量的因子载荷见表 9.3。

表 9.2 本次研究各变量验证性因子分析拟合指标

	知识管理战略	环境压力	组织绩效
GFI	0.88	0.98	0.99
NNFI	0.96	0.99	0.98
CFI	0.96	1.00	0.99
SRMR	0.058	0.027	0.02
RMSEA	0.064	0.042	0.064
χ^2	$\chi^2(237)=618.97$	$\chi^2(19)=32.23$	$\chi^2(4)=10.51$

表 9.3　知识管理战略各题项因子载荷

	问题项	因子载荷（标准化系数）
编码化战略	COD1 要求员工将工作相关的技能和经验整理成系统的文档	0.69***
	COD2 教导员工从公司内部的文件和手册中获取所需的知识	0.71***
	COD3 要求员工将所有的会议都整理出完整的会议记录	0.58***
	COD4 教导员工，遇到问题时应查阅前人制定的文件和手册	0.73***
个人化战略	PER1 教导员工，遇到问题时应向公司内相关专家进行面对面的讨教	0.64***
	PER2 鼓励员工通过私下的交谈和讨论来分享知识	0.59***
	PER3 会安排一对一的指导，来传授给员工必要的工作技能	0.64***
	PER4 遇到新问题时，通常会召集相关同事开会找出解决办法	0.59***
知识创造战略	EXA1 经常尝试开发全新的、有根本性变革的产品/服务	0.69***
	EXA2 经常尝试运用尚不成熟、有一定风险的新技术/技能	0.69***
	EXA3 经常尝试开拓全新的、尚无相关营销经验的细分市场	0.79***
	EXA4 经常尝试同行业其他公司没有采用过的经营战略/战术	0.71***
知识利用战略	EXI1 经常对已有的技术/技能进行改良，以适应当前需要	0.79***
	EXI2 努力提高已有的技术/技能在多个相关业务领域的适用性	0.85***
	EXI3 经常利用已有的技术/技能来增加产品/服务的功能和种类	0.81***
	EXI4 经常对公司积累的业务经验进行提炼，并应用于当前业务中	0.73***
内部学习战略	INT1 通常自己培养所需的专业人才	0.48***
	INT2 通常自己开发所需的新技术或服务技能	0.50***
	INT3 经常组织公司内部的专家对员工进行业务培训	0.67***
	INT4 鼓励员工为新产品/服务的开发提出建议	0.68***
外部学习战略	EXT1 经常与外部厂商或科研院所合作开发新产品/服务	0.58***
	EXT2 经常从公司外聘请专家来培训员工或提供咨询服务	0.68***
	EXT3 很重视从互联网或公开出版物中获取信息和知识	0.55***
	EXT4 很重视从客户那里获取建议和信息	0.59***

注：***表示 $p<0.01$

9.4　实证结果

　　本次研究所收集样本中各个变量的信度、内容效度、建构效度都达到了可以接受的水平，所以以单一测量指标取代多重测量指标是可行的。因此本章在知识管理战略、环境压力、组织绩效的测量方法上，对各维度下的题项得分加总再取均值，并以此作为该维度的得分，再由维度构成变量的多重测量指标。经过缩减测量指标数量后，本章采用结构方程模型（SEM）来分析变量间的相互影响关系。

9 环境压力下知识管理战略对组织绩效的影响

本章的理论模型如图9.1所示,潜变量用椭圆表示,各维度用矩形表示。

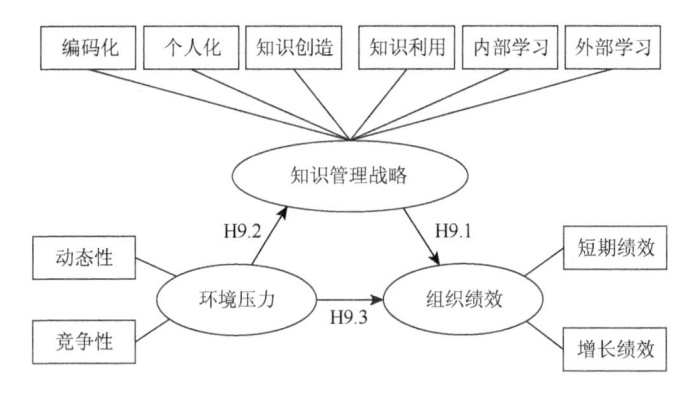

图 9.1 本章理论模型

模型的基本拟合情况如表 9.4 所示。下面将从基本拟合标准、整体模型拟合度以及模型内在结构拟合度三个方面对模型的拟合度进行评价。

表 9.4 模型拟合基本情况

变量	因子载荷 λ（标准化值）	T 值	测量误差(ε或δ)	组成信度（CR）	平均变异抽取量（AVE）
环境压力				0.76	0.61
动态性	0.70	8.05***	0.51		
竞争性	0.86	8.55***	0.26		
知识管理战略				0.82	0.44
编码化	0.55a	——	0.69		
个人化	0.60	9.03***	0.64		
知识创造	0.71	9.97***	0.50		
知识利用	0.74	10.18***	0.46		
内部学习	0.79	10.56***	0.37		
外部学习	0.55	8.52***	0.69		
组织绩效				0.72	0.58
短期绩效	0.55a	——	0.73		
增长绩效	0.94	6.48***	0.12		

注：χ^2=70.57，df=32，GFI=0.92，SRMR=0.039，RMSEA=0.055
NNFI=0.97，NFI=0.96，CFI=0.98，PNFI=0.68，PGFI=0.56
*** 表示 $p<0.001$
a 设为固定值

（1）基本拟合标准。模型中测量指标的因子载荷应该在 0.5～0.95，并且达到显著水平。否则被认为有可能出现模式误差、辨认问题或输入误差等情况。由表 9.4 可知，模型完全符合基本拟合标准。

（2）整体模型拟合度。该指标用于检验理论模型与观测数据的拟合程度。本章从绝对拟合度指标、简约拟合度指标和增量拟合度指标来评价模型。绝对拟合度指标：χ^2=70.57，df=32，GFI=0.92，SRMR=0.039，RMSEA=0.055，可见各指标都达到了可接受范围，表明样本数据与模型有很好的拟合；简约拟合度指标：PNFI=0.68，PGFI=0.56，完全符合标准，反映出该模型比较简约；增量拟合度指标：NNFI=0.97，NFI=0.96，CFI=0.98，三个指标都达到了标准，说明本章的结构方程模型具有不错的拟合程度。整体而言，综合各项指标的判断，本章理论模型的整体模型拟合程度非常好。

（3）模型内在结构拟合度。环境压力、知识管理战略和组织绩效的组成信度（CR）分别是 0.76、0.82、0.72，都在 0.7 以上。这些变量的平均变异抽取量（AVE）分别是 0.61、0.44、0.58，其中知识管理战略稍低（0.44），根据 Kearns 和 Lederer（2003）的建议，在实际估计中，大部分情况下 AVE 都会小于 0.5，因此在只有知识管理战略 AVE 略低的情况下，模型仍然是可以接受的。所以整体来看，本研究模型具有较好的内在结构拟合度。

总的来说，本章的结构方程模型具有非常好的拟合度，可以利用它的结果对研究假设进行验证。假设检验结果见表 9.5。

表 9.5 研究假设的检验

假设	标准化的参数估计值	T 值	验证结果
H9.1：企业采用知识管理战略对组织绩效有正的影响	0.62	5.31***	支持
H9.2：外部环境对知识管理战略有促进作用	0.28	4.23***	支持
H9.3：环境压力对企业绩效有负的影响	−0.11	−1.91**	支持

注：***表示 $p<0.01$，**表示 $p<0.05$

可以看出本章的三个假设都得到了支持。各变量对组织绩效效应分析见表 9.6。

表 9.6 各变量对组织绩效效应分析

	直接效应	间接效应 知识管理战略	总效应
环境压力	−0.11	0.17	0.06
知识管理战略	0.62		0.62

由表 9.6 可知，知识管理战略对组织绩效的效应是 0.62。而环境压力虽然对组织绩效的直接效应是-0.11，但是环境压力也通过知识管理战略间接地对组织绩效起作用，间接效应是 0.17，因此环境压力对组织绩效的总效应是 0.06。可见知识管理战略在企业的应用，不但有利于降低环境对企业的压力，进而促进环境压力对组织绩效产生正向影响。

9.5 本章结论与讨论

本章研究了环境压力、知识管理战略与组织绩效的关系，本章通过理论研究来和深度访谈建立模型理论模型，并选择我国东部、中部、西部企业为样本，对模型进行了实证检验。研究结果表明：①企业采用知识管理战略会对组织绩效产生显著影响；②环境压力是促使企业采用知识管理战略的一个重要因素；③在动态性、竞争性很强的环境下，企业的绩效会由于过度竞争而受到影响；④企业可以通过采用知识管理战略，进而把环境对企业的压力转化为提高绩效的动力。

不同知识管理战略之间的关系历来是学术界争论的焦点之一。如 Hansen 等（1999）认为企业只能采用以一种知识管理战略为主，其他知识管理战略为辅的方式。而 Choi 等（2008）认为知识管理战略是互补的，企业必须综合采用各种知识管理战略。本章的研究结果证明，不同知识管理战略之间是可以互补的，企业同时采用不同的知识管理战略，并在不同的知识管理战略中取长补短，才能够更好地促进组织绩效的提高。

不同的学者对环境如何影响企业绩效有不同的看法，大量的学者从权变理论的角度出发，认为环境对企业绩效存在调节作用（Jansen 等，2006；Pavlou 和 El Sawy，2006；Bierly 和 Daly，2007），也有学者认为环境压力会促进企业绩效的提高（Grinyer 等，1980）。本章的研究结论证明，环境压力对组织绩效的直接影响是负的，但是环境压力可以在企业知识管理战略的作用下正向影响组织绩效。

实施知识管理战略能够提高企业绩效。企业在日常管理过程中采用知识管理战略，能够提高自身的绩效水平。中国的企业处于转型经济之中，面对国内、国际市场竞争，面对强烈的环境压力，提高自身绩效水平，促进持续的发展是一个非常重要的问题。在本章作者同两位企业经理的交流中了解到，大部分企业虽然都或多或少地采取了措施来对本企业的知识进行管理，但普遍都没有形成知识管理战略的概念。大多数企业现有的知识管理活动还处于传统管理思想与方法下对知识资源零散的管理，尚未建立起全面的知识管理体系。部分企业由于缺乏有效的知识管理，导致知识资源的严重浪费。换句话说，中国企业的知识管理都还处于较低的层次。所以处于转型经济中的中国企业必须做到的一点是，重视知识管理，用正确的战略来指导知识管理，并把知识管理战略提到与其他企业战略同等的高度加以认识。只有这样才能在竞争激烈、瞬息万变的环境中生存下来，并持续健康地发展。

本章的不足之处在于：①本章研究只考虑了外部因素环境压力对知识管理战略和组织绩效的影响，没有考虑企业内部因素对上述两个变量产生的影响，后续研究可加入一些企业内部的影响因素；②本章在研究环境压力、知识管理战略与组织绩效三者关系的过程中，没有考虑不同行业的影响，后续研究可以针对不同的行业进行研究，找出不同行业背景下，三个变量间的一些特殊关系。

10 制造企业物流服务创新的知识获取方式研究

10.1 背　　景

全球经济化和信息化的高速发展迫使传统制造企业必须优化产业结构,调整经营管理模式,引入高附加值的创新服务活动以创造独特优势。服务创新对于制造企业的生存和发展起着重要作用,已成为重要的和有效的竞争工具(蔺雷和吴贵生,2003)。如何进行产业优化升级,选择怎样的服务创新发展路径以及知识获取方式这都在考验制造企业经济转型的适应力和创新力。

服务创新是制造企业发展的新型方向,而物流服务创新是制造企业服务创新的重要组成部分。制造企业在物流服务创新活动过程中会遇到各种问题,如果企业不能有效地获取相关知识,来指导自身的物流服务创新实践,那制造企业的服务创新之路必然会遭遇失败。

因此,制造企业开展物流服务创新,首先需要弄清楚制造企业物流服务创新路径,并找到合适的知识获取的方式来加以指导,这样才能获得物流服务创新实践的成功。本章以制造企业为研究对象,首先提出几种不同的物流服务创新路径,并针对性地找出了与之对应的知识获取方式,以期为我国制造企业顺利实施物流服务创新,增强企业竞争能力提供帮助。

10.2　制造企业物流服务创新路径

现有关于物流服务创新的研究主要包括：物流服务模式(张光明,2006;翟运开等,2006)、物流服务创新路径(谢美娥和刘剑慧,2011)、物流服务创新战略(赵立龙和魏江,2012)等方面,本章主要关注物流服务创新路径方面的研究,在文献回顾的基础上,本章提出以制造企业为视角的三种物流服务创新路径。

10.2.1　产业互动

产业互动这一物流服务创新路径,主要通过促使制造业和物流行业双方利用产业优势形成互助关系,从而帮助制造业成功开展物流服务创新。与物流行业开展互动创新,可以帮助制造企业有效改善物流服务创新知识的缺失,同时帮助制造企业获取外部知识、增强知识获取能力。研究制造业与物流行业的互动发展,有利于推动制造业物流服务创新和产业协同发展,是制造企业的重要物流服务创新路径。

产业互动能帮助制造企业与外界的资源共享,在能够促进企业在利用自身拥有的资源的同时,从外部获取自身所需的资源,从而进一步促进自身的创新优势(刘刚,2011)。对于制造业来说,通过与物流行业的互动关系获取所需人才、知识、技术,则可实现风险分担,提高制造企业物流服务创新的战略实行可能性;同时实现了对知识库的构建和资源共享,并为制造企业带来外部知识和资源的有效转移,这是从企业外部实现制造企业物流服务创新路径,从而达到制造企业物流服务创新的目的。

10.2.2 自建物流网络

自建物流网络作为制造企业的一种物流服务创新路径,可以帮助制造业提升自我学习能力和经验总结。制造企业物流网络是适应物流活动过程的相关网络,具体是指由物流组织网络、物流基础设施网络和物流信息网络三者有机结合而形成的物流服务网络体系的总称(张光明,2006)。制造企业通过对三网的建立实现物流资源的整合,以最低成本在有效时间内完好地从供给方送达需求方,满足客户需求。物流网络为制造企业物流服务提供坚实的后备保障。

从制造企业来看,自建物流网络是以企业为主体,充分发挥了企业的主观能动性,通过增加企业成员知识共享、组织经验学习,从而增强企业战略能力(李文元和梅强,2007)。这就进一步要求制造企业在自建物流网络过程中需要主动加强技术研发、人力资本、组织管理等相关知识的获取和经验的总结,这是通过企业内部的运作活动加强对物流服务创新过程的管理,从而为企业内部实现制造企业物流服务创新路径。物流网络的建立是制造企业服务创新活动中的重要路径,通过物流网络企业才能完成物流活动。

10.2.3 物流云服务

制造企业想要做好物流服务创新,还需要对物流活动进行跟踪、对客户需求进行反映、对物流服务进行再创造。物流云服务这一物流服务创新路径,可以促使制造业在获取广泛知识的同时,主动转换隐性知识和显性知识,为企业寻找有用的数据信息、提供决策依据。

制造企业需要在网络技术支持下,通过物流云服务平台整合物流资源和客户资源，并按照客户需求智能管理和调配物流资源，为客户定制和提供安全、高效、优质廉价、灵活可变的个性化物流服务，这就是基于物流云服务的新型物流服务模式（林云和田帅辉，2012）。企业通过物流云服务可以快速有效地掌握物流信息，然后针对物流信息制造企业不断提升和改善服务能力，即通过物流云服务方式实现企业外部有效信息的获取，同时把信息传入企业内部，是企业内部信息源获取的重要基础。这种方式可以达到企业外部和内部的信息获取的有效结合，促进制造企业物流服务创新的成功。

10.3 制造企业物流服务创新的知识获取方式

制造企业的知识获取能力是其核心竞争力中的重要环节，企业需要的知识包括组织、信息、人力、经验、技术、能力等方面。制造企业在物流服务创新的过程中，必须获取大量知识才能成功，因此对不同物流服务创新路径对应的知识获取方式的关注显得尤为重要。本章针对前面提到的三种制造企业物流服务创新路径，在文献回顾的基础上提出了相对应的三种知识获取方式。

10.3.1 产业互动的知识获取方式——跨界搜索

在物流服务创新过程中，制造企业与物流企业进行互动，可采用跨界搜索的方式进行知识获取。根据 Rosenkopf 和 Nerkar 的定义，跨界搜索是指跨越组织边界的知识基础的搜索（Rosenkopf 和 Nerkar，2001）。彭新敏认为跨界搜索是指组织对新技术知识的寻求和发现（彭新敏，2009）。制造企业在产业互动的创新路径下采取跨界搜索方式，能帮助企业进入异质性的社会网络，跨组织获取新知识，促进知识的数量和质量，增加企业知识多样性和全面性；帮助企业建立外部知识的交流渠道，降低知识整合问题的复杂化，解决知识获取成本和收益的难题，从而促进创新。基于产业互动的跨界搜索可以帮助制造企业活动范围更加广泛，所以企业采用产业互动的物流服务创新路径，最佳的知识获取方式是跨界搜索（张文红等，2010）。

10.3.2 自建物流网络的知识获取方式——失败学习

制造企业自建物流网络是企业内部的一种活动。因为这是一种主动的创建，因此建立网络之前需要积累知识，总结经验，防止走弯路。物流网络建立之前，制造企业可以通过失败学习的知识获取方式，对以往相关的物流网络建立失败的成因进行分析，把握事故发生的机理，尽量做到把失败消灭在萌芽状态，让企业避免再次失败；而对于建立过程中或者完成后出现了不希望的结果，或者没有达到预期的目标，制造企业将对已产生的失败进行全面分析总结，为网络重建或者修改提供帮助。失败学习的过程为进行制造企业物流服务创新提供了学习方法，自建立物流网络的过程是从企业内部来创建，则企业在整个活动过程中起着主导作用，这都需要企业主动的学习，不断总结自身失败经验，避免重蹈覆辙，寻找走向成功的契机。用此方法可以积累企业的内部知识，再通过企业自主对知识进行吸收再消化，从而对企业自建物流网络提供了经验基础。

10.3.3　物流云服务的知识获取方式——数据挖掘

数据挖掘就是制造企业在制造、生产、服务等过程中，对有利用价值的信息和知识的进行获取，进而帮助企业掌握信息和知识，对企业战略发展，服务创新提供有利依据，体现了数据挖掘是提取隐含的潜在利用价值的信息和知识的过程（化柏林，2008）。制造企业的物流云服务主要体现在物流活动过程中对供应商、产品流通、客户等数据的快速有效地整合、跟踪和反馈。由于物流云服务过程的数据库信息量庞大，人工整理和理解数据已经严重存在效率性、准确性等问题，所以，制造企业通过数据挖掘的方式，为制造企业找寻外部物流信息，快速有效地解决对数据的分析问题，针对物流信息为企业物流服务创新提供了便利性。同时实现制造企业从外部获取知识，把知识传入企业内部，经过内部组织的整理，不断提升企业服务能力，这种方式可以达到企业外部和内部知识获取的有效循环，帮助企业从浩瀚的数据海洋中及时发现有用的知识，体现了数据挖掘过程的重要性（赵又霖等，2012）。

10.4　本章小结

本章认为服务创新已经成为制造企业竞争优势的一个重要战略途径，在新环境影响下，制造企业参与物流活动成为制造业发展的一个必然趋势，企业进行物流服务创新有助于竞争优势的获取，促进企业的可持续发展。本章通过对制造企业物流服务创新路径及其对应的知识获取方式进行研究，得到了如下结论。

首先，本章找出了三条制造企业物流服务创新路径。这三条制造企业物流服务创新路径分别是：产业互动、自建物流网络和物流云服务。制造企业通过物流服务创新，可以提供生产性服务，实现制造企业内部结构的优质化、产业链的整合化，对企业核心竞争力的提升有着重要作用。

其次，本章提出三种知识获取方式，分别与三条制造企业物流服务创新路径相对应。三种知识获取的方式分别是：跨界搜索、失败学习和数据挖掘。三条制造企业物流服务创新路径与三种知识获取方式的对应关系是：产业互动适合采用跨界搜索来获取知识；自建物流网络适合采用失败学习来获取知识；物流云服务适合采用数据挖掘的方式来获取知识。三种知识获取方式对三条物流服务创新路径有着重要作用，能够很好地解决以制造企业为主体的知识获取困难问题。

11 失败学习对制造企业物流服务创新的影响研究

11.1 背　　景

制造业是中国经济发展的重要力量，但是传统的制造模式已经不能满足制造企业迅速发展的需要。蔺雷和吴贵生（2005）指出，制造业越来越依赖服务要素实现价值增加，服务创新是推动制造业发展的强大动力。物流服务创新作为制造企业服务创新的重要组成部分，不仅能够降低成本、提升服务质量，而且能够通过开发定制化的物流服务解决方案创造更大的顾客价值，帮助企业建立竞争优势（Richey 等，2005）。

物流服务创新是指一切与物流服务相关或针对物流服务的创新行为与活动（Chapman 等，2003），常常被理解为引进一种新产品、新技术，或者采取一种新方式、新应用等，主要强调实现服务的形式，只有将物流过程和实现物流过程的技术紧密地结合起来，才能实现物流服务创新（徐琪，2008）。制造企业在实施物流服务创新过程中，可能会遇到各种失败，由此进行失败认定、分析失败和审慎试验（Cannon 和 Edmondson，2005）等三个失败学习步骤。胡洪浩和王重鸣（2011）认为，失败学习就是组织对内、外部失败经验进行集体反思，通过调整行为方式来降低未来遭遇类似失败的概率以提升组织绩效的过程。Sitkin（1992）发现与成功的经验相比，失败的经验更能激励组织搜寻新的问题解决方法，挑战旧观念并实现创新；Carmeli 和 Schaubroeck（2008）指出失败学习可以提高组织对当前和未来的危机准备，危机准备越高，组织绩效越好。由此可见，失败学习行为有利于组织降低失败的概率（Cannon 和 Edmondson，2005），制造企业可以通过失败学习增强其物流服务创新能力，并提升绩效。

国内关于失败学习和制造企业物流服务创新的研究较少。虽然已有研究开始关注失败学习对创新绩效的影响（于晓宇和蔡莉，2013），但是针对特定行业的发展，特别是制造企业物流服务创新领域还缺乏专门的研究。制造企业有哪些失败学习选择模式，失败学习是否在制造企业实施物流服务创新过程中发挥作用，相关研究几乎空白。基于此，本章从制造企业的组织学习角度出发，对4个不同行业的制造企业进行多案例研究，分析制造企业的失败学习模式，探讨制造企业失败学习对物流服务创新的影响，为我国制造企业顺利实施物流服务创新提供帮助。

11.2 研究框架和命题提出

11.2.1 理论基础

March（1991）在研究组织的适应过程时首次提出了探索和利用的概念，指两种不同的组织学习范式。其中，探索式学习是指那些可以用"探索、变化、承担风险、试验、尝试、应变、发现、创新"等术语来描写的学习行为；利用式学习是指那些可以用"提炼、筛选、生产、效率、选择、实施、执行"等术语来描写的学习行为（March，1991；Levinthal 和 March，1993）。前者可表现为追求新的知识，后者可表现为利用和开发已经知道的知识（Levinthal 和 March，1993）。失败学习作为一种组织学习的表现形式，越来越受到学者们的关注（Cannon 和 Edmondson，2005；于晓宇和蔡莉，2013；Carmeli，2007）。胡洪浩和王重鸣（2011）认为失败学习是组织学习研究领域的一个全新研究主题；Carmeli（2007）指出失败学习行为是组织学习独特的、重要的组成部分。制造企业在进行失败学习的过程中，由于市场环境、发展战略、组织学习能力等方面的不同，所采用的失败学习模式也不一样。当面临服务创新失败时，发展成熟的制造企业想要继续获得市场的独特优势，只有通过学习失败经验，提出创新策略；正处于发展中的制造企业，由于自身的失败经验较少，可以直接学习其他行业相关的失败经验，改善其服务创新能力。因此，本章认为对于失败学习模式的划分可以借鉴 March（1991）的思路，分为探索式和利用式。探索式失败学习是指组织在研究失败经验的基础上发现和创造新领域或者新技术，其本质是以失败经验为基础，强调对新知识的获取和试验；利用式失败学习是指组织在吸取失败经验的基础上提高和拓展已有的能力或者范式，其本质是以失败经验为依托，强调对现有知识的提炼和改进。

刘军和王雁（2007）、赵谊致和李玮婷（2011）将物流服务创新分为三种类型（新市场的破坏性创新、低端的破坏性创新和持续性创新）和六种表现形式（重大创新、创始业务、新产品、产品线的扩展、产品改进和形式的改变）。本章援引此观点，基于制造企业的物流服务对其进行解释：①新市场的破坏性创新，是制造企业发展重大新型物流服务的最佳路径，能给企业带来革命性的影响。比如，电子商务的出现，信息技术为企业带来逆向物流的发展。②低端的破坏性创新，指制造企业通过某种创新行为能够提供更方便、更快捷、更廉价的物流服务新模式。比如，制造企业代收运输费用的服务。③持续性创新，即制造企业对物流服务的扩展、改进、改变。比如，针对目前的物流运输路线，增加新的配送方式或者采用新的运输模式配送现有货物。

11.2.2 失败学习与物流服务创新

失败学习对物流服务创新有着重要的促进作用。于晓宇等（2012）对中国177家高科技新创企业的研究表明，失败学习行为可以激发企业更多的创新活动，提升创新绩效。由于物流服务创新是一种独特的创新行为（刘军和王雁 2007），因此，制造企业可以通过失败学习模式，为客户提供更有价值的物流延伸服务、物流一体化服务、物流增值服务和物流特色服务，帮助企业获得持久性竞争优势（Chapman 等，2003）。胡洪浩和王重鸣（2011）指出组织内部失败学习、组织间失败学习和组织外部失败学习的不同研究范式，关注重点不一样。基于这样的考虑，本章对探索式失败学习的研究是基于物流服务创新中的破坏性创新的理论，对利用式失败学习的研究是基于物流服务创新中的持续性创新理论。

1. 探索式失败学习与物流服务创新

制造企业在发展物流服务或者运行物流服务过程中出现市场环境不稳、技术创新受阻、战略管理挫败等问题时，通过探索式失败学习，主动搜索组织内部或组织外部的相关失败经验，积累失败知识，总结失败原因，主观能动性的创建解决方法，防止企业走弯路。具体而言，制造企业可以通过探索式失败学习研究失败经验，在失败经验的基础上设计新的物流规划、寻求新的物流技术、开辟新的物流运输线路、发现新的物流分销渠道，以新产品、新业务、新技术等方式实现物流服务创新。Benner 和 Tushman（2003）认为探索式学习的过程蕴涵着突破性创新，还有一些学者认为探索式学习可以实现突破性创新（Popadiuka 和 Choo，2006），其意图是寻求新的可能性，强调在对现有的相关知识的探索发现，力求脱离和超越企业现有的知识基础（March，1991；Levinthal 和 March，1993）。同样，探索式失败学习能帮助制造企业搜索失败经验，寻求新物流服务的可能性，给企业带来大幅度的、激进的创新机会，实现企业物流服务方面的突破性创新。因此，制造企业必须通过探索式失败学习来提升实现物流服务中的两种突破性创新的能力，才能促进新物流服务的产生，进而促进企业服务创新绩效。

H11.1a：探索式失败学习能够促进制造企业物流服务创新中的新市场的破坏性创新。

H11.1b：探索式失败学习能够促进制造企业物流服务创新中的低端的破坏性创新。

2. 利用式失败学习与物流服务创新

制造企业在遇到困难时，通过利用式失败学习，分析以往失败过程的成因，把握失败发生的机理,积累解决失败的经验,避免企业再次失败,从而保持可持续竞争优势。具体而言,制造企业可以通过利用式失败学习改进现有的物流规划设计、拓展现有的物流知识和技术、扩张和丰富现有的物流运输线路、提高现有物流分销渠道的效率,为顾客提供更优质的物流服务,以产品线扩展、产品改进和形式改变等方式实现物流服务创新。Popadiuka 和 Choo(2006)认为利用式学习可以实现持续性创新,其意图是对现状进行改进,强调对现有经验的相关知识的开发利用,忽略对全新知识的探索(March,1991;Levinthal 和 March,1993;Benner 和 Tushman,2003)。同样,利用式失败学习帮助制造企业利用失败经验,精炼已有的物流服务相关知识,为企业创造稳定、持续的创新机会,从而增强制造企业的物流服务。因此,制造企业为了更好地发展物流服务的持续性创新,会选择利用式失败学习方式。

H11.2:利用式失败学习能够促进制造企业物流服务创新中的持续性创新。

基于以上假设,本章构建了失败学习对制造企业物流服务创新影响的理论模型,如图 11.1 所示。

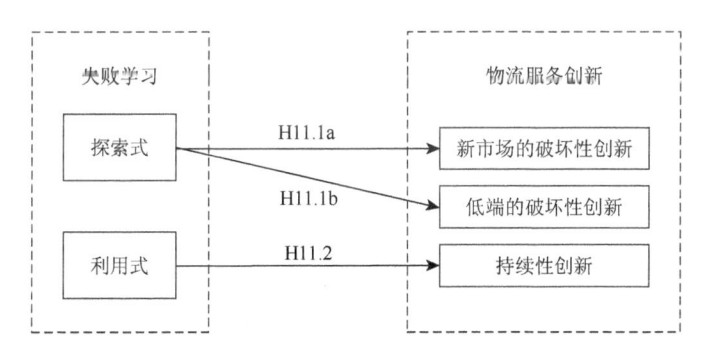

图 11.1 失败学习对制造企业物流服务创新影响的理论框架

11.3 研 究 设 计

11.3.1 研究方法

本章采用案例研究方法。Eisenhardt(1989)认为,案例研究是对管理实践中涌现的现象和问题经剖析后进行理论构建的有效方法,更适合回答"如何"和"为什么"的问题。为了从重复归纳的过程中得出共性结论,特别地,本研究采用了多案例研究方法。多案例研究方法结论比单案例设计更加有力,同时,多个案例有助于辨别出各个影响结果的共性和差异(Eisenhardt,1989),能够使分析具有更好的普遍性(Yin,1994)。本章的研究问题需要分析不同的失败学习模式对制造企业物流服务创新的影响,所以多案例方法更为合适。

11.3.2 数据来源

在多案例研究中案例研究对象的个数一般为 3~4 个（Yin, 1994）。本章根据失败学习的不同模式,特地选择了 4 家不同行业的企业代表进行多案例研究（三星电子、联想集团、海尔集团和上海通用汽车有限公司）。为了案例企业的典型性和普遍性,选择对象限定在制造企业,且包含国内企业和国外企业,企业均在失败学习方式和物流服务创新方面有成功的实践（见表 11.1）。

表 11.1 案例研究企业

案例企业	公司名称	成立时间	所属行业	行业排名
案例 1	三星电子	1983	电子工业	韩国规模最大的电子产品生产企业,世界最大的 IT 企业
案例 2	联想集团	1984	个人电脑	中国最大计算机制造商,2013 年销售量升居世界第一,成为全球最大的 PC 生产厂商
案例 3	海尔集团	1984	家电制造	中国最大家电制造企业,2013 全球家家电市场份额第一
案例 4	上海通用汽车有限公司	1997	汽车制造	中美合资公司,中国汽车工业的重要领军企业,2013 年全国销量第一

为了提高理论的效度,作者采用多种数据收集方法,包括实地调研、访谈和文本资料收集。从 2014 年 3 月起,开始对这几家企业进行调研和访谈,一直延续到 2014 年 8 月。其中,3 月~6 月对联想集团和海尔集团进行实地考察,分别对联想集团某分公司市场部经理和海尔集团某分公司物流运营部负责人进行了访谈,收集了企业的内部资料。7 月~8 月,采取多种路径和形式（如相关文献、企业网站、新闻影像资料等）进行 4 家企业的文本资料收集,最后,对获取的资料进行整理,反复观察和分析,以保证研究的信度。

11.4 案 例 发 现

11.4.1 案例企业的失败学习

根据失败学习模式的分类标准,本章对 4 家案例企业的失败学习过程进行了归纳（见表 11.2）:①每个案例企业有 3 个失败学习事件,一共 12 个,对每个事件进行字母编号,用 A-L 英文字母表示;②按照字母编号,总结出企业的失败学习过程；③根据失败学习过程归纳出每个失败学习事件是属于利用式还是探索式。

表 11.2 案例企业的失败学习

案例企业	事件	失败学习过程	失败学习方式
三星电子	A	2003年，因无法及时供货导致三星损失惨重。于是，三星吸取供应链失败经验，改进原来的物流管理旧模式，采用"三星模式"进行新型物流管理	利用式
	B	2009年的金融危机，导致电子市场的发展停滞。三星总结行业失败原因，寻求全新的供应链形式，与百思买合作，引入CPFR（协同补货）模式	探索式
	C	2013年，三星的售后服务日益凸显。三星回顾问题所在，与波兰Integer.pl集团合作，开展"三星硬件保修物流服务"，丰富了传统的售后渠道	利用式
联想集团	D	2004年，联想并购IBM，出现严重的供应链问题。联想分析国外市场的失败原因，学习戴尔的零库存敏捷供应链模式，整合物流资源，完善其原有的供应链形式，打造一条适应其发展的"全球黄金供应链"	利用式
	E	2011年，乐Phone和乐Pad陷入"信号门"、"设计门"风波。联想由此反思，利用云端技术，改变原有的供应链旧模式，建立一种透明全球供应链	利用式
	F	2012年，联想身陷一体机"召回门"危机，其供应链管控遭强烈质疑。联想分析失败经验，探索新的供应链管理模式，引进POF考核体（完美客户订单交付）	探索式
海尔集团	G	2006年，由于渠道争夺问题导致许多家电厂商市场份额严重下滑。海尔分析行业失败经验，脱离陈旧的物流管理方式，与苏宁电器共同开创一种现代供应链管理全新模式——ECR（高效消费者响应）	探索式
	H	2009年，海尔在国际金融危机的冲击下，出现出口困难等问题。海尔搜索失败原因，提出创新服务体系，开辟新的物流服务方式，建立"三网一体"	探索式
	I	2011的金融危机导致全球供应链竞争强烈。海尔学习2009年的失败经验，开辟新的物流服务领域，与中信银行打造B2B新模式——供应链金融	探索式
上海通用汽车有限公司	J	2005年，上海通用吸取长安汽车公司的信任危机（新奥拓车被诉苯超标致人死亡），探索汽车市场的全新领域，注重绿色环保，提出独特的绿色供应链	探索式
	K	2007年，中国汽车市场发生自主危机，销售市场低迷。上海通用为了保住年度销售冠军的地位，分析行业的失败经验，设计新的物流发展规划，随后率先在行业内启动"绿动未来"战略	探索式
	L	2009年，美国通用宣布破产。上海通用总结美国通用失败经验，全面意识到绿色产品的优异性，扎实推进2011-2015"绿动未来"全方位战略发展规划，进一步完善绿色物流体系	利用式

本章对4家案例企业的失败学习模式进行分类的依据为：①失败学习过程。企业在进行失败学习时，搜索相关失败经验，吸取有利的要素，抛弃旧的服务模式、技术等，创造全新的解决方案和战略计划，这就属于探索式失败学习；直接采用已有的或类似的失败经验，改进和提升原有的服务水平、技术等，这就是利用式失败学习。②失败学习结果。通过失败经验学习，企业能够得到一种大幅度的、突破性的创新发展，这种情况就属于探索式失败学习；如果能够获得一种平稳的渐进性的创新发展，这就属于利用式失败学习。

11.4.2 案例企业的物流服务创新

本研究把案例企业的物流服务创新归类为表 11.3：①按照案例企业的事件编号总结出相应的物流服务创新内容；②通过物流服务创新的内容来确定物流服务创新类型。

表 11.3 案例企业的物流服务创新

案例企业	事件	物流服务创新内容	物流服务创新类型
三星电子	A	"三星模式"是一种供应链管理能力。三星自建工业园，聚集全球供应商，与跨国物流公司 rugel 合作，运用先进信息系统 CSMS（中央物流管理系统），增加了物流服务的运输路线，增强了物流服务的监管与整合	持续性创新
	B	CPFR 模式能帮助三星与百思买之间的信息传递，提高了供应商的作业效率和消费者满意度。这是国内首次引入 CPFR 模式，可以为企业带来更优质的供应链管理	新市场的破坏性创新
	C	"三星硬件保修物流服务"的实施，让三星用户通过 Integer.pl 公司的 InPost 包裹终端机进行物品存放、邮递或者是退还给零售商、制造商。缩短了电子产品维保时间，增添了新的配送方式	持续性创新
联想集团	D	"全球黄金供应链"改变了联想复杂的物流流程、整合了离散的物流资源、建立了一体化的信息系统，节省了交易成本和物流成本	持续性创新
	E	云端供应链可以帮助联想对产品流程与运营进行实时的整合，达到无缝信息分享，全程监视从订单到收款、采购到支付等物流服务流程	持续性创新
	F	POF 考核体可以帮助联想通过客户体验，观察供应链环节的订单交付情况，为客户提供个性化的附加服务，这是首次在全球 PC 行业内针对供应链引进 POF	新市场的破坏性创新
海尔集团	G	ECR 模式能使制造与零售以业务伙伴方式合作，提高供应链效率，降低运作成本、库存储备，确保消费者能及时获得所需商品，这是 ECR 第一次运用到家电行业	新市场的破坏性创新
	H	海尔建立的"三网一体"（"销售到村"的营销网、"送货到门"的物流网、"服务到户"的服务网），将市场开发、产品研发、供应链形成一个从用户需求到用户满足的一体化流程，实现即需即送的物流服务新型方式	低端的破坏性创新
	I	供应链金融是一种全新的物流服务模式，可以将海尔的供应链网络与中信银行的金融业务紧密结合，搭建供应链网络融资平台，为供应链上下游企业提供便捷的融资和支付服务	低端的破坏性创新
上海通用汽车有限公司	J	首次在中国倡导汽车绿色供应链，绿色供应链是指在整个汽车产业中，从生产到销售充分考虑环境资源因素，以绿色环保的方式为顾客进行服务创新	新市场的破坏性创新
	K	"绿动未来"战略包括"绿色供应链"、"绿色供应商"、"绿色服务链"等物流服务创新模式。健康、环保的供应链服务为供应商和客户带来新的体验，创造新的物流服务价值	低端的破坏性创新
	L	实施"绿动未来"全方位战略：2011-2015"绿动未来"全方位战略，进一步拓展绿色供应商数量，全面实现"绿色销售服务店"的建设，完成绿色物流服务创新	持续性创新

本章对 4 家案例企业的物流服务创新类型的分类标准是依据其内容而定的。首先，企业首次在行业内推行的物流服务创新模式，以及创新结果在行业里产生重大的影响，都是新市场的破坏性创新；其次，企业针对物流活动开展一种全新的物流服务方式或者为客户带来更简易、更敏捷的物流服务，这种方式属于低端的破坏性创新；最后，如果企业只是通过对物流活动环节的改善，如缩短物流时间，增加存储仓库的数量，运输方式由海运改为航运等，这就属于持续性创新。

11.5　案 例 讨 论

为了考察失败学习对物流服务创新的影响，本章把案例制造企业的失败学习对物流服务创新的影响结果整理为表 11.4。

表 11.4　案例企业的失败学习与物流服务创新的影响机制研究

案例企业	失败学习模式	事件	新市场的破坏性创新	低端的破坏性创新	持续性创新
三星电子	利用式	A			√
	探索式	B	√		
	利用式	C			√
联想集团	利用式	D			√
	利用式	E			√
	探索式	F	√		
海尔集团	探索式	G	√		
	探索式	H		√	
	探索式	I		√	
上海通用汽车有限公司	探索式	J	√		
	探索式	K		√	
	利用式	L			√

注：√表示案例公司的某个失败学习过程中的不同方式对相应的物流服务创新产生影响

三星电子作为世界最大的电子产品制造企业，产品种类繁多，在物流管理模式出现失败时，重点放在如何解决问题，采取利用式失败学习改进原来的物流管理旧模式，实现持续性创新；当整个电子行业出现发展困难时，各大电子行业在物流服务上都出现失败问题，三星只有探索出物流服务创新模式，才能实现企业的核心竞争力，于是采用探索式失败学习，促进了其新市场的破坏性创新；三星售后服务出现失败时，其他行业的相关失败经验丰富，三星可以直接借鉴解决问题的办法，因此，三星使用利用式失败学习，增添了新的物流服务方式，取得持续性创新。

联想集团收购 IBM 后，拥有大量的国内外失败经验，而相同行业的物流服务发展比较成熟，给联想提供了较多的学习借鉴机会，减少了跨组织创新的风险，因此，联想两次面临供应链失败问题时，均采用利用式失败学习，提升其物流服务能力，实现持续性创新；当供应链再次出现质疑时，联想必须探索出差异化的物流服务战略才能在激烈的竞争市场中获得优势地位，于是选择用探索式失败学习实现其新市场的破坏性创新。

海尔集团作为一个极度鼓励改革发展的大型家电企业，创新意识十分强烈，不管是在发展迅猛阶段还是在遇到困难危机的时候，都是尽可能地实现物流服务上的重大创新。其自营物流已经是家电制造企业的典型物流服务模式，丰富的物流资源、强大的物流服务能力，促使海尔有足够的实力采取探索式失败学习，进行突破性的物流服务创新。因此，海尔在面临失败问题时，全部采用探索式失败学习，促进其物流服务创新中的不同破坏性创新。

上海通用汽车有限公司在发展服务创新战略时，正处于汽车行业由生产到服务的转型时期，其物流服务创新处于缓慢的摸索阶段，失败经验较少，难以直接利用相关经验，所以上海通用两次面临发展问题时，均采取探索式失败学习，开辟了绿色物流服务新领域，推行了绿色物流服务创新模式，促进了物流服务中的两种突破性创新；为了脱离美国通用破产的阴影，上海通用改用利用式失败学习，提升物流服务创新能力，巩固其绿色物流在市场中的优势地位，促进了物流服务的持续性创新。

研究发现，不同的失败学习模式影响不同的制造企业物流服务创新的类型。制造企业若想发展物流服务创新中的两种破坏性创新，更适合选择探索式失败学习。企业若想促进其物流服务创新中的持续性创新，更适合选择利用式失败学习。需要注意的是，破坏性创新有随时失败的危险，企业需要承担一定的试验成本。持续性创新是一种渐进性创新，企业难以对全新领域进行探索。

综合上述对 4 个案例的分析，每个案例对假设及总体研究支持的结果汇总如表 11.5 所示。

表 11.5 案例研究对假设的支持情况汇总表

假设	内容	案例企业支持事件	总体研究
H11.1a	探索式失败学习能够促进制造企业物流服务创新中的新市场的破坏性创新	B F G J	支持
H11.1b	探索式失败学习能够促进造企业物流服务创新中的低端的破坏性创新	H I K	支持
H11.2	利用式失败学习能够促进制造企业物流服务创新中的持续性创新	A C D E L	支持

11.6 本章小结

本章把失败学习纳入制造企业关于物流服务创新组织学习的研究范围，通过多案例研究，以三星电子、联想集团、海尔集团和上海通用汽车有限公司为研究对象，探讨了制造企业失败学习对物流服务创新的影响，对制造企业进行物流服务创新具有重要意义。

具体而言，本章研究的主要结论是：失败学习不同模式对制造企业物流服务创新的影响不同。探索式失败学习是在失败经验的基础上追求新的知识，有利于制造企业物流服务的破坏性创新；利用式失败学习是在失败经验的基础上使用已有的知识，有利于制造企业物流服务的持续性创新。制造企业开展物流服务创新，可以根据自身的发展战略选择不同的失败学习方式。

本章的研究结论与国内学者于晓宇和蔡莉（2013）的失败学习行为可以促进创新活动的观点是一致的，同时支持了国外学者Popadiuka和Choo（2006）的探索式学习和利用式学习分别是实现突破性创新与实现持续性创新的关键途径之一的观点。基于March（1991）的组织学习划分标准，本研究把失败学习划分为两种模式：探索式失败学习和利用式失败学习。本章借鉴March（1991）以及Levinthal和March（1993）的"探索式创新""利用式创新"理论机制，认为只采用探索式失败学习会让组织承担较高的试验成本，而只采用利用式失败学习会阻碍组织对新知识、新领域的探索。因此，制造企业实施物流服务创新，不应该单一地采用探索式失败学习或利用式失败学习，必须进行充分的利用式失败学习，提升和拓展现有的物流服务模式，又要有足够的资源进行探索式失败学习来确保企业的创新能力。所以，制造企业需要考虑探索式失败学习和利用式失败学习的平衡选择。

本研究尽管对失败学习与制造企业物流服务创新的影响进行了研究，但是只是针对利用式失败学习和探索式失败学习的单个要素进行分析，并没有进一步深刻讨论两者的协同作用。同时需要说明的是，虽然本章使用了多案例研究方法，与单案例方法相比更具有说服力（Yin，1994），但案例研究方法仍然限制了理论解释一般化问题的能力，未来可以考虑采用实证研究和动态仿真等方式来进一步检验本研究的结论。

12 失败学习影响下制造企业物流服务创新模式选择研究

12.1 背　　景

随着制造业服务化的不断增强，物流服务在产品价值链中所占比重越来越高（姜铸和李宁，2015），逐渐成为制造企业在激烈竞争中取胜的重要手段。物流服务创新是指一切与物流服务相关或针对物流服务的创新行为与活动（徐琪，2008），为满足客户需求，应用各种新思想、新技术来改善和变革现有的物流服务产品和流程，创新管理理念和方法，创新服务内容，提升服务质量，扩大服务范围，更新服务模式，增加新的服务项目，在为客户创造价值的同时，提高企业绩效（刘丹，2014），帮助企业建立竞争优势（Richey 等，2005）。因此，制造企业通过物流服务创新活动进行结构调整和产业升级，是企业获取新的差异化、可持续竞争优势的有效途径与方法。

制造企业在开展物流服务创新过程中，出现市场环境不稳、技术创新受阻、战略管理挫败等问题，很多企业开始采用失败学习来推进物流服务创新，进行相关的失败认定、失败分析和失败处理（Cannon 和 Edmondson，2005），即搜索组织内部或组织外部的相关失败经验，分析失败过程的成因，把握失败发生的机理，积累失败知识，创建解决方案，防止企业重复失败。具体而言，制造企业通过失败学习研究失败经验，在失败经验的基础上设计新的物流规划、寻求新的物流技术、开辟新的物流运输线路、发现新的物流分销渠道，以新产品、新业务、新技术等方式实现物流服务创新。

失败学习是组织对内部和外部的失败经验进行反思，通过调整行为方式，降低未来遭遇类似失败的概率，从而提升组织绩效的过程（胡洪浩和王重鸣，2011）。Mitroff 和 Alpaslan（2003）发现，失败学习和危机准备可以减少组织遭遇危机的概率，即便遭遇危机也能尽快恢复，与只重视成本、缺乏失败学习、无视危机存在的企业相比，可以获得更多盈利。关于失败学习的创新绩效影响方面，Carmeli 和 Schaubroeck（2008）发现失败学习可以提高组织对当前和未来的危机准备，危机准备越高，组织绩效越好；于晓宇和蔡莉（2013）对中国 177 家高科技新创企业的研究表明，失败学习行为可以激发企业更多的创新活动，提升创新绩效，可见，失败学习对企业的创新活动有正向影响（于晓宇等，2012），制造企业进行物流服务创新时，可以通过失败学习行为增强其服务创新能力，避免重复失败的损失（胡洪浩和王重鸣，2011），最终提升创新收益（于晓宇和蔡莉，2013）。在动态复杂环境下，在位制造企业和潜在进入企业进行物流服务创新时，由于市场进入先后顺序不同，其拥有的市场优势和竞争地位也不一样，企业应该选择对其有帮助的物流服务创新模式，因此，弄清在位制造企业和潜在进入企业如何正确选择物流服务创新模式，具有十分重要的现实意义（许晓明和宋琳，2008）。

国内关于物流服务创新过程中失败学习的研究较少。虽然现实情况中有很多不同领域的企业已经在应用失败学习（杜维等，2015；Haunschild 和 Sullivan，2002；Tucker 和 Edmondson，2003；Kim 和 Miner，2007），但是针对制造企业物流服务创新领域，学术界对该问题的关注仍然不多，制造企业有哪些物流服务创新模式，在位企业和潜在进入企业的物流服务创新模式选择有何不同，失败学习是否在物流服务创新模式选择过程中发挥作用等问题还有待阐释。基于此，本章采用信号博弈模型，研究在位制造企业和潜在进入企业的物流服务创新模式选择，探讨失败学习对制造企业进行物流服务创新模式选择的影响，并由此确定制造企业进行物流服务创新时的最佳策略，为制造企业有针对性地制订物流服务创新战略提出一些可供借鉴的思路，也为我国制造企业顺利实施物流服务创新提供帮助。

12.2 博弈模型

12.2.1 模型假设

1. 物流服务创新模式

服务创新模式是指，企业在开展服务创新时可供选择的基本框架和思路（魏江和胡胜蓉，2007）。同理，本章从创新幅度与创新分类角度出发，借鉴 Christensen（1998）对创新的分类以及刘军和王雁（2007）、赵道致和李玮婷（2011）对物流服务创新分类研究，认为制造企业物流服务创新的一般模式可以分为破坏性创新和持续性创新：①破坏性物流服务创新，即制造企业通过物流服务的创新行为提供更方便、更快捷、更廉价的全新服务模式，以新产品、新业务、新技术等方式实现物流服务创新，能给企业带来全新领域的发展及革命性的影响。比如，电子商务的出现，信息技术为企业带来逆向物流的发展。②持续性物流服务创新，即制造企业对物流服务的扩展、改进、改变，以产品线扩展、产品改进和形式改变等方式实现物流服务创新，是企业维持竞争优势的手段，不会进入全新的市场领域。比如，针对目前的物流运输路线，增加新的配送方式或者采用新的运输模式配送现有货物。

许晓明和宋琳（2008）认为在位企业可以通过持续性创新战略或破坏性创新战略，巩固企业相对稳定的市场生存空间，发展其在市场的独特优势地位；潜在进入企业为了在新市场得以生存，必须通过实施破坏性创新来赢得市场缝隙。本章援引此观点，认为在位的制造企业可以通过失败学习进行破坏性物流服务创新或是持续性物流服务创新来取得市场竞争优势，潜在进入企业由于想进入新事业，只有通过破坏性物流服务创新进入市场，如图12.1所示。

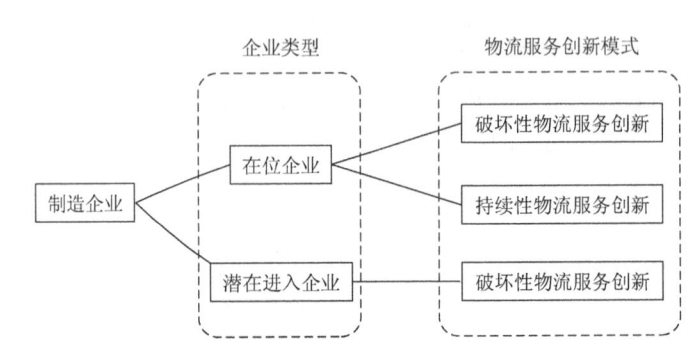

图 12.1　制造企业物流服务创新模式选择模型

2. 失败学习影响下的制造企业物流服务创新

对于制造企业而言，物流服务创新是企业必经的从"生产型制造"向"服务型制造"的转型发展道路，由于转变过程的不确定性，所以在转型过程中开展物流服务创新极有可能遇到各种失败问题，促使企业陷入危机。失败的经验能激励企业搜寻解决问题的新方法，挑战旧观念并实现创新（Sitkin，1992）。Haunschild 和 Sullivan（2002）指出航空公司的管理层、飞行员和空中管理人员可以从已经发生的航空事故和意外中学习相关经验，利于做好危机准备，减少危机产生概率；Tucker 和 Edmondson（2003）研究了医生和护士从医疗失误中学习的环境影响因素后提出，创造使人们放心地讨论失误，而不担心会受到惩罚的环境是进行深层失败学习最重要的方式；Kim 和 Miner（2007）以银行业为背景研究了组织是否能从失败征兆和失败中学习，认为失败经验的类型对学习的影响程度会随着行业改变。可见，许多不同领域的企业已经接受失败性经验，并且正积极开展失败学习。Sitkin（1992）、Carmeli 和 Schaubroeck（2008）、于晓宇和蔡莉（2013）等研究关注了失败学习对企业的创新活动的积极影响作用，由于物流服务创新是一种独特的创新行为（Aurich 等，2006），因此，失败学习促进制造企业积极开展物流服务创新，获取创新绩效。

制造企业物流服务创新模式选择问题中，企业主动采取失败学习来降低物流服务过程中的事故发生率，并将失败学习成果转化为现实收益（胡洪浩和王重鸣，

2011），提升企业的组织创新绩效（Carmeli 和 Schaubroeck，2008）。本章假定物流服务创新与失败学习同时进行，用失败学习收益能力系数和物流服务创新成本表示制造企业的物流服务创新收益，用失败学习投入成本表示不同能力的制造企业在失败学习活动方面的差异，同理，用物流服务创新成本、风险来表示破坏性物流服务创新与持续性物流服务创新的区别，基于上述分析，本章进一步假设。

（1）博弈的参与人为制造企业：A（在位者）和 B（潜在进入者）。博弈双方都是"理性经纪人"，追求自身利益最大化，且都是风险中性者。在位者追求的目标是在已知市场领域的背景下组织利润最大化；潜在进入者追求的目标是在未知市场领域的背景下组织效益最大化。

（2）制造企业有两种类型：一类是失败学习能力高的，用 θ_1 表示，另一类是失败学习能力低的，用 θ_2 表示，企业知道自己的失败学习能力属于高还是低。

（3）在位制造企业是失败学习行为信号的发送者，用 A 表示。在位制造企业根据自身失败学习能力、经济实力和战略发展要求等选择物流服务创新模式。在位企业发出信号 X_1 代表企业进行破坏性物流服务创新，信号 X_0 则代表企业进行持续性物流服务创新，以此作为潜在进入企业区别高、低失败学习能力的在位企业的依据。不论在位企业的失败学习能力是高还是低，都可以选择进行物流服务创新，发出信号 X_1 或 X_0。进入企业知道在位企业的识别标准，以此作为自己的选择依据。

（4）潜在进入企业只有一种类型，用 B 表示。潜在进入企业的行为策略为进入物流服务创新市场或者不进入市场，分别用 Y、N 表示。潜在进入企业不知道在位企业失败学习能力的类型，只知道企业属于类型 θ 的概率为 $p(\theta)=\alpha$。当在位企业向潜在进入企业发出信号 X_i 时，在位企业会根据信号 X_i 的信息，运用贝叶斯法则对先验概率 $p(\theta)$ 进行修正，得到后验概率为 $p(\theta|X_i)=\alpha_i$。潜在进入企业根据其所得到的结果，判断集群内制造企业的类型，最后选择是否进行破坏性物流服务创新并进入市场。

（5）制造企业的失败学习能力不同，其失败学习效率也大有不同。由于失败学习能力是多方因素综合的结果，包括失败经验认知能力、失败知识获取能力、失败问题分析能力和审慎试验能力（Cannon 和 Edmondson，2005）等。当企业的失败学习能力较强时，各方面能力都较强，因此，学习投入成本相对较低，创新绩效相对较高。

本章假定失败学习能力高的企业，其失败学习收益能力和愿意付出的物流服务创新成本，相比能力低的企业更高，同时能够以较低的学习投入 I 和较短的时间获得创新收益，而失败学习能力低的企业将要花费更多的学习投入（$I+h$）和更长的时间才能获得预期成果。与持续性物流服务创新相比，进行破坏性物流服务创新的企业的收益能力更高，成本更多，风险更大。即 K_i（$i=1, 2$）或 K_i+L_i（$i=1, 2$），表示不同物流服务创新模式下的投入成本；物流服务创新收益与成本相关，π_i（$i=0$,

1，2，3）表示企业不同市场地位时的失败学习收益能力系数；$\pi_i(K_i)$（i=1，2）或 $\pi_i(K_i+L_i)$（i=1，2）表示不同市场地位的企业在不同失败学习能力下，进行破坏性物流服务创新或持续性物流服务创新的收益，且 $K_1>K_2$ 或 $K_1+L_1>K_2+L_2$，$\pi_0>\pi_1>\pi_2>\pi_3$。s 是竞争对手垄断市场后给潜在进入进企业带来的进入市场的阻力，只有在位企业进行破坏性物流服务创新的情况下才会产生 s。d 是潜在进入企业不进入市场，即不进行失败学习时产生的损失，因为企业不进行失败学习时会产生负面情绪，会降低其进入市场的新商机（于晓宇等，2012）。F_i（i=1，2）表示企业进行不同物流服务创新模式时的风险，$F_1>F_2$。具体相关参数的设置，如表 12.1 所示。

表 12.1 博弈有关参数

参数符号	含义
I	企业失败学习能力高时的失败学习成本
（$I+h$）	企业失败学习能力低时的失败学习成本
K	企业进行持续性物流服务创新的投入成本
$K+L$	企业进行破坏性物流服务创新的投入成本
K_1	企业失败学习能力高时进行持续性物流服务创新的投入成本
K_1+L_1	企业失败学习能力高时进行破坏性物流服务创新的投入成本
K_2	企业失败学习能力低时进行持续性物流服务创新的投入成本
K_2+L_2	企业失败学习能力低时进行破坏性物流服务创新的投入成本
π_0	在位企业破坏性物流服务创新成功，潜在进入企业不进入时，在位企业独享整个市场收益，此时的失败学习收益能力系数
π_1	在位企业持续性物流服务创新成功，潜在进入企业不进入时，在位企业仍独自享受市场收益，此时的失败学习收益能力系数
π_2	失败学习能力高的在位企业，破坏性物流服务创新或者持续性物流服务创新成功，潜在进入企业进行破坏性物流服务创新进入时，两个企业共享市场，此时的失败学习收益能力系数
π_3	失败学习能力低的在位企业，破坏性物流服务创新或者持续性物流服务创新成功，潜在进入企业进行破坏性物流服务创新进入时，两个企业共享市场，此时的失败学习收益能力系数
s	竞争对手垄断市场后给潜在进入进企业带来的进入市场的阻力
d	潜在进入企业不进入市场，即不进行失败学习，此时会产生重复失败的损失
F_1	企业进行破坏性物流服务创新时的风险
F_2	企业进行持续性物流服务创新时的风险

12.2.2 模型构建

基于上述分析，本章将制造企业进行物流服务创新模式选择抽象为这样一个博弈问题：在位企业试图通过失败学习行为降低物流服务创新成本，提升物流服务创新收益。失败学习能力的高低由各方面客观因素综合决定，在位企业根据自身的失败学习能力，决定其进行破坏性物流服务创新或持续性物流服务创新，同时潜在进入企业根据在位企业发出的信号，决定是否进行破坏性物流服务创新进入市场，分享收益。失败学习能力代表了企业失败学习成功的概率，由于物流服务创新活动存在不确定性（Cannon 和 Edmondson，2005），所以潜在进入企业能够观测到在位企业的物流服务创新策略，但不知道在位企业的失败学习能力，进而不能准确预测在位企业的失败学习创新结果，因此，本问题是一个不完美信息的动态博弈。

12.2.3 信号传递博弈的过程

根据假设条件，本章构建了制造企业物流服务创新博弈的阶段模型。

（1）"自然"（N）首先行动，选择在位企业（A）的失败学习能力类型，失败学习能力高的概率为 α，失败学习能力低的概率为（$1-\alpha$）。

（2）潜在进入企业（B）收到在位企业发出的信号 X_i（$i=0$，1），X_1 代表进行破坏性物流服务创新，X_0 代表进行持续性物流服务创新（但不知道在位者的类型），并运用贝叶斯法则对先验概率 $p(\theta)$ 进行修正，得到后验概率 $p(\theta|X_i)$。然后决定是否进行破坏性物流服创新，并进入市场。

（3）潜在进入企业和在位企业都是以效用函数最大化来进行决策，潜在进入企业对先验概率修正后，决定是否进行破坏性物流服务创新并进入市场，进入 Y 表示，不进入用 N 表示。无论是否进入，博弈双方各自获得一定的支付。

根据上述情况，可得到图 12.2 所示的完全但不完美信息动态博弈模型。

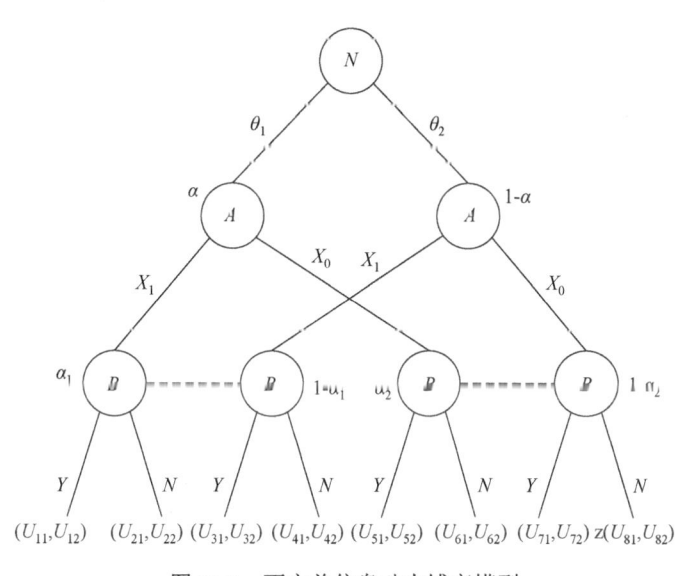

图 12.2　不完美信息动态博弈模型

图 12.2 中博弈双方的支付分别为

$(U_{11}, U_{12}) = \pi_2(K_1+L_1) - I - F_1, \pi_2(K+L) - I - F_1 - s$

$(U_{21}, U_{22}) = \pi_0(K_1+L_1) - I - F_1, -d$

$(U_{31}, U_{32}) = \pi_3(K_2+L_2) - (I+h) - F_1, \pi_3(K+L) - I - F_1 - s$

$(U_{41}, U_{42}) = \pi_0(K_2+L_2) - (I+h) - F_1, -d$

$(U_{51}, U_{52}) = \pi_2(K_1) - I - F_2, \pi_2(K+L) - I - F_1$

$(U_{61}, U_{62}) = \pi_1(K_1) - I - F_2, -d$

$(U_{71}, U_{72}) = \pi_3(K_2) - (I+h) - F_2, \pi_3(K+L) - I - F_1$

$(U_{81}, U_{82}) = \pi_1(K_2) - (I+h) - F_2, -d$

在失败学习能力高的情况下,在位企业进行破坏性物流服务创新,如果创新成功,潜在进入企业进行破坏性物流服务创新进入时,两个企业共享市场,此时市场收益分别为 $\pi_2(K_1+L_1) - I - F_1, \pi_2(K+L) - I - F_1 - s$;潜在进入企业不进入时,在位企业独享整个市场收益,其收益为 $\pi_0(K_1+L_1) - I - F_1$,且 $\pi_2(K_1+L_1) < \pi_0(K_1+L_1)$。若在位企业进行持续性物流服务创新,且潜在进入企业不进入时,企业 A 仍独享市场,其收益为 $\pi_1(K_1) - I - F_2$;如果潜在进入企业进入,则两个企业共享市场,其收益分别为 $\pi_2(K_1) - I - F_2, \pi_2(K+L) - I - F_1$ 且 $\pi_2(K_1+L_1) > \pi_1(K_1) > \pi_2(K_1)$。同理,在失败学习能力低的情况下,可知 $\pi_2(K_2+L_2) < \pi_0(K_2+L_2)$,且 $\pi_2(K_2+L_2) > \pi_1(K_2) > \pi_2(K_2)$。

12.3　信号传递博弈模型的求解

根据完全但不完美信息动态博弈的完美贝叶斯均衡的定义(于维生和朴正爱,2005),图 12.2 所示的动态博弈的均衡可以按以下方式分析求解。

(1) 求 B 博弈方推断依存的完美贝叶斯均衡策略。

首先给出 B 博弈方在两个多结信息集处的初始判断,分别用 α_1, $1-\alpha_1$, α_2, $1-\alpha_2$ 表示,如图 12.2 所示。

①对 B 博弈方,当看到信号 X_1,即 $X_i = X_1$ 时,需求解最大化问题:

$\max\{\alpha_1 U_{12} + (1-\alpha_1) U_{32}, \alpha_1 U_{22} + (1-\alpha_1) U_{42}\}$

$= \max\{\alpha_1 * [\pi_2(K+L) - I - F_1 - s] + (1-\alpha_1) * [\pi_3(K+L) - I - F_1 - s], -d\}$

由此可得

$$B(X_1) = \begin{cases} Y, & \text{当} 1 \geqslant \alpha_1 \geqslant \dfrac{d+I+F_1+S-\pi_3(K+L)}{\pi_2(K+L)-\pi_3(K+L)} \\ N, & \text{当} 0 \leqslant \alpha_1 \leqslant \dfrac{d+I+F_1+S-\pi_3(K+L)}{\pi_2(K+L)-\pi_3(K+L)} \end{cases}$$

(12.1)

(12.2)

②当看到信号 X_0，即 $X_i=X_0$ 时，需求解：

$\max\{\alpha_2 U_{52}+(1-\alpha_2)U_{72}, \alpha_2 U_{62}+(1-\alpha_2)U_{82}\}$
$=\max\{\alpha_2*[\pi_2(K_1+L_1)-I-F_2]+(1-\alpha_1)*[\pi_2(K_2+L_2)-I-F_2], -d\}$

可得

$$B(X_0)=\begin{cases} Y, & \text{当} 1 \geqslant \alpha_2 \geqslant \dfrac{d+I+F_1-\pi_3(K+L)}{\pi_3(K+L)-\pi_3(K+L)} & (12.3) \\ N, & \text{当} 0 \leqslant \alpha_2 \leqslant \dfrac{d+I+F_1-\pi_3(K+L)}{\pi_2(K+L)-\pi_3(K+L)} & (12.4) \end{cases}$$

因此，求得 B 博弈方推断依存的子博弈完美贝叶斯均衡策略有四个：满足条件（12.1）和（12.3）时，B 选择（Y, Y）策略；满足条件（12.1）和（12.4）时，B 选择（Y, N）策略；满足条件（12.2）和（12.3）时，B 选择（N, Y）策略；满足条件（12.2）和（12.4）时，B 选择（N, N）策略。

在制造企业集群中，根据在位企业和潜在进入企业的创新选择机理（杜维等，2015）、破坏性创新与持续性创新的现实情况（许晓明和宋琳，2008），最希望出现的是潜在进入企业 B 看到在位企业 A 进行破坏性物流服务创新时（即看到信号 X_1），认为其是具有较高的失败学习能力，进而选择不进行物流服务创新的策略进入市场（即选择 N）；看到在位企业进行持续性物流服务创新时（即看到信号 X_0），认为该在位企业是具有较低的失败学习能力，因此会选择破坏性物流服务创新进入市场（即选择 Y），即上述的第三种均衡策略。所以，在第（2）步本章仅讨论此种策略。

(2) 若 $\theta=\theta_1$，需求解：

$\max\{U_{21}, U_{51}\}$
$=\max\{\pi_0(K_1+L_1)-I-F_1, \pi_2(K_1)-I-F_2\}$

$$A(\theta_1)=\begin{cases} X_1, & \text{当} F_1 < \pi_0(K_1+L_1)-\pi_2(K_1)+F_2 & (12.5) \\ X_0, & \text{当} F_1 \geqslant \pi_0(K_1+L_1)-\pi_2(K_1)+F_2 & (12.6) \end{cases}$$

若 $\theta=\theta_2$，需求解：

$\max\{U_{41}, U_{71}\}$
$=\max\{\pi_0(K_2+L_2)-(I+h)-F_1, \pi_3(K_2)-(I+h)-F_2\}$

$$A(\theta_2)=\begin{cases} X_1, & \text{当} F_1 < \pi_0(K_2+L_2)-\pi_3(K_2)+F_2 & (12.7) \\ X_0, & \text{当} F_1 \geqslant \pi_0(K_2+L_2)-\pi_3(K_2)+F_2 & (12.8) \end{cases}$$

由 $\pi_0(K_1+L_1) > \pi_0(K_2+L_2)$ 且 $\pi_2(K_1) > \pi_3(K_2)$ 可得图 12.3。

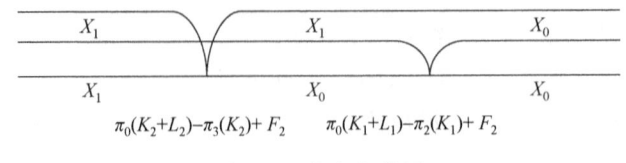

```
        X₁              X₁              X₀
────────────∪───────────────∪──────────────────
        X₁              X₀              X₀
   π₀(K₂+L₂)−π₃(K₂)+F₂   π₀(K₁+L₁)−π₂(K₁)+F₂
```

图 12.3　均衡条件图

由图 12.3 得：当满足条件（12.6）时，A 博弈方有混同策略（X_0，X_0）；当满足条件（12.7）时，A 博弈方有混同策略（X_1，X_1）；当满足条件（12.5）且满足条件（12.8）时，A 博弈方有分离策略（X_1，X_0）。

上述三种均衡中，混同均衡不能传递在位制造企业类型的有效信息，分离均衡可以区分出制造企业的不同类型，所以，只有第三种均衡对现实具有意义，即潜在进入企业 B 选择（N，Y）策略，且 $\pi_0(K_2+L_2) - \pi_3(K_2) + F_2 \leqslant F_1 < \pi_0(K_1+L_1) - \pi_2(K_1) + F_2$，在位制造企业 A 有分离策略（$X_1$，$X_0$），满足条件：

$$\partial_1 = 0 < \frac{d+I+F_1+S-\pi_3(K+L)}{\pi_2(K+L)-\pi_3(K+L)} \quad (12.9)$$

$$\alpha_2 = 1 \geqslant \frac{d+I+F_1-\pi_3(K+L)}{\pi_2(K+L)-\pi_3(K+L)} \quad (12.10)$$

由于 $\pi_2(K_1) < \pi_3(K_2)$，化简条件（12.9）可得

$$d+S+I+F_1-\pi_3(K+L) < 0$$

即

$$d < \pi_3(K+L) - F_1 - I - S \quad (12.11)$$

由条件（12.10）可得

$$[d+I+F_1-\pi_3(K+L)] - [\pi_2(K+L)-\pi_3(K+L)] \leqslant 0$$

即

$$d \leqslant \pi_2(K_1+L_1) - I - F_1 \quad (12.12)$$

所以，在满足条件（12.6），（12.7），（12.11），（12.12）时，有分离均衡 $A(\theta) = (X_1, X_0)$，$\alpha_1 = 0$，$\alpha_2 = 1$，$B(X) = (N, Y)$。

12.4　数　值　分　析

（1）由式（12.5），式（12.8）可推出

$$\pi_0(K_2+L_2) - \pi_3(K_2) + F_2 \leqslant F_1 < \pi_0(K_1+L_1) - \pi_2(K_1) + F \quad (12.13)$$

A 博弈方有分离策略（X_1，X_0）。观察不等式（12.13）可以发现，当 $\pi_0(K_1+L_1)$ 和 $\pi_0(K_2)$ 变大，$\pi_3(K_2)$ 和 $\pi_2(K_1)$ 变小时，不等式越容易成立；由式（12.11）、式（12.12）可发现，d 越小式（12.11）左边的值越大，S、F_1 和 I 越大，式（12.11）右边的值越小，这样不等式也越容易成立。具体而言，在位制造企业失败学习能力高时，提高在位企业破坏性物流服务创新独占市场的收益 $\pi_0(K_1+L_1)$，减小持续性物流服务创新独享市场的收益 $\pi_2(K_1)$；在位企业失败学习能力低时，减小在

位企业破坏性物流服务创新独占市场的收益 $\pi_0(K_2+L_2)$，提高持续性物流服务创新独享市场的收益 $\pi_3(K_2)$，且 d、S、F_2、I 足够大时，不等式越容易成立，不等式越容易成立意味着此时分离均衡出现的可能性越大。

现实情况是，当在位制造企业的失败学习能力较低时，不论选择何种物流服务创新模式，潜在进入企业都将采取破坏性物流服务创新策略，将在位企业挤出现有市场。因此，在位企业受到潜在进入者的威胁，其最优策略是选择持续性物流服务创新，与潜在进入企业形成寡头垄断，各自拥有自己的市场；潜在进入企业的最佳选择是使用破坏性物流服务创新立刻进入市场，寻找发展空间。相反，如果在位企业的失败学习能力较强，企业将选择破坏性物流服务创新作为最优行动策略，而潜在进入企业从自身利润最大化的角度考虑，只能选择不进入市场。此时形成了一个分离均衡：失败学习能力高的在位企业选择破坏性物流服务创新，失败学习能力低的在位企业选择持续性物流服务创新，只要在位企业选择持续性物流服务创新，则潜在进入企业选择进入市场。

（2）由于 $\pi_0(K_1+L_1)-\pi_2(K_1)+F_2>\pi_0(K_2+L_2)-\pi_3(K_2)+F_2$，由式（12.6）和式（12.7）可推出

当 $F_1 \geqslant \pi_0(K_1+L_1)-\pi_2(K_1)+F_2$ 时，A 博弈方有混同策略 (X_0, X_0)。

当 $F_1 < \pi_0(K_2+L_2)-\pi_3(K_2)+F_2$ 时，A 博弈方有混同策略 (X_1, X_1)。

在这两种均衡情况下，不能传递在位制造企业类型的有效信息。失败学习能力低的在位制造企业由于创新学习能力低，因此不会选择风险巨大的破坏性物流服务创新。但失败学习能力高的企业则会根据自身的发展情况，以一定的概率随机选择破坏性物流服务创新或持续性物流服务创新，同时潜在进入企业会根据对在位企业的状况分析，随机选择进入或者不进入现有市场，市场形成一个混同均衡。在位企业的失败学习能力越高，企业获取的物流服务创新收益越高，能有效阻止潜在进入企业进入市场，此时潜在进入者进入市场的可能性越小；但是，进入市场所能获得收益越高，潜在进入企业进入的意愿越强。

12.5 本章小结

本章应用信号传递博弈的方法，将制造企业分为在位企业和潜在进入企业，当在位制造企业进行物流服务创新模式选择后，潜在进入企业可以通过在位企业的选择信号来甄别企业失败学习创新收益能力的高低，从而对是否进入市场做出决策，体现了企业服务创新模式的选择过程。在一定程度上，解决了企业面对破坏性物流服务创新的高收益、高风险、高成本和持续性物流服务创新的低收益、低风险、低成本差异时的选择困扰。具体而言，本章研究的主要结论如下。

首先，制造企业应根据自身失败学习能力的高低，来选择合适的物流服务创

新模式。失败学习能力高时企业应积极发展破坏性物流服务创新，寻求新物流服务的可能性；失败学习能力低时企业应采取持续性物流服务创新来巩固企业稳定的市场生存空间。失败学习能力越高，越能减轻开展物流服务创新时面临的重复失败风险，减少完成创新战略的额外成本，继而减少总成本，促进企业物流服务创新的绩效，因此，企业越愿意选择风险系数高、试验成本高、但创新收益较高的破坏性物流服务创新，此时，在位企业通过大幅度地、激进地破坏性物流服务创新独占市场，则潜在进入企业进入市场的阻力太大，不会进入市场；同理，失败学习能力越低，企业越愿意选择风险系数低、试验成本低、但创新收益平稳的持续性物流服务创新，此时在位企业意指维持自己的市场地位，此时潜在进入企业进入市场的阻力小，机会空间大，会进行破坏性物流服务创新进入市场。

其次，提高物流服务创新独占市场的收益、降低物流服务创新的风险有利于制造企业的创新发展。提升企业破坏性物流服务创新独占市场的收益 π_0，使之与持续性物流服务创新独享市场的收益 π_1 差距尽可能大，可增加分离均衡出现的可能性；降低企业破坏性物流服务创新的风险 F_1，尽可能拉大与持续性物流服务创新风险 F_2 的差距，也可增加分离均衡出现的可能性。与持续性物流服务创新比较，破坏性物流服务创新的创新力度强，但不确定性高，缺乏市场经验，试验成本高，风险大，因此增加破坏性物流服务创新独占市场的收益、降低物流服务创新的风险可以直接促进企业的创新积极性，克服害怕失败的风险。如企业可以在产业网络环境下进行关于物流服务创新知识的跨组织搜索、学习和整合，增强企业实现破坏性物流服务创新的概率，扩大独占市场的收益，降低创新风险，提高企业的创新能力。

本章的研究结论支持了于晓宇等（2012）的失败学习行为对企业创新绩效有正向影响的观点。同时，本章借鉴 Carmeli 和 Schaubroeck（2008）的"失败学习创新绩效"理论机制，认为失败学习对制造企业物流服务创新的创新绩效有着积极的影响作用，不同的失败学习能力影响企业对物流服务创新模式的选择，采用破坏性物流服务创新会让组织承担较高的试验成本，一旦成功，会获得巨大的创新收益，而采用持续性物流服务创新会阻碍组织对新知识、新领域的探索。因此，制造企业进行物流服务创新模式选择时，应该根据自身企业自身的失败学习能力和竞争对手的创新策略选择合适的方式，促进企业的未来发展。

本章研究了不完全竞争市场中在位制造企业与潜在进入企业之间关于破坏性物流服务创新与持续性物流服务创新的模式选择博弈策略，分析制造企业在面临动态市场环境的情况下，如何相机抉择。由于本章假设企业的物流服务创新和失败学习同时进行，探究了失败学习能力对物流服务创新模式选择的影响，没有讨论失败学习对物流服务创新过程的具体影响机理，需要在未来研究中进一步展开。

13 失败学习与资源投入对物流服务创新模式选择影响的比较研究

13.1 背　　景

2014年国务院颁布的《物流业发展中长期规划（2014~2020年）》中明确指出，物流服务创新是提高物流服务质量的主要手段，提升物流服务水平需要通过创新服务内容、服务路径和服务模式实现。物流服务网络建设、物流服务体系规划、物流服务品牌建立、物流服务市场推广等物流服务创新活动得到了更多的重视。物流服务创新是指一切与物流服务相关或针对物流服务的创新行为与活动（Chapman 等，2003；赵道致和李玮婷，2011），可被理解为引进一种新产品、新技术，或者采取一种新方式、新应用等，主要强调实现服务的形式（徐琪，2008），能够降低企业成本、提升服务质量、提高组织绩效、帮助企业建立竞争优势（Richey等，2005），是企业在激烈竞争中取胜的重要举措（刘丹，2014），其重要性受到广大学者的认同和关注（Chapman 等，2003；赵道致和李玮婷，2011；Richey 等，2005）。

2015年，联想完成对IBM X86服务器业务收购。吸取2004并购IBM PC业务后出现的严重供应链问题，联想分析失败原因，利用联想系统集成（深圳）有限公司（LSTC）生产X86服务器产品，提出"端对端供应链整合"策略，启动"大胆地群策群力"改造项目，提升了物流服务质量，提高了物流服务效率，实现了物流服务创新。可见，在开展物流服务创新过程中，失败学习的推进作用不可忽视（杜维等，2015）。企业可以通过失败学习主动搜索组织内外部相关的物流服务创新失败经验，积累失败知识，总结失败原因，主观能动性地创建解决方法，为客户提供更有价值的物流延伸服务、物流一体化服务、物流增值服务和物流特色服务，帮助企业获得持久性竞争优势（Chapman 等，2003）。Mitroff 和 Alpaslan（2003）发现，从失败中学习，并为危机准备可以使组织遭遇更少危机，即便遭遇危机也可从危机中尽快恢复，与仅重视成本、缺乏失败学习并无视危机存在的企业相比，可以获得更多盈利。于晓宇和蔡莉（2013）认为失败学习行为可以激发企业更多的创新活动，提升创新绩效。因此，失败学习是实施物流服务创新时的重要影响因素，通过失败学习可以增强企业物流服务创新能力，促进物流活动的开展，避免重复失败的损失（胡洪浩和王重鸣，

2011），最终提升创新收益（Cannon 和 Edmondson，2005）。研究发现，资源投入也是物流服务创新的重要影响因素之一。刘丹（2013）认为资源投入水平对物流服务质量水平具有正向影响，物质资源投入和人力资源投入可以提高企业创新能力，进而推动物流服务创新。Mansury 和 Love（2008）指出时间、资金和人力这三项资源要素的投入，会直接影响物流服务的创新绩效。Richey 等（2005）在逆向物流的实证研究中，利用"资源优势"解释了物流服务创新的重要性，指出技术资源投入对创新的影响，利用各种技术和资源能快速响应客户需求，创新服务内容，增强逆向物流处理能力，提高物流运作服务质量，提升客户满意度。由此可见，资源投入可以提高企业的技术创新水平和管理创新水平，对物流服务创新有着积极的影响作用。

在资源和能力有限的条件下，企业需要对物流服务创新模式做出合理的选择，其模式选择方法受到多种因素的影响，深入分析这些因素的影响机理，对提升企业物流服务创新模式选择的合理性具有重要的理论与现实意义。本章认为失败学习与资源投入是企业实施物流服务创新时的重要影响因素，对二者进行研究，有助于探讨企业物流服务创新模式的选择过程。本章运用演化博弈模型，通过建立相关假设，分析失败学习、资源投入对突破性物流服务创新和持续性物流服务创新的选择收益，探讨物流服务创新模式选择的影响机理，在此基础上，进行数值分析验证，最后得出相关结论。

13.1.1　失败学习

失败学习就是组织对内、外部失败经验进行集体反思，通过调整行为方式来降低未来遭遇类似失败的概率以提升组织绩效的过程（胡洪浩和王重鸣，2011）。国内外学者普遍认为失败学习对企业创新绩效有正向影响（于晓宇和蔡莉，2013；胡洪浩和王重鸣，2011；Cannon 和 Edmondson，2005），Cannon 和 Edmondson（2005）指出失败学习可以从创新失败或者存在的问题中获取有价值的经验，降低组织失败的风险，提高组织可靠性，提升组织绩效；Carmeli 和 Schaubroeck（2008）发现失败学习可以提高组织对当前和未来的危机准备，危机准备越高，组织绩效越好；于晓宇和蔡莉（2013）构建了"技术信息获取—失败学习行为—企业创新绩效"的理论模型，对中国 177 家高科技新创企业进行实证研究，表明了失败学习对创新绩效具有促进作用；Madsen 和 Desai（2010）以火箭发射轨道产业为例，把组织学习分为成功学习和失败学习，探讨了两种学习形式的交互作用对组织绩效的影响，研究认为失败学习更有利于组织绩效的提升。物流服务创新是一种独特的创新行为（Aurich 等，2006），因此，失败学习对物流服务创新的创新绩效有着积极的影响作用。

13.1.2　物流服务创新的资源投入

在物流服务创新影响因素方面，资源投入受到广大学者的关注（Kandampully，2002；Hakansson 和 Persson，2004；Autry 和 Griffis，2008；Flint 等，2008；Wagner，2008）。Chapman 等（2003）、Kandampully（2002）、Hakansson 和 Persson（2004）认为知识在物流服务创新中非常重要，供应链知识的发展和物流创新之间存在着正相关的关系，知识管理是在企业内部和企业之间进行创新物流服务的关键。Hakansson 和 Persson（2004）、Chapman 等（2003）等提出关系网络可以导致物流服务创新，企业之间的横向或纵向联盟，可以帮助企业更好地协同工作、理解客户的潜在需求，以此获得企业无法得到的知识。Richey 等（2005）、Chapman 等（2003）、Wagner（2008）等强调技术资源在物流服务创新中的重要性，明确指出技术在企业克服时间、空间和沟通不便等问题方面扮演着非常重要的角色，应用新技术工具促使创新服务业务流程。Richey 等（2005）、Wagner（2008）等分析了不同资源投入对物流服务创新直接的积极影响关系，人力资源、技术资源、物质资源、金融资源、管理资源等有助于实施物流服务创新，是构成企业创新能力的决定性资源。

综上所述，失败学习和资源投入是物流服务创新模式选择中需要考虑的重要影响因素，现有文献对不同影响因素的影响差异缺乏探讨。因此，本章从失败学习和资源投入两大因素的影响机理入手，分析企业对物流服务创新模式的选择，能够丰富失败学习对创新活动有促进作用及物流服务创新影响因素方面的相关研究，有助于企业加强失败学习氛围的建立和合理配置资源投入。

13.2　物流服务创新模式选择的演化博弈

13.2.1　模型构建

对于物流服务创新模式，本章从创新幅度与创新分类角度出发，借鉴 Christensen（1998）对创新的分类以及赵道致和李玮婷（2011）对物流服务创新分类研究，认为物流服务创新的一般模式可以分为破坏性创新和持续性创新。基于企业的物流服务对其进行解释：①破坏性物流服务创新，即企业通过物流服务的创新行为提供更方便、更快捷、更廉价的全新服务模式，以新产品、新业务、新技术等方式实现物流服务创新，能给企业带来全新领域的发展及革命性的影响。②持续性物流服务创新，即企业对物流服务的扩展、改进、改变，以产品线扩展、产品改进和形式改变等方式实现物流服务创新，是企业维持竞争优势的手段，不会进入全新的市场领域。

相比持续性创新，突破性创新具有风险更高，投入更多，周期更长，潜在收益更大的特点（McDermott 和 O'Connor，2002）。学术界一般认为，突破性创新与持续性创新在性质上存在冲突，在同一家企业内同时开展两种模式的创新是十分困难的（McDermott 和 O'Connor，2002；Feller 等，2006）。就物流服务创新模式本身差异而言，只进行突破性物流服务创新会让企业承担较高的试验成本，而只进行持续性物流服务创新会阻碍组织对新知识、新领域的探索。因此，企业需要分析物流服务创新的影响因素，通过观察市场上其他企业的选择策略，结合自身的资源优势，选择适合其发展的物流服务创新模式。

13.2.2 模型假设

假定市场是由企业 1 和企业 2 两家企业构成的。模型分为两个部分：第一，企业开展失败学习进行物流服务创新；第二，企业分别通过提升失败学习效率，以及增加资源投入来促进物流服务创新。模型主要研究两种影响因素对物流服务创新模式选择的影响机理。

（1）博弈主体。博弈主体参与数为 2，即企业 1 和企业 2，代表集群企业中任意两个参与物流服务创新的企业，且满足有限理性的假设。

（2）策略选择。博弈双方进行物流服务创新模式选择的策略时，各自的策略集分别为 A{突破性物流服务创新，突破性物流服务创新} 和 B{持续性物流服务创新，持续性物流服务创新}。此时有四种情况：①当企业 1 和企业 2 同时进行突破性创新时，两个企业创新能力高，共享整个市场的创新收益；②当企业 1 进行突破性创新，而企业 2 进行持续性创新时，企业 1 的创新风险大，收益较高，企业 2 的风险小，收益稳定；③当企业 2 进行突破性创新，而企业 1 进行持续性创新时，此时与第二种情况一样；④当企业 1 和企业 2 同时进行持续性创新时，两家企业的市场地位没有改变，此时两家企业共同分享着稳定的市场收益。这种系统是通过自身的演化所形成的，企业 1 和企业 2 根据对方的策略选择，考虑在自身群体中的相对适应性来选择和调整各自的策略。具体相关参数的设置，如表 13.1 所示。

表 13.1 博弈有关参数

参数符号	含义
π_1	两个企业都进行突破性物流服务创新时，共享市场，此时的收益能力系数
π_2	两个企业都进行持续性物流服务创新时，共享市场，此时的收益能力系数
π_3	一个企业进行突破性物流服务创新，另一个企业进行持续性物流服务创新，此时进行突破性物流服务创新的企业的收益能力系数
π_4	一个企业进行突破性物流服务创新，另一个企业进行持续性物流服务创新，此时进行持续性物流服务创新的企业的收益能力系数

续表

参数符号	含义
K	企业进行持续性物流服务创新的投入成本
$K+L$	企业进行突破性物流服务创新的投入成本
I_A	企业进行突破性物流服务创新时的失败学习成本
I_B	企业进行持续性物流服务创新时的失败学习成本
F_A	企业进行突破性物流服务创新时的风险
F_B	企业进行持续性物流服务创新时的风险

（3）策略选择的比例。假设企业选择"突破性物流服务创新"策略的概率为 x（$0 \leqslant x \leqslant 1$），那么它选择"持续性物流服务创新"策略的概率为 $1-x$。

（4）约束条件。两个企业都选择突破性物流服务创新策略时，收益能力系数大于选择持续性物流服务创新策略的收益能力系数，即 $\pi_1 > \pi_2$；策略选择不同时，选择突破性物流服务创新的企业的收益能力系数大于选择持续性物流服务创新策略时的收益能力系数，即 $\pi_3 > \pi_4$，此时也小于两个企业选择相同策略的情况，即 $\pi_3 < \pi_1$，$\pi_3 < \pi_2$，同时，选择持续性物流服务创新的企业的收益能力系数小于两个企业都选择持续性物流服务创新策略时的收益能力系数，即 $\pi_4 < \pi_2$，由此得出，不同情况下的收益能力系数不同，即 $\pi_1 > \pi_2 > \pi_3 > \pi_4$。

（5）收益矩阵。结合前面的假设条件，用 U 表示博弈方的收益，由此分析得到博弈双方的收益矩阵，如表13.2所示。

表13.2 企业物流服务创新博弈参与者的期望收益矩阵

1 \ 2	企业2 突破性物流服务创新 x	企业2 持续性物流服务创新 $1-x$
企业1 突破性物流服务创新 x	$\pi_1(K+L)-I_A-F_A$, $\pi_1(K+L)-I_A-F_A$	$\pi_3(K+L)-I_A-F_A$, $\pi_4 K-I_B-F_B$
企业1 持续性物流服务创新 $1-x$	$\pi_4 K-I_B-F_B$, $\pi_3(K+L)-I_A-F_A$	$\pi_2 K-I_B-F_B$, $\pi_2 K-I_B-F_B$

13.3 失败学习对物流服务创新模式选择的影响

13.3.1 模型与假设

假定存在一个 s（$0 \leqslant s \leqslant 1$），$s$ 为失败学习效率，失败学习效率就是企业为进行失败学习行为而投入一定的时间、精力和资源等成本，通过对投入的失败学习成本的利用而获得正向收益的比率。s 越高，$1-s$ 就越小，企业的失败学习能力就越强，失败学习成本就越小，因此，企业的失败学习能力和失败学习成本可以由失败学习效率来体现，研究 s 对物流服务创新模式选择的影响机理，就是揭示失败学习的影响机理。通过以上分析，可以得到在失败学习影响下两家企业选择不同创新模式的得益（表 13.3）。

表 13.3 失败学习影响下两家企业选择不同创新模式的得益

1 \ 2	企业 2 突破性物流服务创新 x	企业 2 持续性物流服务创新 $1-x$
企业 1 突破性物流服务创新 x	$\pi_1(K+L)-(1-s)I_A-F_A$, $\pi_1(K+L)-(1-s)I_A-F_A$	$\pi_3(K+L)-(1-s)I_A-F_A$, $\pi_4K-(1-s)I_B-F_B$
企业 1 持续性物流服务创新 $1-x$	$\pi_4K-(1-s)I_B-F_B$, $\pi_3(K+L)-(1-s)I_A-F_A$	$\pi_2K-(1-s)I_B-F_B$, $\pi_2K-(1-s)I_B-F_B$

13.3.2 演化博弈模型求解与影响分析

1. 演化博弈模型求解

考虑有限理性条件下一个大群体企业之间的随机配对博弈问题。企业 1 和企业 2 的动态博弈过程。假设企业群体中有比例为 x 的企业选择"突破性物流服务创新模式"策略，$1-x$ 的企业选择"持续性物流服务创新模式"策略，x 是时间 t 的函数。根据表 13.3 的描述，可知当企业选择进行突破性物流服务创新模式策略时，期望收益为：$U_{a1}=x[\pi_1(K+L)-(1-s)I_A-F_A]+(1-x)[\pi_3(K+L)-(1-s)I_A-F_A]$，企业选择持续性物流服务创新模式策略时，期望收益为：$U_{a2}=x[\pi_4K-(1-s)I_B-F_B]+(1-x)[\pi_2K-(1-s)I_B-F_B]$，因此，企业的平均收益为：$\overline{U}_a=xU_{a1}+(1-x)U_{a2}$。根据演化博弈理论，可得到企业选择突破性物流服务创新模式的复制动态方程（Hakansson 和 Persson，2004）为

$$\frac{dx}{dt}=x(U_{a1}-\overline{U}_a)$$

$$=x(1-x)\{x[\pi_1(K+L)+\pi_2K-\pi_3(K+L)-\pi_4K]+\pi_3(K+L)-\pi_2K-(1-s)I_A-F_A+(1-s)I_B+F_B\}$$

（13.1）

令 $\frac{dx}{dt}=0$，得系统（13.1）可能的稳定状态为 $x_1^*=0$，$x_2^*=1$，

$$x_3^*=\frac{\pi_2K-\pi_3(K+L)+(1-s)I_A+F_A-(1-s)I_B-F_B}{[\pi_1(K+L)+\pi_2K-\pi_3(K+L)-\pi_4K]}$$

仅当

$$0 \leqslant \frac{\pi_2 K - \pi_3(K+L) + (1-s)I_A + F_A - (1-s)I_B - F_B}{[\pi_1(K+L) + \pi_2 K - \pi_3(K+L) - \pi_4 K]} \leqslant 1$$

时成立。

令 $F(x) = \dfrac{dx}{dt}$，根据微分方程的稳定性和演化稳定策略的性质，当 $F'(x^*) < 0$ 时，x^* 为相应演化博弈复制动态的演化稳定策略（ESS）（张春辉和陈继祥，2011）。求 $F(x)$ 关于 x 的一阶导数得

$$F'(x) = (1-2x)\{x[\pi_1(K+L) + \pi_2 K - \pi_3(K+L) - \pi_4 K] + \pi_3(K+L) - \pi_2 K - (1-s)I_A - F_A + (1-s)I_B + F_B\} + [[\pi_1(K+L) + \pi_2 K - \pi_3(K+L) - \pi_4 K](x - x^2) \quad (13.2)$$

将 $x_1^* = 0, x_2^* = 1, x_3^* = \dfrac{\pi_2 K - \pi_3(K+L) + (1-s)I_A + F_A - (1-s)I_B - F_B}{[\pi_1(K+L) + \pi_2 K - \pi_3(K+L) - \pi_4 K]}$ 代入 $F(x^*)$ 得出以下结果。

（1）$F'(0) = \pi_3(K+L) - \pi_2 K - (1-s)I_A - F_A + (1-s)I_B + F_B$。已知 $I_A > I_B$，$F_A > F_B$，$\pi_3 > \pi_2$，L 的不同取值范围会有不同情况，第一，当 $\pi_3(K+L) > \pi_2 K$ 时，$F(0) = \pi_3(K+L) - \pi_2 K - (1-s)I_A - F_A + (1-s)I_B + F_B > 0$ 或者 $\pi_3(K+L) - \pi_2 K - (1-s)I_A - F_A + (1-s)I_B + F_B = 0$，所以 $x^* = 0$（即企业都选择"持续性物流服务创新模式"策略）不是进化稳定策略，$\pi_3(K+L) - \pi_2 K - (1-s)I_A - F_A + (1-s)I_B + F_B < 0$，$x^* = 0$（即企业都选择"持续性物流服务创新模式"策略）成为进化稳定策略。第二，当 $\pi_3(K+L) < \pi_2 K$ 时，$F'(0) = \pi_3(K+L) - \pi_2 K - (1-s)I_A - F_A + (1-s)I_B + F_B < 0$，则 $x^* = 0$（即企业都选择"持续性物流服务创新模式"策略）成为进化稳定策略。

（2）$F'(1) = \pi_4 K - \pi_1(K+L) + (1-s)I_A + F_A - (1-s)I_B - F_B$。由于 $\pi_1 > \pi_4$，则 $\pi_1(K+L) > \pi_4 K$，资源投入和创新风险小于企业的创新收益，且不同创新模式下的收益之差必定大于风险和投入之差，即有 $\pi_1(K+L) - \pi_4 K > (1-s)I_A - (1-s)I_B$、$\pi_1(K+L) - \pi_4 K > F_A - F_B$。因此 $F'(1) < 0$，则 $x^* = 1$（即企业都选择"突破性物流服务创新模式"策略）是进化稳定策略。

（3）$F'(x_3^*) = (1-2x)\{x[\pi_1(K+L) + \pi_2 K - \pi_3(K+L) - \pi_4 K] + \pi_3(K+L) - \pi_2 K - (1-s)I_A - F_A + (1-s)I_B + F_B\} + (x - x^2)[\pi_1(K+L) + \pi_2 K - \pi_3(K+L) - \pi_4 K]$。由于 $0 \leqslant x_3^* \leqslant 1$，因此 $F'(x_3^*) > 0$，则 $x_3^* = \dfrac{\pi_2 K - \pi_3(K+L) + (1-s)I_A + F_A - (1-s)I_B - F_B}{[\pi_1(K+L) + \pi_2 K - \pi_3(K+L) - \pi_4 K]}$（即企业以一定比例选择"突破性物流服务创新模式"与"持续性物流服务创新模式"的混合策略）是不稳定策略。

综上所述，在失败学习影响下，集群企业间博弈的复制动态相图如图 13.1 所示。所以 $x_1^* = 0$，$x_2^* = 1$ 是系统的演化稳定策略（ESS）。因此，当企业群体中选择突破性物流服务创新模式的初始比例 x 处于区间（0，x_3^*）时，复制动态趋向于稳定状态 x_1^*，即企业群体中所有的企业趋向于选择持续性物流服务创新模式；当

企业群体中选择突破性物流服务创新模式的初始比例 x 处于区间（x_3^*，1）时，复制动态趋向于稳定状态 $x_2^*=1$，所有的企业趋向于选择突破性物流服务创新模式。图 13.1 描述了失败学习对物流服务创新模式选择影响的演化趋势。

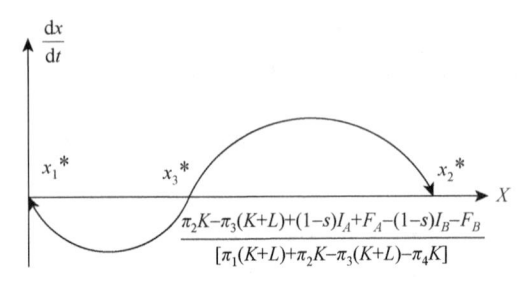

图 13.1　失败学习影响下物流服务创新模式选择的演化趋势

2. 失败学习对物流服务创新模式选择影响

通过以上的分析不难发现，物流服务创新模式选择取决于企业群体中选择突破性物流服务创新模式的初始比例 x_3^*，而 x_3^* 是失败学习效率 s 的函数。因此，考察失败学习对物流服务创新模式选择的影响，就是考察失败学习效率 s 变化对 x_3^* 的影响。令 $F(s)=x_3^*$，即 $F(s)=\dfrac{\pi_2 K-\pi_3(K+L)+(1-s)I_A+F_A-(1-s)I_B-F_B}{[\pi_1(K+L)+\pi_2 K-\pi_3(K+L)-\pi_4 K]}$，求 $F(s)$ 关于 s 的一阶导数得，$F'(s)=\dfrac{I_B-I_A}{[\pi_1(K+L)+\pi_2 K-\pi_3(K+L)-\pi_4 K]}$，所以 $F'(S)<0$，即失败学习效率 s 与企业群体中选择突破性物流服务创新模式的初始比例 x_3^* 存在反方向变化关系，由此可以得到以下假设。

H13.1：随着失败学习效率 s 的提高，企业选择突破性物流服务性创新模式的概率逐渐增大，选择持续性物流服务创新模式的概率逐渐减小。

13.4　资源投入对物流服务创新模式选择的影响

13.4.1　模型与假设

假定企业提高对物流服务创新资源投入，用 e 表示，$e \geqslant 0$。当两家企业均选择突破性物流服务创新模式时，两家企业的期望收益均为 $\pi_1(K+L+e)-I_A-F_A$；若企业 1 选择突破性物流服务创新模式，企业 2 选择持续性物流服务创新模式，则企业 1 的收益为 $\pi_3(K+L+e)-I_A-F_A$，企业 2 的收益为 $\pi_4(K+e)-I_B-F_B$；若企业 1 选择持续性物流服务创新模式，企业 2 选择突破性物流服务创新模式，则企业 1 的收益为 $\pi_4(K+e)-I_B-F_B$，企业 2 的收益为 $\pi_3(K+L+e)-I_A-F_A$；若两家企业均选择持续性物流服务创新模式,其期望收益均为 $\pi_2(K+e)-I_B-F_B$。具体情况如表 13.4。

表 13.4 资源投入影响下两家企业选择不同创新模式的得益

1 \ 2	企业 2 突破性物流服务创新 x	企业 2 持续性物流服务创新 1-x
企业 1 突破性物流服务创新 x	$\pi_1(K+L+e)-I_A-F_A$, $\pi_1(K+L+e)-I_A-F_A$	$\pi_3(K+L+e)-I_A-F_A$, $\pi_4(K+e)-I_B-F_B$
企业 1 持续性物流服务创新 1-x	$\pi_4(K+e)-I_B-F_B$, $\pi_3(K+L+e)-I_A-F_A$	$\pi_2(K+e)-I_B-F_B$, $\pi_2(K+e)-I_B-F_B$

13.4.2 演化博弈模型求解与影响分析

1. 演化博弈模型求解

假设提高资源投入下企业群体中选择突破性物流服务创新模式的比例为 x,选择持续性物流服务创新模式的比例为 $1-x$;根据表 13.4 的描述,可得选择突破性物流服务创新模式企业的期望收益为 $U_{b1}=x[\pi_1(K+L+e)-I_A-F_A]+(1-x)[\pi_3(K+L+e)-I_A-F_A]$,选择持续性物流服务创新模式企业的期望得益为 $U_{b2}=x[\pi_4(K+e)-I_B-F_B]+(1-x)[\pi_2(K+e)-I_B-F_B]$,因此,企业的平均收益为 $\overline{U}_b=xU_{21}+(1-x)U_{22}$。因此,可得到企业选择突破性物流服务创新模式的复制动态方程为

$$\frac{dx}{dt}=x(U_{21}-\overline{U}_b)$$
$$=x(1-x)\{x[\pi_1(K+L+e)+\pi_2(K+e)-\pi_3(K+L+e)-\pi_4(K+e)]$$
$$+\pi_3(K+L+e)-\pi_2(K+e)-I_A-F_A+I_B+F_B\} \quad (13.3)$$

令 $\frac{dx}{dt}=0$,得系统(13.3)可能的稳定状态为 $x_1^*=0$,$x_2^*=1$,$x_3^*=\frac{\pi_2(K+e)-\pi_3(K+L+e)+I_A+F_A-I_B-F_B}{[\pi_1(K+L+e)+\pi_2(K+e)-\pi_3(K+L+e)-\pi_4(K+e)]}$(仅当 $0\leq\frac{\pi_2(K+e)-\pi_3(K+L+e)+I_A+F_A-I_B-F_B}{[\pi_1(K+L+e)+\pi_2(K+e)-\pi_3(K+L+e)-\pi_4(K+e)]}\leq 1$ 时成立)。与失败学习影响条件下的分析类似。

令 $G(x)=\frac{dx}{dt}$,求 $G(x)$ 关于 x 的一阶导数得

$$G'(x^*)=(1-2x)\{x[\pi_1(K+L+e)+\pi_2K-\pi_3(K+L+e)-\pi_4(K+e)]+\pi_3(K+L+e)-\pi_2(K+e)$$
$$-I_A-F_A+I_B+F_B\}+(x-x^2)[\pi_1(K+L+e)+\pi_2(K+e)-\pi_3(K+L+e)-\pi_4(K+e)] \quad (13.4)$$

将 $x_1^*=0$,$x_2^*=1$,$x_3^*=\frac{\pi_2(K+e)-\pi_3(K+L+e)+I_A+F_A-I_B-F_B}{[\pi_1(K+L+e)+\pi_2(K+e)-\pi_3(K+L+e)-\pi_4(K+e)]}$ 代入式(13.4),

得 $G'(0)<0$，$G'(1)<0$，$G'(x_3^*)>0$。根据微分方程的稳定性和演化稳定策略的性质，当 $G'(x^*)<0$ 时，x^* 为相应演化博弈复制动态的演化稳定策略（ESS），所以，$x_1^*=0$，$x_2^*=1$ 是系统（13.3）的演化稳定策略（ESS）。图 13.2 描述了提高资源投入下物流服务创新模式选择的演化趋势，显然这与提高失败学习效率的情形相似。

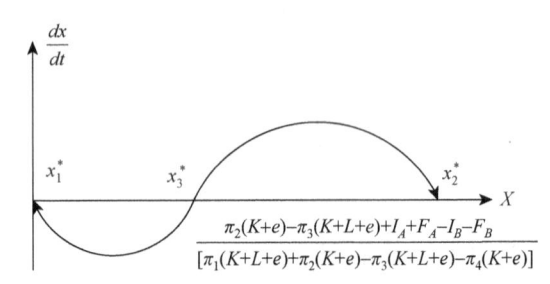

图 13.2　资源投入影响下物流服务创新模式选择的演化趋势

2. 资源投入对物流服务创新模式选择影响

考察资源投入 e 变化对 x_3^* 的影响。令 $F(e)=x_3^*$，即 $F(e)=\dfrac{\pi_2(K+e)-\pi_3(K+L+e)+I_A+F_A-I_B-F_B}{[\pi_1(K+L+e)+\pi_2(K+e)-\pi_3(K+L+e)-\pi_4(K+e)]}$，求 $F(e)$ 关于 e 的一阶导数得

$$F'(e)=\dfrac{\pi_2-\pi_3-(I_A+F_A-I_B-F_B)(\pi_1+\pi_2-\pi_3-\pi_4)}{[\pi_1(K+L+e)+\pi_2(K+e)-\pi_3(K+L+e)-\pi_4(K+e)]^2}$$，所以 $F'(e)<0$，即资源投入 e 与企业群体中选择突破性物流服务创新模式的初始比例 x_3^* 存在反方向变化关系，由此可以得到以下假设。

H13.2：随着资源投入的提高，企业选择突破性物流服务创新模式的概率逐渐增大，选择持续性创新模式的概率逐渐减小。

对 H13.2 的解释与 H13.1 类似，如图 13.2 所示，随着资源投入的不断提高，区间 (x_3^*, 1) 不断变宽，企业选择突破性物流服务创新模式的概率会逐渐增大，选择持续性物流服务创新模式的概率会逐渐减小。H13.2 反映了与 H13.1 相同的事实，即增加资源投入也能起到增强企业创新能力的作用，这也是提高资源投入与失败学习效率一样能成为企业增强物流服务创新能力的原因。

13.5　两种影响的比较与数值分析

13.5.1　两种影响的比较

尽管根据 H13.1 和 H13.2 的解释，失败学习效率和资源投入的提高均能导致企业选择突破性物流服务创新模式的概率更大，但这并不能说明这两种影响因素对物流服务创新模式选择产生的影响完全一致。因此，有必要进一步分析这两种因素所带来的影响差别。基于前文的分析，失败学习和资源投入对物流服务创新模式选择的影响是分别根据函数关系式 $F(s)=\dfrac{I_B-I_A}{[\pi_1(K+L)+\pi_2 K-\pi_3(K+L)-\pi_4 K]}$ 和 $F'(e)=\dfrac{\pi_2-\pi_3-(I_A+F_A-I_B-F_B)(\pi_1+\pi_2-\pi_3-\pi_4)}{[\pi_1(K+L+e)+\pi_2(K+e)-\pi_3(K+L+e)-\pi_4(K+e)]^2}$ 来衡量。令 $G(s,e)=\dfrac{F'(s)}{F'(e)}$ 解得 $\dfrac{I_B-I_A[\pi_1(K+L+e)+\pi_2(K+e)-\pi_3(K+L+e)-\pi_4(K+e)]^2}{\pi_2-\pi_3-(I_A+F_A-I_B-F_B)(\pi_1+\pi_2-\pi_3-\pi_4)}$，当 $\dfrac{I_B-I_A[\pi_1(K+L+e)+\pi_2(K+e)-\pi_3(K+L+e)-\pi_4(K+e)]^2}{\pi_2-\pi_3-(I_A+F_A-I_B-F_B)(\pi_1+\pi_2-\pi_3-\pi_4)}$ 时，对于任意的 e（$e\geqslant 0$）都有 $F(s,e)$ 大于 1，由此得到以下假设。

H13.3：提高失败学习效率比资源投入对物流服务创新模式选择的影响更大。

现实情况是，在自身失败学习效率较高的时候，企业的失败学习能力、知识吸收能力、组织创新能力、社会资源能力等方面都会比较强，相比普通的物流服务创新资源投入，通过识别失败知识、分析失败经验、处理失败问题（Mansury 和 Love，2008），企业会获得更高的创新绩效。由此可知，失败学习对物流服务创新模式选择的影响作用更大，企业需要重视失败学习，加强失败学习氛围的建立。

13.5.2　数值分析

前面分析了失败学习效率和资源投入有助于企业选择突破性物流服务创新模式，以及两种影响因素相比之下，提高失败学习效率的影响更明显。下面通过具体算例来验证前面所得结论。

表 13.5 的算例分析结果与上述分析结果一致。由表 13.5 可知当 s、e 越大时，企业更有可能选择突破性物流服务创新模式，当 s、e 越小时，企业更倾向于选择持续性物流服务创新模式，即失败学习和资源投入对物流服务创新模式选择有一

表 13.5　给定参数下博弈模型的均衡结果

π_1	π_2	π_3	π_4	K	L	I_A	I_B	F_A	F_B	s	e	x
5.76	3.31	1.94	0.21	13	5	7	4	0.88	0.29	0.11	4	0.1
13.35	10.44	8.65	2.98	8	1	13	8	0.76	0.64	0.49	12	0.3
20.01	15.26	14.88	12.26	5	16	23	22	0.12	0.11	0.26	20	0.5
16.49	9.35	5.45	3.22	10	32	7	6	0.54	0.43	0.75	8	0.8
0.87	0.62	0.41	0.38	24	20	22	22	0.69	0.25	0.83	33	0.9

定影响，且在失败学习这个影响因素下，企业的创新意识更强，更愿意选择高风险、多投入、长周期的突破性物流服务创新，以此获得巨大的创新绩效。

13.6 本章小结

本章针对企业自身与竞争企业的有限理性因素，运用演化博弈理论分析了物流服务创新模式选择策略，具体分析了失败学习、资源投入对突破性物流服务创新模式和持续性物流服务创新模式的影响机理。研究结果表明：无论是失败学习效率还是资源投入，均会提高企业选择突破性物流服务创新模式的概率，降低选择持续性物流服务创新模式的概率；在相同条件下，两种影响因素的作用也存在差异，失败学习比资源投入对突破性物流服务创新模式选择的影响更大。本章认为失败学习、资源投入是影响物流服务创新模式选择的重要因素，且影响程度不一样。失败学习可以促进新物流服务的产生、增强企业的物流服务能力、激发更多的物流服务创新活动，失败学习效率越高，企业越愿意选择高收益、高风险、高成本的突破性物流服务创新；资源投入对物流服务质量有正向影响，可提高技术水平和管理水平，推动物流服务创新的开展，资源投入越多，企业越倾向于选择突破性物流服务创新。但是，相比物流服务创新资源投入，失败学习的影响作用更大，因此，企业需要重点关注失败学习对物流服务创新绩效的影响。

根据本章的研究结论可以为企业提供一些建议：①企业应该密切关注产业发展状况和市场的发展状况变化，为选择合理的物流服务创新模式做好准备。②企业在实施物流服务创新活动时需要重视失败学习能力和失败学习氛围的培养。如通过合作联盟，企业可以进行失败经验知识共享，提升其失败学习能力，进而促进创新绩效。③企业在实施物流服务创新活动时可以根据自身的资源优势，选择适合的资源投入方式。对人力资源、技术资源、物质资源、金融资源、管理资源等不同投入对物流服务创新模式选择的影响程度不同。

本章的研究可以为物流服务创新模式选择提供依据，但仍然存在一些局限性：如本章是建立在企业独立创新的假设之上的，未考虑市场进入情况，由于市场进入先后顺序不同，其拥有的市场优势和竞争地位也不一样，在位企业已有稳定的市场生存空间，潜在进入企业想进入新领域，则进行物流服务创新模式选择的时候需要考虑企业的市场地位情况。

14 服务创新背景下制造企业失败学习与顾客参与策略研究

14.1 背 景

李克强总理在《中国制造 2025》中指出，提高国家制造业创新能力，并且引导和支持制造业企业延伸服务链条，从主要提供产品制造向提供产品和服务转变。服务创新作为重要的创新战略能够为制造企业带来新的经济增长方式。国内外许多知名企业已经开始通过服务创新来提升企业绩效。例如，IBM 和 HP 公司都成功地从以技术创新为主的制造企业转型为以服务创新为主的服务型公司，华为和联想也积极探索专业的整体服务解决方案（孙耀吾和贺石中，2013）。但是，制造企业在技术和产品创新中的"知识惯性"，阻碍了服务创新知识的获取和转化（张文红和赵亚普，2015）。创新失败成为了制造企业服务创新的客观现象。与成功经历相比，失败的经历能够一直惯性思维，探索新的创新机会和行动（Amason 等，2008）。

企业通过失败学习，能够促进内外知识的传递、扩散和学习，提升创新活力和创新绩效。失败学习是指组织对内外部经验进行集体反思，通过调整行为方式来降低未来遭遇类似失败的概率以提升组织绩效的过程（胡洪浩和王重鸣，2011）。由于产品和服务创新的不同，制造企业在产品领域积累的知识，不足以改进服务创新失败，甚至会成为"核心刚性"限制了服务补救（蒋楠等，2015）。因此，制造企业在获取外部失败知识中存在众多困难。卜心怡等指出，企业本身具有的知识无法满足需求时，就会出现知识水平和需求之间的缺口，而顾客参与可以有效弥补其中的知识缺口（卜心怡等，2014）。企业吸收顾客知识并与自身知识进行协同转化，能够创新服务产品并满足市场需求。

顾客作为企业服务的主体，顾客知识是企业获取外部失败知识的重要来源。顾客参与企业活动可以为企业提供更多知识从而确保服务创新活动的成功，还可以在服务失败时及时完成消极反馈、采取干预行为及帮助寻找补救方案（范秀成和杜琰琰，2012）。顾客参与企业活动能够获得不同程度的经济利益和心理利益（王琳等，2015）。由于顾客在参与企业活动时具有主动性和自愿性，顾客根据获得价值的多少来决定以何种形式参与企业活动（贾薇等，2011）。

鉴于此，本章基于博弈理论，考虑企业失败学习和顾客参与程度对制造企业服务创新的协同作用，关注失败学习行为、顾客参与程度对服务创新收益的影响问题。本章拟分析制造企业服务创新中企业失败学习和顾客参与的策略选择问题，以期得到两者的最优策略及关键因素对创新收益的影响机理。研究结论丰富了制造企业服务创新中失败学习相关研究，并对企业失败学习决策提供理论指导。

14.2 模型的基本假设

14.2.1 问题描述

本章以制造企业服务创新为背景，分析企业与顾客决策问题。制造企业失败学习能够避免重复失败，促进服务创新水平的提高。企业失败学习行为不仅包括对失败原因的分析，还包括对企业战略、计划的调整以实现企业持续发展（Kim 和 Miner，2007）。然而，失败学习高度依赖先前的失败经验和反思，并不是瞬间完成的（谢雅萍和梁素荣，2015）。企业在开展失败学习中应持续投入财务成本、情绪成本等因素（Madsen 和 Desai，2010）。企业基于利润最大化的考虑，存在是否开展"失败学习"活动的疑虑。随着顾客主人翁意识的增加，顾客不再是服务的被动接受者，而是服务的创造者（Chan 等，2010）。顾客是否参与企业活动很大程度上取决于，顾客能够获得的经济利益、心理利益等。只有顾客能够从服务创新中获得收益时，他们才愿意参与到企业失败学习活动中来（Melton 等，2015）。由于顾客需求的多样性，增加了企业学习和创新的不确定性，顾客参与对双方收益的影响是非线性的。因此，分析企业和顾客的不同策略博弈，并得到最优策略，为制造企业服务创新活动提供科学的解决办法，成为本章研究的重点问题。

14.2.2 模型构建

以往研究多是静态模型，由于现实中社会环境、市场条件、顾客需求等都是随时间变化的，所以静态情况下的最优解仅为企业在固定时间内的最优策略。在制造企业服务创新中，企业和顾客作为服务创新的主体，两者策略选择是随时间和收益动态变化的。微分对策模型是处理双方或多方连续动态竞争与合作问题的重要方法，能够解决双方的最优控制问题。另外，由于企业和顾客决策对企业创新收益的影响是非线性的，Hamilton-Jacobi-Bellman（HJB）方法能够解决二人非线性对策选择问题。所以，运用微分对策博弈，在动态框架下研究两者的策略选择问题，考虑企业和顾客的长期利润，更加贴近现实。本章运用微分博弈的方法从动态角度对制造企业服务创新中企业与顾客策略进行分析，从而探讨两者的最优策略，以实现服务创新整体收益的提升。

假设，E 表示制造企业，C 表示顾客。企业 E 作为服务创新的主导者，它拥有分配创新收益的主动权。顾客 C 作为服务创新的主要动力，所关心的主要是参与创新的收益大小。其中，企业 E 包括失败学习和一般学习两种类型，顾客 C 分为积极参与型和消极参与型。企业失败学习，是指企业对内、外部的失败知识进行归纳、学习和吸收，寻找失败原因，将失败知识转化为实践。企业通过不断的失败学习，弥补自身在服务相关领域的不足，进而提升服务创新水平。企业一般学习，是指企业对一般知识的探索和利用，对失败知识的关注不够。由于顾客参与积极性的不同，将顾客参与行为划分为：积极参与、消极参与。积极参与，是指顾客积极地参与到整个服务创新活动中，将自身在产品应用和服务感受中的知识和建议提供给企业，促使企业改进产品服务和流程。这类顾客喜欢思考，乐于将他们的知识与企业分享，为企业提供服务失败原因及建议。消极参与，是指客只是加入企业服务活动，并没有身体和情感上的付出。顾客只是在服务中寻找他们所需要的信息，对参与企业失败学习活动不予理睬。

企业服务创新活动，需要从两个方面来实现持续创新。一方面，采取失败学习来改进服务，提升创新绩效。另一方面，企业与顾客合作，通过共同学习进行协同创新。Anklam 曾指出，企业通过"协同"方式进行知识整合，能够避免"知识孤岛"的情况，获得"1+1＞2"的效应（樊治平等，2007）。X 表示两者在失败学习上的努力，Y 表示两者在协同服务创新上的努力。E 和 C 在不同工作上的努力成本表现为凸性。

$$C_{X_E} = \frac{\mu_1}{2}X_E^2, \quad C_{X_C} = \frac{\mu_3}{2}X_C^2, \quad C_{Y_E} = \frac{\mu_3}{2}Y_E^2, \quad C_{Y_C} = \frac{\mu_4}{2}Y_C^2$$

其中，$\mu_i (i=1,2,3,4)$ 为不同努力对成本的影响系数。

（1）用微分方程表示顾客参与下的协同创新的过程。

$$\dot{K}(t) - \varepsilon(Y_E + Y_C) = \psi R \tag{14.1}$$

$K(t)$ 表示 t 时刻企业的服务创新知识水平，初始知识水平 $K(0) = K_0$。ε 表示两者在协同创新上的努力对服务创新的影响系数。由于重复失败会对协同创新产生影响，φ 表示重复失败 R 对协同创新的影响系数。

（2）企业 E 和顾客 C 在服务创新过程中阐释的收益函数。

$$Q = \alpha X_E + \beta X_C + \gamma K - R \tag{14.2}$$

α 和 β 代表企业 E 和顾客 C 各自在改进服务上的努力对收益函数的影响系数。γ 表示协同创新对收益的影响系数。

（3）假设企业 E 和顾客 C 在服务创新中收益的分配份额分别为 M 和 m。其中 $M \in (0,1)$，$m \in (0,1)$。

根据企业和顾客不同类型的划分，将两者策略进行组合。如表 14.1。

表 14.1　E 和 C 的不同类型组合

企业＼顾客	积极参与型	消极参与型
失败学习型	V_E^1, V_C^1	V_E^2, V_C^2
一般学习型	V_E^3, V_C^3	V_E^4, V_C^4

14.3　模型求解

1）制造企业 E 为失败学习型，顾客 C 为积极参与型

在这种情况下，企业 E 和顾客 C 的博弈构成 Stackelberg 博弈。E 是博弈的领导者，首先决定自己在改进服务和协同创新的努力程度。C 作为博弈跟随者，在看到企业 E 的决策后再决定自身在两方面的努力程度。

假设服务创新总收益在企业和顾客之间分配，企业获得 $M \in (0,1)$，顾客获得 $m \in (0,1)$。假设企业和顾客有相同的折现率 ρ，双方都选择收益最大化的学习策略。企业失败学习能够有效避免重复失败。此时，收益函数和协同创新函数为

$$Q = \alpha X_E + \beta X_C + \gamma K$$
$$\dot{K}(t) = \varepsilon(Y_E + Y_C)$$

因此，制造企业 E 的目标函数为

$$J_E = \int_0^\infty e^{-\rho t}\left\{M(\alpha X_E + \beta X_C + \gamma K) - \frac{\mu_1}{2}X_E^2 - \frac{\mu_2}{2}Y_E^2 + V'_E[\varepsilon(Y_E + Y_C)]\right\}dt \quad (14.3)$$

顾客 C 的目标函数分别为

$$J_C = \int_0^\infty e^{-\rho t}\left\{m(\alpha X_E + \beta X_C + \gamma K) - \frac{\mu_3}{2}X_C^2 - \frac{\mu_4}{2}Y_C^2 + V'_C[\varepsilon(Y_E + Y_C)]\right\}dt \quad (14.4)$$

为求解该 Stackelberg 微分博弈模型，采用动态规划的方法对方程进行求解。构造 Hamilton-Jacobi-Bellman（HJB）方程式为

$$\rho V_E = \max\left\{M(\alpha X_E + \beta X_C + \gamma K) - \frac{\mu_1}{2}X_E^2 - \frac{\mu_2}{2}Y_E^2 + V'_E[\varepsilon(Y_E + Y_C)]\right\} \quad (14.5)$$

$$\rho V_C = \max\left\{m(\alpha X_E + \beta X_C + \gamma K) - \frac{\mu_3}{2}X_C^2 - \frac{\mu_4}{2}Y_C^2 + V'_C[\varepsilon(Y_E + Y_C)]\right\} \quad (14.6)$$

最大化 HJB 方程式的右端可得

$$X_E = \frac{M\alpha}{\mu_1}, \quad Y_E = \frac{\varepsilon V'_E}{\mu_2}, \quad X_C = \frac{m\beta}{\mu_3}, \quad Y_C = \frac{\varepsilon V'_C}{\mu_4} \quad (14.7)$$

将式（14.7）代入 HJB 方程式的右端得

$$\rho V_E = \frac{M^2\alpha^2}{2\mu_1} + \frac{\varepsilon^2 (V'_E)^2}{2\mu_2} + \frac{Mm\beta^2}{\mu_3} + \frac{\varepsilon^2 V'_E V'_C}{\mu_4} + \gamma MK \quad (14.8)$$

$$\rho V_C = \frac{Mm\alpha^2}{\mu_1} + \frac{\varepsilon^2 V'_E V'_C}{\mu_2} + \frac{m^2\beta^2}{2\mu_3} + \frac{\varepsilon^2 (V'_C)^2}{\mu_4} + \gamma mK \quad (14.9)$$

关于 K 的线性最优值函数是 HJB 方程的解、令 $V_E(K) = p_1 K + p_2$，$V_C(K) = q_1 K + q_2$。p_1、p_2、q_1、q_2 均为常数，代入式（14.8）、式（14.9）中得

$$\rho(p_1 K + p_2) = \frac{M^2\alpha^2}{2\mu_1} + \frac{\varepsilon^2 p_1^2}{2\mu_2} + \frac{Mm\beta^2}{\mu_3} + \frac{\varepsilon^2 p_1 q_1}{\mu_4} + \gamma MK$$

$$\rho(q_1 K + q_2) = \frac{Mm\alpha^2}{\mu_1} + \frac{\varepsilon^2 p_1 q_1}{\mu_2} + \frac{m^2\beta^2}{2\mu_3} + \frac{\varepsilon^2 q_1^2}{\mu_4} + \gamma mK$$

得最优值函数系数

$$p_1 = \frac{\gamma K}{\rho}, \quad p_2 = \frac{M^2\alpha^2}{2\rho\mu_1} + \frac{\varepsilon^2\gamma^2 M}{2\rho^3\mu_2} + \frac{Mm\beta^2}{\rho\mu_3} + \frac{\varepsilon^2\gamma^2 Mm}{\rho^3\mu_4},$$

$$q_1 = \frac{\gamma m}{\rho}, \quad q_2 = \frac{Mm\alpha^2}{\rho\mu_1} + \frac{\varepsilon^2\gamma^2 Mm}{\rho^3\mu_2} + \frac{m^2\beta^2}{2\rho\mu_3} + \frac{\varepsilon^2\gamma^2 m^2}{2\rho\mu_4}$$

将系数 p_1、p_2、q_1、q_2 代入式（14.7）中得情况 1 的参数最优值

$$X_E = \frac{M\alpha}{\mu_1}, \quad Y_E = \frac{\varepsilon\gamma M}{\rho\mu_2}, \quad X_C = \frac{m\beta}{\mu_3}, \quad Y_C = \frac{\varepsilon\gamma m}{\rho\mu_4} \quad (14.10)$$

同时可计算出 E 和 C 的最优值函数分别为

$$V_E^1 = \frac{\gamma M}{\rho} K + \frac{M^2\alpha^2}{2\rho\mu_1} + \frac{\varepsilon^2\gamma^2 M}{2\rho^3\mu_2} + \frac{Mm\beta^2}{\rho\mu_3} + \frac{\varepsilon^2\gamma^2 Mm}{\rho^3\mu_4} \quad (14.11)$$

$$V_C^1 = \frac{\gamma m}{\rho} K + \frac{Mm\alpha^2}{\rho\mu_1} + \frac{\varepsilon^2\gamma^2 Mm}{\rho^3\mu_2} + \frac{m^2\beta^2}{2\rho\mu_3} + \frac{\varepsilon^2\gamma^2 m^2}{2\rho\mu_4} \quad (14.12)$$

2）制造企业 E 失败学习型，顾客 C 为消极参与型

企业积极地通过失败学习改进服务，而顾客并未提供创新失败相关知识。此时，顾客在改进服务上的努力为 0。构造企业 E 和顾客 C 的 HJB 方程

$$\rho V_E(K) = \max\{M(\alpha X_E + \beta X_C + \gamma K) - \frac{\mu_1}{2} X_E^2 - \frac{\mu_2}{2} Y_E^2 + V'_E[\varepsilon(Y_E + Y_C)]\}$$

$$\rho V_C(K) = \max\{m(\alpha X_E + \beta X_C + \gamma K) - \frac{\mu_4}{2} Y_C^2 + V'_E[\varepsilon(Y_E + Y_C)]\}$$

以此得到情况 2 的服务创新反馈纳什均衡

$$X_E^2 = \frac{M\alpha}{\mu_1}, \quad X_C = \frac{\varepsilon\gamma M}{\rho\mu_2}, \quad Y_E = 0, \quad Y_C = \frac{\varepsilon\gamma m}{\rho\mu_4} \quad (14.13)$$

同时得到企业 E 和顾客 C 的最优值函数分别为

$$V_E^2 = \frac{\gamma M}{\rho}K + \frac{M^2\alpha^2}{2\rho\mu_1} + \frac{\varepsilon^2\gamma^2 M^2}{2\rho^3\mu_2} + \frac{\varepsilon^2\gamma^2 Mm}{\rho^3\mu_4} \qquad (14.14)$$

$$V_C^2 = \frac{\gamma m}{\rho}K + \frac{Mm\alpha^2}{\rho\mu_1} + \frac{\varepsilon^2\gamma^2 Mm}{\rho^3\mu_2} + \frac{\varepsilon^2\gamma^2 m^2}{2\rho^3\mu_4} \qquad (14.15)$$

3）制造企业 E 为组织学习型，顾客 C 为积极参与型

这种情况下，企业采用一般学习的方法来促进创新。顾客 C 根据企业策略选择，积极配合企业，提出改进服务方案。企业采取一般学习的方式创新，并未对服务失败进行学习和改进，在失败学习上的努力为 0。

这种情况下，企业 E 和顾客 C 的目标函数为

$$J_E = \int_0^\infty e^{-\rho t}\{M(\alpha X_E + \beta X_C + \gamma K - R) - \frac{\mu_2}{2}Y_E^2 + V'_E[\varepsilon(Y_E + Y_C) - \varphi R]\}dt$$

$$J_C = \int_0^\infty e^{-\rho t}\{m(\alpha X_E + \beta X_C + \gamma K - R) - \frac{\mu_3}{2}X_C^2 - \frac{\mu_4}{2}Y_C^2 + V'_C[\varepsilon(Y_E + Y_C) - \varphi R]\}dt$$

参考 Stackelberg 微分博弈模型的求解方法。得出情况 3 的均衡

$$X_E^3 = 0, \quad Y_E^3 = \frac{\varepsilon\gamma M}{\rho\mu_2}, \quad X_C^3 = \frac{m\beta}{\mu_3}, \quad Y_C^3 = \frac{\varepsilon\gamma m}{\rho\mu_4} \qquad (14.16)$$

对应的企业 E 和顾客 C 的最优值函数分别为

$$V_E^3 = \frac{\gamma M}{\rho}K + \frac{\varepsilon^2\gamma^2 M^2}{2\rho^3\mu_2} + \frac{\beta^2 Mm}{\rho\mu_3} + \frac{\varepsilon^2\gamma^2 Mm}{\rho^3\mu_4} - \left(\frac{M}{\rho} + \frac{\varphi\gamma M}{\rho}\right)R \qquad (14.17)$$

$$V_C^3 = \frac{\gamma m}{\rho}K + \frac{\varepsilon^2\gamma^2 Mm}{\rho^3\mu_2} + \frac{m^2\beta^2}{\rho\mu_3} + \frac{\varepsilon^2\gamma^2 m^2}{2\rho^3\mu_4} - \left(\frac{m}{\rho} + \frac{\varphi\gamma m}{\rho}\right)R \qquad (14.18)$$

4）制造企业 E 为组织学习型，顾客 C 为消极参与型

此时，企业采取一般学习的方式进行服务创新，顾客消极参与创新活动。两者在改进服务上的努力均为 0。构造企业 E 和顾客 C 和 HJB 方程

$$\rho V_E = \max\{M(\alpha X_E + \beta X_C + \gamma K - R) - \frac{\mu_2}{2}Y_E^2 + V'_E[\varepsilon(Y_E + Y_C) - \varphi R]\}$$

$$\rho V_C = \max\{m(\alpha X_E + \beta X_C + \gamma K - R) - \frac{\mu_4}{2}Y_C^2 + V'_C[\varepsilon(Y_E + Y_C) - \varphi R]\}$$

根据动态规划的求解过程，我们得到情况 4 的均衡

$$X_E^4 = 0, \quad Y_E^4 = \frac{\varepsilon\gamma M}{\mu_2}, \quad X_C^4 = 0, \quad Y_C^4 = \frac{\varepsilon\gamma m}{\mu_4} \qquad (14.19)$$

得到企业 E 和顾客 C 的最优值函数分别为

$$V_E^4 = \frac{\gamma M}{\rho}K + \frac{\varepsilon^2\gamma^2 M^2}{2\rho^3\mu_2} + \frac{\varepsilon^2\gamma^2 Mm}{\rho^3\mu_4} - \left(\frac{M}{\rho} + \frac{\varphi\gamma M}{\rho}\right)R \qquad (14.20)$$

$$V_C^4 = \frac{\gamma m}{\rho}K + \frac{\varepsilon^2 \gamma Mm}{\rho^3 \mu_2} + \frac{\varepsilon^2 \gamma^2 m^2}{2\rho^3 \mu_4} - \left(\frac{m}{\rho} + \frac{\varphi \gamma m}{\rho}\right)R \quad (14.21)$$

14.4 模型结果的讨论

14.4.1 制造企业 E 和顾客 C 在不同情况下的收益比较

对制造企业而言，不管顾客采取积极参与还是消极参与，企业失败学习型的收益均高于组织学习的收益。其中，顾客积极参与和企业失败学习（情况1）时，两者的收益最高。

1）制造企业 E 四种策略情况下的收益比较

顾客积极参与时，企业失败学习和一般学习两种情况下的收益比较

$$V_E^1 - V_E^3 = \frac{M^2 \alpha^2}{2\rho \mu_1} + \left(\frac{M}{\rho} + \frac{\varphi \gamma M}{\rho}\right)R > 0 \quad (14.22)$$

顾客消极参与时，企业失败学习和一般学习两种情况下的收益比较

$$V_E^2 - V_E^4 = \frac{M^2 \alpha^2}{2\rho \mu_1} + \left(\frac{M}{\rho} + \frac{\varphi \gamma M}{\rho}\right)R > 0 \quad (14.23)$$

由此可见，不管顾客积极参与还是消极参与，企业失败学习策略均优于组织学习策略。即失败学习是企业的占优策略。

进一步比较企业在情况 1 下的收益 V_E^1 和情况 2 下的收益 V_E^2，得到企业在四种情况下的最优收益。

$$V_E^1 - V_E^2 = \frac{Mm\beta^2}{\rho \mu_3} > 0 \quad (14.24)$$

通过对四种情况下企业收益 V_E^1、V_E^2、V_E^3、V_E^4 的比较，发现情况 1 的收益高于其他情况的收益。

2）顾客 C 四种策略情况下的收益比较

通过对顾客 C 在四种策略下的收益函数 V_C^1、V_C^2、V_C^3、V_C^4 的比较发现，顾客 C 的占优策略为积极参与。并且，顾客在情况 1 的收益高于其他情况的收益。

由此可见，在制造企业服务创新过程中，实现企业的持续创新需要企业失败学习和顾客的积极参与。在两者主动失败学习的情况下，整个服务创新链条的收益也达到最高。

14.4.2 两者协同创新对企业收益的影响分析

Vera 和 Annouk 研究也发现，顾客参与对企业绩效的作用并非是单调连续的，

而是非单调的（Dong 等，2015）。因此需要更多的研究来了解顾客参与的边界条件。本章分析参与协同服务创新对企业收益的影响机理，以情况 1 的企业最优收益为例分析。由式（14.10）得

$$V_E^1 = \frac{\gamma M}{\rho}K + \frac{M^2\alpha^2}{2\rho\mu_1} + \frac{\varepsilon^2\gamma^2 M^2}{2\rho^3\mu_2} + \frac{M\mu_3}{\rho m}(X_C^1)^2 + \frac{M\mu_4}{\rho m}(Y_C^1)^2$$

求解得到顾客对协同效应的努力 Y_C^1 的一阶导数和二阶导数

$$\frac{\partial V_E^1}{\partial Y_C^1} = 2\frac{M\mu_4}{\rho m}Y_C^1, \quad \frac{(\partial V_E^1)^2}{(\partial Y_C^1)^2} = 2\frac{M\mu_4}{\rho m} > 0$$

由此可知，顾客在协同效应上的努力对企业的收益的影响为凹函数。当 V_E^1 达到极点 $2\frac{M\mu_4}{\rho m}$ 后，顾客参与程度与企业收益正相关。

由该结论可以发现，在制造企业服务创新中，顾客为实现持续收益，应当不断提高自身参与程度。由于顾客提供的是广泛的、复杂的、尚未开发的知识。顾客参与创新过程中企业会面临无法准确反馈失败信息的问题，增加了其通过顾客知识转化为创新收益的难度。同时，由于顾客初期的参与需要企业投入大量的激励措施，所以，企业一开始无法获得顾客参与所带来的收益提升，收益反而会随着顾客参与度的提高而下降。当顾客参与度超过某个临界值时，顾客会发现参与企业活动能给自身带来好处，企业不再需要大量的激励投入，企业和顾客双方在失败知识的获取中，能够形成良好的默契。此时，顾客参与的提升会给企业带来收益的迅速增长。

14.4.3 企业失败学习的努力对企业收益的影响分析

前人曾指出失败学习对企业收益有积极影响。关于失败学习对服务创新影响机理的研究较少。本章根据情况 1 的收益函数，分析失败学习的努力对服务创新收益的影响。

由式（14.10）可得，V_E^1 可以表示成关于 X_E^1 和 Y_E^1 的函数

$$V_E^1 = \frac{\gamma M}{\rho}K + \frac{\mu_1}{2\rho}(X_E^1)^2 + \frac{\mu_2}{2\rho}(Y_E^1)^2 + \frac{Mm\beta^2}{\rho\mu_3} + \frac{\varepsilon^2\gamma^2 Mm}{\rho^3\mu_4} \quad (14.25)$$

根据式（14.25）可以得到在最优收益的情况下，企业收益 V_E^1 对企业失败学习的努力 X_E^1 的一阶导数和二阶导数

$$\frac{\partial V_E^1}{\partial X_E^1} = \frac{\mu_1}{\rho}X_E^1, \quad \frac{(\partial V_E^1)^2}{(\partial X_E^1)^2} = \frac{\mu_1}{\rho} > 0$$

这说明，企业失败学习的努力对收益的影响为凹函数。当 X_E^1 处于较低水平

时，企业收益V_E^1下降。V_E^1降到极值点$\frac{\mu}{\rho}$后，企业收益开始迅速回升。

由此，得出结论。由于失败的原因是复杂的、模糊的、难以被解读的，增加了企业失败学习的难度，并且学习成本也相应增长。企业失败学习的努力较低时，会面临无法正确解读失败信息的情况。所以，企业创新收益会降低。当企业失败学习的努力不断增加，且创新收益降到极值后，企业吸收、转化失败信息的能力增强。在此阶段，失败学习对创新绩效的积极作用突显。企业开展失败学习能够降低失败的风险、提高创新能力。

14.5 本章小结

本章将顾客参与因素引入制造企业服务创新的失败学习研究中，通过对顾客行为的研究得到制造企业失败学习的影响因素。通过运用微分对策模型，对制造企业和顾客在企业服务创新中失败学习策略问题的研究，分别考虑四种不同情况下的决策，得到最大参与水平和最优收益。结果表明：①不同情况下企业和顾客的收益函数的帕雷托最优情况为：企业开展失败学习和顾客积极参与；②顾客参与在协同创新上的努力对收益的影响为凹函数；③企业失败学习的努力对收益的影响为凹函数。

基于以上结论，得到以下管理启示：①顾客参与虽然是企业失败学习的有效推动者，促进制造企业服务创新绩效的提高。但是，根据本章分析表明，顾客参与不仅能够提供服务改进所需知识，同时也会给服务创新带来众多不确定性，增加服务创新风险。因此，应当增加顾客关于产品和服务的信息，促使顾客为企业提供正确、有效的经验。②企业失败学习能够显著促进制造企业服务创新水平的提高。但是，企业失败学习努力程度对服务创新的收益并非是单调的。面对该问题，企业可以通过与市场中其他企业合作学习，共享各自失败经验，筛选顾客提供信息，从而降低自身知识的局限性。

本章的研究也存在一定的局限性。由于顾客参与的复杂性和灵活性，本章并未考虑顾客参与对企业失败学习影响的所有情况。此外，企业失败学习还受到社会资本、心理资本等多重因素的影响，这些因素都是今后研究的重点。

15 制造企业服务创新过程中的失败学习路径研究

15.1 背　　景

越来越多的制造企业通过提供服务来提高产品的市场竞争力。与此同时，产品竞争的加剧以及顾客需求的多样化，使得制造企业开始从产品创新向服务创新转变。服务创新会提升顾客感知的服务质量，进而影响服务满意度（李曼等，2012）。蔺雷和吴贵生（2005）指出，服务创新越来越成为企业获取竞争优势的一个重要来源。制造企业通过服务创新能够更好地发现客户需求，获得客户忠诚度，增强竞争优势。然而，企业开展服务创新过程中必然遭遇大量失败，"从失败到成功"是多数创新的正常顺序。但是，如何减少失败，避免重复失败，将失败中的大量有益知识转化为成功的基础，就取决于企业是否可以从失败情景中有效学习（Green等，2003）。失败学习行为可以激发更多创新活动，提高组织创新绩效（于晓宇等，2012）。正确对待失败，学习失败中的经验，挖掘失败中的知识，对制造企业服务创新起着至关重要的作用。制造企业如何在服务创新过程中，开展失败学习就成为重要的研究课题。研究国内外制造企业服务创新的失败学习路径，可以使企业少走弯路，促进服务创新的成功。

Wise 和 Baumgartne 提出了制造业服务创新的定义：围绕整个产品生命周期中服务内容的变化或与顾客互动关系的变化而进行的创新活动（Wise 和 Baumgartner，1999）。制造企业服务创新是组织协调企业的资源和能力，通过提供卓越的服务来解决顾客问题、为顾客创造价值的战略努力（于晓宇等，2012）。制造企业服务创新有三种模式（张文红等，2010）：①开发与企业产品有关的服务；②发展面向特定关系的服务；③为顾客提供整体的解决方案。制造企业服务创新需要来自技术、顾客和市场等广泛的知识，服务创新所需要的知识不仅来自于企业内部，而且来自于企业外部。

失败学习是一种重要的组织学习方式，失败学习是组织对内、外部失败经验进行集体反思，通过调整行为方式来降低未来遭遇类似失败的概率以提升组织绩效的过程（胡洪浩和王重鸣，2011）。Madson 和 Desai（2010）研究全球轨道运载火箭发射行业的组织学习结果发现，组织通过失败学习的经验比通过成功学习的更多。Carmeli 和 Schaubroeck（2008）发现，失败学习可以提高组织对当前和未来的危机准备，危机准备越高，组织绩效越好。Kim 和 Miner

(2007) 探讨了学习内部与外部失败的不同作用机理，并分析其产生不同作用的内在原因。

可见，关于制造企业服务创新过程中的失败学习路径选择问题还缺乏专门研究。制造企业有哪些可供选择的失败学习模式；在不同的服务创新阶段，是否应选择不同的失败学习模式来与之对应；不同类型制造企业在开展服务创新过程中，采用的失败学习路径是否相同。这些问题学术界尚无法回答。本章将通过案例研究的方法，从失败学习视角出发，研究制造企业服务创新的失败学习路径，从而为我国制造企业服务创新实践提供参考。

15.2 研究设计

15.2.1 理论基础

学术界对失败学习的划分有不同的标准。胡洪浩和王重鸣（2011）从失败经验来源角度将失败学习划分为内部失败学习和外部失败学习。内部失败学习即企业内部失败经验的扩展与提炼运用。外部失败学习即通过战略联盟或者吸收引进企业外部失败经验。March（1991）等在组织学习角度将组织学习划分为探索式组织学习和利用式组织学习，其中探索表现为变化、承担风险、试验、尝试、应变、发现、创新的学习方式，利用表现为提炼、筛选、生产、效率、选择、实施、执行的学习方式（Kim and Miner, 2007; March, 1991; Holmqvist, 2004）。失败学习是组织学习的形式，本章同时采用这两个划分维度，将其划分为四种模式，即外部利用式失败学习、外部探索式失败学习、内部利用式失败学习、内部探索式失败学习，见图15.1。

外部利用式失败学习是指学习企业外部的失败经验，借鉴和使用企业外部现有知识基础。外部探索式失败学习是指学习企业外部失败经验，寻找新的组织规范、例证、结构等。内部利用式失败学习是指学习企业内部失败经验，深化和精炼企业内部知识，属于积累性失败学习（彭新敏，2011）。内部探索式失败学习是指学习企业内部失败经验，强调组织内部创新能力，刺激组织采用新方法来处理现在面临的问题，属于创新性的失败学习。这四类学习方式构成了失败学习的整体内涵。根据 Holmqvist（2004）组织学习理论，内部利用与外部探索可以相互转化，相反，内部探索与外部利用也可以相互转化。这意味着失败学习的这四种学习方式在企业发展不同阶段可以相互转化。因此处于不同阶段的企业需要采用不同的失败学习方式。

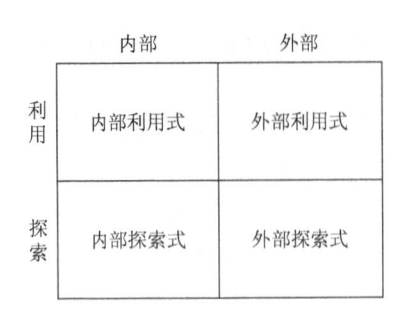

	内部	外部
利用	内部利用式	外部利用式
探索	内部探索式	外部探索式

图 15.1　失败学习四种模式

15.2.2　研究方法

本章采用案例研究的方法来分析失败学习方式的路径选择。在数据收集上，本章主要采取文件法、访谈法和观察法。

案例的选择方面主要遵守几个原则：①个案对象选择限定在制造企业；②在方法上以访谈法为主，同时还通过网上资料的检索（如企业的网站、相关新闻资料等）；③在研究过程中对笔记资料和录音文件、网络资料进行整理分类汇总，形成完整的笔记资料和案例汇总，以此保证案例研究的信度和效度。最后通过多案例的比较分析和整体分析得出相关结论。

本章选取日本丰田汽车公司和重庆长安汽车公司作为研究对象。主要原因是：①典型性和普遍性。丰田公司和长安公司在失败学习方面有成功的实践，并且不同学习方式之间有着较明确的演变关系。与此同时，两公司的发展有着明显的阶段性特征。②可比性。丰田公司作为国外制造企业的典型代表，有着很强的服务创新能力。而长安公司作为国内重要的制造企业，也在着力推动服务创新。因此，两公司作为国外和国内制造企业的典型代表具有可比性，能够提高结论的说服力。

从 2013 年 10 月起，作者开始对丰田和长安公司进行调研与访谈，一直延续到 2014 年 3 月。其中，2013 年 10 月，对长安公司进行实地考察，对长安某分公司市场部经理进行访谈，搜集有关公司的内部相关资料，11 月~12 月通过网络、书刊、杂志等对长安与丰田公司的公开资料进行了大范围的搜索、筛选、提炼归纳出与研究问题相关的翔实的二手资料。

表 15.1 列出了一系列问题及其相应回答，通过考察不同学习方式的特点，来帮助区分四种学习方式。主要从知识来源、服务创新不确定性、社会互动性、激进程度和学习特性五个方面对四者进行了界定。

表 15.1　四种学习方式评估表

特点＼学习方式	外部利用式失败学习	外部探索式失败学习	内部利用式失败学习	内部探索式失败学习
知识来源	外部失败知识	外部失败知识	内部失败知识	内部失败知识
服务创新不确定性	外部失败服务创新数量多	外部失败服务创新数量多	内部失败服务创新数量少	内部失败服务创新数量少
社会互动性	高	高	低	低

续表

学习方式 特点	外部利用式 失败学习	外部探索式 失败学习	内部利用式 失败学习	内部探索式 失败学习
激进程度	渐进性 失败学习	激进性 失败学习	渐进性 失败学习	激进性 失败学习
学习特性	借鉴和使用企业外部现有知识基础，提高已有服务水平	学习外部经验，开拓全新的、尚无相关经验的服务活动	深化和精炼企业内部知识，提高已有服务水平	强调组织内部创新能力，开拓全新的、尚无相关经验的服务活动
对已有知识的态度	对外部已有服务能力及活动进行改良，以适应当前的需要	尝试运用尚不成熟、有一定风险的服务创新活动	对内部已有服务能力及活动进行改良，以适应当前的需要	尝试运用尚不成熟、有一定风险的服务创新活动

15.3 案例分析

15.3.1 国内外两个制造企业简介

丰田汽车公司，创立于1937年，是以丰田佐吉创立的丰田自动织机为母体发展起来的庞大企业集团。自2008年起，丰田汽车公司开始逐渐取代通用汽车公司成为全世界排行第一位的汽车生产厂商。丰田公司持续把握社会与经济环境的变化，积极提供超越顾客需求且充满魅力的高质量产品和服务。

重庆长安汽车股份有限公司，为中国长安汽车集团股份有限公司旗下的核心整车企业，长安在注重产品、技术自主创新的同时也注重服务创新，近几年来，长安公司在学习国内外先进汽车企业开展服务的经验中，进一步"转变经营观念，创新营销思路，推行服务营销，全力拓展市场"，提高了长安汽车的知名度和用户满意度。

15.3.2 两种失败学习路径分析

通过两个案例研究，根据企业服务创新所处阶段采用的不同失败学习模式，本章总结出两种失败学习路径。由于制造企业开始关注服务创新普遍从20世纪90年代开始，21世纪初才形成规模，所以本章的路径研究时间点从21世纪初开始。

1. 内部驱动型失败学习路径

丰田主要进行了三阶段，多次的重要服务创新，每个阶段的服务创新都采用不同的失败学习方式，具体如下。

（1）早期阶段：为顾客提供整体的解决方案——外部探索式失败学习（2001～2008年）。

丰田的服务创新主要包括：①提供金融服务；②建立用户档案；③提供咨询服务。

中国加入WTO后，中国的汽车服务贸易尤其是汽车金融服务发展滞后，严重压制了潜在的消费群体。丰田公司仔细研究中国市场，分析了中国汽车市场服务的失败，针对中国市场，进行了"为顾客提供整体的解决方案"的服务创新。通过外部探索式失败学习，开创性地提出了适合中国用户的金融服务模式，于2003年成为中国首批获准筹建的外商独资汽车金融公司。丰田汽车金融公司将全球成熟、先进的汽车金融服务理念与中国用户需求相结合，为中国丰田客户提供量身定制的专业购车贷款服务。这种"一站式"的专业服务，流程便捷，节省了用户时间，为丰田在中国时间迅速扩大销量奠定了坚实基础。

（2）发展阶段：开发与企业产品有关的服务——内部利用式失败学习（2008～2010年）。

2008～2010年，汽车制造业发展迅速，丰田公司的服务创新更多是开发与产品有关的服务包括：①设立客户意见卡；②加强经销网络发展；③推出远程巡回服务，如爱车养护课堂、24小时救援服务等。

在2009年，丰田频发召回事件，累计召回汽车超过1000万辆。这些失败使丰田开始了内部利用式的失败学习，即学习2007年召回事件的失败经验。丰田在2007年的脚踏板事件后，通过经销商和电话中心的努力召回了大部分的汽车，并紧急快速地安抚了公众，重新建立起了"顾客至上"的信誉。此次失败使丰田意识到顾客沟通的重要性，丰田利用已有的服务创新经验，并对其进行了改良，进行了"开发与产品有关的服务"的服务创新。大幅调整了召回车型的售价，推出了五年期零利润的购车贷款合同和为期两年的免费维修服务，最终丰田从召回危机中复苏。

（3）深化阶段：发展面向特定关系的服务——内部探索式失败学习（2010年～至今）。

用户需求的多样化和差异化，刺激丰田公司寻找新的服务创新策略，针对用户的不同需求制定个性化的服务：①一汽丰田针对北方风沙气候及南方雨季季节而推出的"风沙套餐"和"雨季套餐"；②针对全国RAV4车主推出"三选一"的免费检测服务。

在此阶段，丰田进行了针对中国市场的服务创新。究其原因，还是前一时期的召回事件严重影响了丰田对中国本土化计划的实施，这也导致了丰田汽车在中国市场的"落后"。针对此次中国市场扩张的失败，丰田通过内部探索式失败学习进行服务创新,在中国市场进行"革命性"的"发展面向特定关系的服务"模式的创新。在2013年7月推行云计划,进行针对中国市场的服务创新,加强在中国的本土化改革,提高交通流模拟器的精度,扩大交通流模拟器的应用区域,建立了拥堵压力为"0",环境问题为"0"的绿色城市的目标。最终降低了道路拥堵方面交通事故的发生率,提高了中国顾客的满意度。

丰田公司开展服务创新过程中采用的失败学习路径如图15.2所示。

2. 外部驱动型失败学习路径

长安公司一直提倡创新,在市场竞争日益激烈的今天,服务创新是其开展竞争的利器,长安公司的服务创新如下。

(1) 发展阶段:开发与产品有关的服务——内部探索式失败学习(2003~2006年)。

进入21世纪,服务质量在很大程度上影响消费者的购买意愿。长安公司积极开展"开发与产品有关服务"的各类服务创新:①亲情服务;②24小时救援服务等。

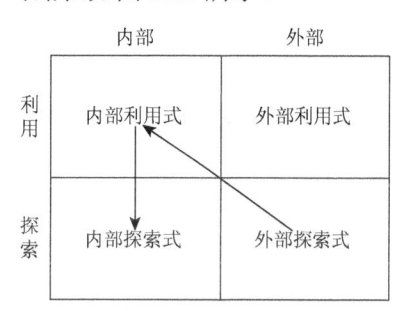

	内部	外部
利用	内部利用式	外部利用式
探索	内部探索式	外部探索式

图15.2 内部驱动型失败学习路径

在该阶段的服务创新过程中,长安公司主要开展了内部探索式失败学习。例如,2003年以来,长安汽车以小型车为主,但是整车获利能力有限,严重影响了长安的后续发展,为了获得长期收益,长安学习2000年处理微车降价的失败经验,在微车市场大幅降价的情况下,独辟蹊径打出"服务"牌,推出"与80万长安用户心连心"的大型巡游服务活动,对广大用户进行面对面的服务。最终长安汽车避开微车降价的负面影响,开创性地制定了有特色的"长安·亲情服务品牌"服务创新战略,建立了快捷反应的服务体系,主动应对各种服务问题。

(2) 巩固阶段:发展面向特定关系的服务——外部利用式失败学习(2006~2010年)。

长安公司在该阶段致力于打造专业化、个性化的精品服务,包括:①针对不同车型,提供不同的服务;②根据个性化需求,提供不同服务。

长安汽车在该阶段主要开展外部利用式失败学习来促进服务创新。例如,2006年以来汽车市场用户投诉明显增多,其中关于服务质量投诉的比重较多。长安意识到服务满意度和顾客口碑是其进一步发展的关键。针对其他汽车企业的失败案例,引入马自达的全球标准的SUG服务流程,进行服务创新。其服务流程有12个步骤:主动联系客户、预约、互动式接待、目录式报价、顾客关怀、作业安排、零部件准备、作业管理、完工审查、交车结账、跟踪回访、改善与提高。服务流程中的每一环节,都有专业人员提供服务。长安马自达凭借"一次修复、透明费用、准时交车"为核心的"全程关怀"服务理念,在服务细节上不断推陈出新,给车主带来增值体验。长安马自达汽车实现了"发展面向特定关系的服务"的制造企业服务创新模式。2006 年长安马自达汽车的销售和服务一度超过年初既定目标。

（3）增值阶段：为顾客提供整体的解决方案——外部探索式失败学习（2010 年～至今）。

长安公司通过创新开拓增值服务项目：①开通微车在线销售门户网站；②成立"售后三包联络站"，并率先在用户中推出"电话上门"服务，用户能够通过网络和电话顺利实现车辆的购买和维护。

2010 年上半年，随着中国汽车产业售后服务全球化和服务贸易全球化的加快，各大车企纷纷将竞争的战场由"前销售"向"后服务"转移。而一汽丰田则因为"召回"等一系列事件遭受冲击。但是一汽丰田没有自乱阵脚，而是通过更优质的服务来打消公众的疑虑和不满，继续蝉联车市销售冠军。长安汽车探索式学习一汽丰田应对召回事件的策略，采用制造企业服务创新的"为顾客提供整体方案"的创新模式。率先在行业内提出了"服务领先"核心营销策略，借助"前瞻、增值、纵深"三大创新型立体化服务模式，提升了长安汽车的核心竞争力。真正利用增值将"亲情服务"做出特色，做出品牌，实现了开拓增值服务创新项目的计划。

长安公司开展服务创新过程中采用的失败学习路径如图 15.3 所示。

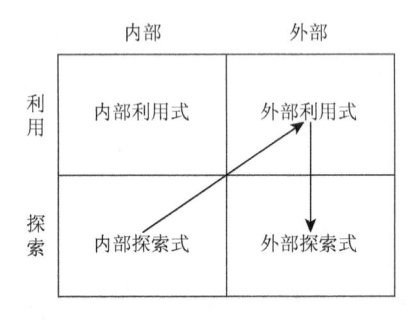

图 15.3　外部驱动型失败学习路径

15.3.3　跨案例研究

由图 15.2 和图 15.3 可以看出，丰田公司和长安公司的失败学习路径不同。两家制造企业在不同服务创新阶段采用了不同的失败学习方式，构成不同的失败学习路径。丰田公司采用的是内部驱动型的失败学习路径，相反，重庆长安采用的是外部驱动型的失败学习路径。丰田公司在开展服务创新初期，内部失败经验较少，多采用外部失败学习。在其发展后期，成为全球领先的制造企业，服务创新失败的经验丰富，转而侧重于内部失败学习。长安公司在服务创新发展初期出现了多次失败，而制造企业"服务竞争"的兴起，刺激长安公司学习外部的失败经验来开展服务创新，为顾客提供独特性的服务项目，提高企业绩效。

表 15.2 对比了丰田汽车和重庆长安在不同阶段的服务创新模式和失败学习模式。其中服务创新的三种创新模式分别由 A、B、C 表示，A 代表"开发与企业产品有关的服务"；B 代表"发展面向特定关系的服务"；C 代表"为顾客提供整体的解决方案"。

表 15.2 两家制造企业不同阶段失败学习路径影响因素研究

	丰田			长安		
阶段	早期阶段	发展阶段	深化阶段	发展阶段	巩固阶段	增值阶段
失败学习方式	外部探索式	内部利用式	内部探索式	内部探索式	外部利用式	外部探索式
服务创新模式	C	A	B	A	B	C
市场环境	金融服务不健全	召回问题频发	召回影响中国市场	整车获利能力有限	用户投诉增多	汽车市场召回频发
失败经验	少	多	多	多	少	少
服务意识	低	衰退	强	低	衰退	强
客户满意度	一般	低	低	一般	低	高

丰田公司和长安公司在进行 C 类模式的服务创新时，采用了相同的失败学习方式。其原因在于：①市场环境。汽车制造业的竞争由产品竞争向服务竞争转移，各大汽车制造企业在服务方面均出现失败。两公司只有探索式地提出服务创新策略才能在激烈的市场竞争中求得生存和发展。②失败经验。两公司在进行服务创新时，公司内部失败经验少，汽车市场上有众多服务创新的案例，因此具有进行外部失败学习的经验基础。

另外，由于中国市场没有健全的金融服务体系，丰田需要探索性地引进国外金融服务模式。长安公司在同一服务创新阶段，汽车市场召回事件频发，必须探索新的服务模式来避免失败。

需要注意的是，丰田公司和长安公司在采用 $A\backslash B$ 类服务创新时进行了不同方式的失败学习。

丰田公司和长安公司在开展 A 类模式的服务创新时，采用不同方式的失败学习。丰田公司采用内部利用式失败学习，而长安公司采用内部探索式失败学习。市场环境是造成其差异的主要原因。丰田公司在进行服务创新时，汽车市场上丰田召回事件频发。丰田拥有前期处理召回事件的经验，可以对内部失败经验进行利用或改良。长安公司在该阶段进行服务创新时，当时的汽车市场服务创新意识很弱，长安探索性地提出服务创新战略，能够提高公司利润。

同样地，两家制造企业在进行 B 类模式的服务创新时，丰田采用内部探索式失败学习，而长安公司采用外部利用式失败学习。其原因主要体现在：①失败经验。丰田在发展面向特定关系的服务阶段时，已发展成为全球最大的汽车制造商，拥有丰富的失败经验。因此，丰田具有进行内部学习的经验基础。长安公司在此阶段，进行针对长安马自达用户的服务创新，由于自身的服务创新失败经验少，所以需要学习公司外部经验。②客户满意度。丰田在出现召回问题后，用户满意度下降，造成了中国市场的"落后"。此时，丰田需要探索性的学习失败经验，提出了针对中国客户的服务创新计划。长安公司在进行服务创新时，中国汽车市场用户投诉增多，且服务质量投诉比重较大。为了提高长安马自达的服务水平，必须引进合作方日本马自达全球标准的 SUG 服务流程。

15.4 本章小结

本研究在回顾制造企业服务创新和失败学习相关理论基础上，对失败学习的模式进行了划分，运用跨案例研究方法，以两家制造企业（日本丰田公司和重庆长安公司）为研究对象，探讨了制造企业开展服务创新过程中采用的失败学习路径。研究结果表明：①失败学习可以划分为四种模式，即内部利用式失败学习、内部探索式失败学习、外部利用式失败学习、外部探索式失败学习；②本研究发现在制造企业服务创新的不同阶段采用不同的失败学习方式；③制造企业服务创新可采用两种失败学习路径，即内部驱动型失败学习路径和外部驱动型失败学习路径；④企业开展不同的服务创新模式，需要根据自身情况开展不同的失败学习模式。

本章的研究结论支持于晓宇等（2012）创业企业从失败中学习可以提高创新绩效的观点，初步揭示出失败学习对服务创新的作用机制，即制造企业通过学习企业内外部的失败经验，从而实现知识流动和共享，促进企业服务创新。此外，本研究在胡洪浩和王重鸣（2011）以及 March（1991）组织学习划分的基础上，将失败学习划分为四种学习模式，进一步完善了失败学习的相关研究。本研究还发现，企业在不同服务创新阶段采用不同的失败学习方式，并归纳了两种失败学习路径。这种动态转化结论借鉴了 Holmqvist（2004）提出的组织学习中不同学习方式转化的结论。

本研究尽管对制造企业服务创新失败学习进行了研究，但只是对国内外两种内部驱动型和外部驱动型制造企业进行的分析，未来可以采用统计分析和系统仿真等方法来弥补这个局限。同时需要指出，本章并未对不同服务创新失败学习的适用条件及影响因素进行研究，这个方面需要有待未来研究加以深化。

16 服务创新情景中政府激励下的制造企业失败学习演化路径研究

16.1 背　　景

中国"十三五"规划指出，将加快建设制造强国，实施《中国制造 2025》。因此，许多制造企业力图通过服务创新，推动制造企业向服务型制造转变。制造企业服务创新是利用新思想和新技术等来增强生产产品的服务能力，为客户创造更大价值的活动（罗建强等，2014）。对于制造企业而言，进入服务领域存在较高的不确定性和风险（Voss 等，2008）。创新失败成为了制造企业服务创新中的客观现象（张文红和赵亚普，2015）。

失败给企业明确提示了企业的知识缺口，企业失败学习能够从该缺口中生成新知识，避免类似失败和提高应对失败的能力（Sorenson，2003）。企业失败学习不仅需要企业内部的失败知识，更需要企业外部的失败经验（胡洪浩和王重鸣，2011）。但是，许多企业不会主动共享其失败经历（Desai，2010）。因此，企业间的合作需要来自政府角度的支持。在 2013 年初，BITKOM、VDMA 和 ZVEI 开展的关于"德国工业 4.0 战略前景"的调查中也发现，企业最需要政府"共享经验的机会"的扶持措施。日本政府早在 2001 年就创办了"活学活用失败知识研究会"，分析会员本身失败的案例，总结原因，提出对策，杜绝重犯错误。

相关研究对失败学习的动机、影响因素和学习效应的研究较多，缺乏对政府和企业失败学习决策的研究。鉴于此，本章在前人研究的基础上，综合考虑企业失败学习的收益支付情况，建立政府激励与企业失败学习的演化博弈模型，构建了失败学习决策路径，丰富了政府创新型国家的构建和企业失败学习的相关理论和实践基础。对政府构建创新型国家和企业失败学习等领域的研究都有重要的理论和现实意义。

16.1.1 失败学习

失败学习的研究起源于 Fredland 和 Morris。失败学习是对行业内企业的失败经验进行收集分析，改进导致失败的活动来避免遭遇重复失败，从而提升创新绩效的活动（胡洪浩和王重鸣，2011）。

从失败中学习是企业对不良后果的反思、改进行动以减少未来失败的过程

（Tjosvold 等，2004）。Cyert 和 March 指出公司在失败后比成功后更会改变其行为，并且能够刺激企业创新（Baumard 和 Starbuck，2005）。失败学习能够实现知识的传递和新知识的生成，增强企业服务性能（唐朝永等，2014a）。唐朝永等揭示了组织支持对失败学习的调节作用（唐朝永等，2014b）。然而，失败原因的复杂性、模糊性，需要企业间通过联盟合作来改善服务，获得更多的知识（Sinclair 等，2000）。Carmeli 和 Gittell（2009）也认为基于失败的学习，最重要的是组织成员间知识的交流与交换。企业可以观察同行业企业的失败，通过直接和间接的失败经验共同促进服务绩效的提高（Magazzini 等，2012）。在外部失败学习过程中，通过识别、定位、查找、诊断并解决企业创新问题，外部失败知识不仅能够解决现存的问题，促进产品创新，还能对企业的创新制度、服务领域进行战略性调整与转移，从而提升企业创新水平（查成伟等，2015）。由于企业利润最大化的动机，企业不一定会在任何情况下都采取失败学习行为，所以，本章选取企业失败学习决策路径作为研究视角。

16.1.2　政府激励

政府在制造企业失败学习中发挥着重要角色，不但为企业提供信息和资源，更是通过各种政策对创新活动给予支持（龙静等，2012）。Mahmood 和 Rufin（2005）提出，政府可以通过各种政策来控制市场条件，促进企业创新合作，从而提升国家的整体创新水平。Garrett-Jones（2004）分析澳大利亚政府的政策发现，政府通过采取各种政策措施建立知识共享平台、创立产业群，推动企业创新的发展。

关于政府激励对企业创新影响的研究已有大量的文献，主要集中在税收补贴和财政支持上。方重和赵静（2011）建立计量模型分析了政府通过政府采购、财政补贴和税收支出来影响企业创新行为。然而单一的政府激励手段会导致创新不足，需要多种政策组合才能有效促进创新绩效的提高（曾萍和邬绮虹，2014）。哥伦比亚号的失事是政府从失败中学习的一个重要例子，政府建立事故调查委员会，用来实现失败调查和信息共享，使美国宇航局阻止类似事故的发生。即使企业不希望透露失败信息，政府通常强制要求其披露，例如，美国参议院听证会对墨西哥湾漏油事件的披露。

16.2　构建演化博弈模型

16.2.1　构建博弈支付矩阵

本章认为，市场的竞争性和动态性，使得企业和政府很难做出决策。所以，假设政府有两种策略，其策略空间为 $S_O=$（激励，不激励），其采取"激励"和"不激励"策略的概率分别为 y 和 $1-y$；企业有两种策略，其策略空间 $S_E=$（失败学习，不失败学习），其选取"失败学习"和"不失败学习"的概率分别为 x 和 $1-x$。其中，政府的"激励"策略是指，鼓励企业进行失败学习，为企业提供政策支持；政府的"不激励"策略是指对企业的失败学习情况放松、不鼓励。制造企业的"失败学习"策略是指企业在自身或其他企业服务创新失败后进行失败学习，对企业服务情况进行调整和优化；"不失败学习"策略是指企业不进行失败学习或反思。假定政府和制造企业都是有限理性的参与者，他们对各自的收益水平和博弈过程是完全了解的。

根据上述分析构建博弈支付矩阵，政府在不激励企业失败学习时正常的收益为 W。对企业而言，不失败学习的一般收益为 R。于晓宇和蔡莉通过对高科技新创企业的研究发现，失败学习对提升企业创新绩效有显著影响（于晓宇和蔡莉，2013）。假定政府"激励"时企业失败学习获得的收益为 a。与此同时，政府的激励策略给予企业的失败学习奖励为 b（包括政策扶持、税收优惠和补贴资金等奖励）。企业完成失败学习付出的时间和人力成本为 C。其中，政府的激励成本为 u。但是，政府"不激励"时，企业付出相同的失败经验搜索成本时，并不能获得全部的信息，甚至一无所获，此时企业的失败学习收益为 d。

企业失败学习会增加企业利润，随着企业利润的增加，政府获得相应的税收收入也会增加，政府在"激励"和"不激励"两种策略下得到的额外收益分别为 h_1 和 h_2。企业若未能对服务创新失败进行反思，会使企业面临失败风险，导致重复失败。假定企业不进行失败学习产生的重复失败损失为 f。因此，得到了不同策略下的支付收益矩阵。

假设制造企业 E 选择"失败学习"策略的概率为 x，选择"不失败学习"策略的概率为 $1-x$；政府 G 选择"激励"策略的概率为 y，选择"不激励"策略的概率为 $1-y$。且 $0<x<1, 0<y<1$。

政府和制造企业支付矩阵见表 16.1。

表 16.1 政府 G 和制造企业 E 博弈支付矩阵

		政府 G	
		激励（y）	不激励（$1-y$）
制造企业 E	失败学习（x）	$R-C+a+b; W-u-b+h_1$	$R-C+d; W+h_2$
	不失败学习（$1-x$）	$R-f; W-u$	$R-f; W$

16.2.2 构建复制动态方程

根据假设，制造企业 E 的采取"失败学习"和"不失败学习"策略的收益期

望函数分别为 U_{EC} 和 U_{ED}，群体的平均收益为 $\bar{U}_E$。

$$U_{EC} = y(R-C+a+b)+(1-y)(R-C+d) = (R-C+d)+(a+b-d)y$$

$$U_{ED} = y(R-f)+(1-y)(R-f) = R-f$$

$$\bar{U}_E = x \cdot U_{EC}+(1-x)\cdot U_{ED}$$

制造企业 E 采取"失败学习"的复制动态方程为

$$\frac{d_x}{d_t} = x\cdot(U_{EC}-\bar{U}_E) = x\cdot(1-x)\cdot[(-C+d+f)+(a+b-d)y]$$

根据假设，政府 G 选择"激励"和"不激励"策略的收益期望函数分别为 U_{GC} 和 U_{GD}，群体的平均收益为 $\bar{U}_G$。

$$U_{GC} = x\cdot(W-u-b+h_1)+(1-x)\cdot(W-u) = (W-u)\cdot x+(W-b+h_1)$$

$$U_{GD} = x\cdot(W+h_2)+(1-x)\cdot W = W+h_2\cdot x$$

$$\bar{U}_G = y\cdot U_{GC}+(1-y)\cdot U_{GD}$$

政府 G 选择"激励"策略的复制动态方程为

$$\frac{d_y}{d_t} = y\cdot(U_{GC}-\bar{U}_G) = y(1-y)\cdot[(-b+h_1-h_2)x-u]$$

16.3　演化博弈模型分析

16.3.1　雅可比矩阵分析

根据稳定性分析方法，其演化均衡点的稳定性是通过对演雅可比矩阵的分析得到。上述系统的雅可比矩阵为

$$J = \begin{bmatrix} (1-2x)\cdot[(-C+d+f)+(a+b-d)y] & x(1-x)\cdot(a+b-d) \\ y(1-y)\cdot(-b+h_1-h_2) & (1-2y)\cdot[-u+(-b+h_1-h_2)x] \end{bmatrix}$$

其中，

$$\det J = (1-2x)\cdot[(-C+d+f)+(a+b-d)y]\cdot(1-2y)\cdot[-u+(-b+h_1-h_2)x]$$
$$-x(1-x)\cdot(a+b-d)\cdot y(1-y)\cdot(-b+h_1-h_2)$$

$$\operatorname{tr} J = (1-2x)\cdot[(-C+d+f)+(a+b-d)y]+(1-2y)\cdot[-u+(-b+h_1-h_2)x]$$

通过对演化博弈模型分析得到其局部均衡点，分别为 (0,0)、(1,0)、(0,1)、(1,1)、(x^*,y^*)，其中 $x^* = \dfrac{u}{-b+h_1-h_2}$，$y^* = \dfrac{C-d-f}{a+b-d}$。得出雅可比矩阵在该稳定点处的行列式值和迹的符号，见表 16.2，稳定性见表 16.3。

表 16.2　均衡点处雅可比矩阵行列式值和迹数值讨论

均衡点	det$J$	tr$J$
$x=0, y=0$	$-C+d+f$	$-u$
$x=0, y=1$	$-c+a+b+f$	u
$x=1, y=0$	$c-d-f$	$-u-b+h_1-h_2$
$x=1, y=1$	$C-a-b-f$	$u+b-h_1+h_2$
$x=x^*, y=y^*$	$-\dfrac{u(-b+h_1-h_2-u)(C-d-f)(a+b-d-C+d+f)}{(-b+h_1-h_2)(a+b-d)}$	0

表 16.3　稳定结果成立的条件及状态分析

平衡点	det$J$	tr$J$	条件1	条件2	稳定状态
(0,0)	+	−	$R-C+d<R-f$	$W-u<W$	ESS
(1,0)	+	−	$R-f<R-C+d$	$W-u-b+h_1<W+h_2$	ESS
(1,1)	+	−	$R-f<R-C+a+b$	$W+h_2<W-u-b+h_1$	ESS

从表 16.3 中可以看出，该系统有三个稳定点 (0,0),(1,0),(1,1)，即（不失败学习，不激励），（不失败学习，激励），（失败学习，激励）。

16.3.2　演化路径分析

通过上述分析可以看出整个系统的演化过程如下。

初期，由于市场竞争和企业自我保护意识，政府组织企业失败学习的困难较大，此外经费限制和激励成本的影响，使得"不激励"成为政府较为现实的策略选择。制造企业在服务创新初期，创新力度小，所以失败损失较少，而失败学习需要大量的时间和人力资源，学习成本较高。与此同时，失败学习未得到企业太多重视。企业"不失败学习"策略的净收益大于"失败学习"的净收益，企业受利益最大化趋势的影响，普遍采用"不失败学习"的策略。因此，制造企业和政府的最优选择为（不失败学习，不激励），对应上文的(0,0)。

由于市场竞争的加剧和企业间的习惯性防卫，企业间不愿意分享失败经验。政府激励策略面临诸多困难，所以政府的最优选择依然是"不激励"。虽然政府采取不激励策略，但是失败可以激发企业解决问题，改变旧的服务流程及服务方式，更换导致失败的服务（Madsen 和 Desai，2010）。况且，企业"不失败学习"而导致重复失败的损失远大于"失败学习"的成本。因此，企业会开展失败学习。系统从（不失败学习，不激励）向（失败学习，不激励）方向演进，对应演化路

径为 $(0,0) \Rightarrow (1,0)$。

制造企业失败学习意识的增强，促使企业间的信任和沟通频率的增加，政府激励企业参与活动的激励成本降低。政府"激励"企业失败学习的收益大于"不激励"策略的收益，政府开始采取"激励"策略。企业间的紧密合作促使企业失败学习，企业内员工识别失败、分析失败能力的加强，失败学习成本降低。此时企业"失败学习"的净收益已经远超于"不失败学习"的净收益。系统由（失败学习，不激励）向（失败学习，激励）方向演进，对应的演化路径为 $(1,0) \Rightarrow (1,1)$。

以上分析显示，整个系统的演化路径为 $(0,0) \Rightarrow (1,0) \Rightarrow (1,1)$，即（不失败学习，不激励）$\Rightarrow$（失败学习，不激励）$\Rightarrow$（失败学习，激励）。

16.4 仿真分析

16.4.1 模型分析

以某公司服务创新项目为例，分析重复失败的损失、政府激励成本和失败学习成本对企业策略选择的影响。根据现实情况和模型的假设条件，相关参数取值如下：$W=2000$，$R=2000$，$C=800$，$a=1000$，$b=100$，$d=300$，$f=300$，$u=300$，$h_1=600$，$h_2=100$。由此得到制造企业 E 和政府 G 的博弈支付矩阵（见表16.4）和稳定性分析结果（见表16.5）。

表 16.4 政府 G 和制造企业 E 博弈支付矩阵

		政府 G	
		激励（y）	不激励（$1-y$）
制造企业 E	失败学习（x）	2300；2200	1500；2100
	不失败学习（$1-x$）	1700；1700	1700；2000

表 16.5 局部稳定性分析

均衡点	$\det J$	$\mathrm{tr} J$	结果
$x=0, y=0$	60000	-500	ESS
$x=0, y=1$	60000	700	不确定
$x=1, y=0$	20000	300	不确定
$x=1, y=1$	60000	-700	ESS
$x=0.75, y=0.25$	-11250	0	鞍点

由表 16.5 得系统的局部稳定点有 5 个，分别为 (0,0),(0,1),(1,0),(1,1),(0.75,0.25)。其演化方向如图 16.1 所示。

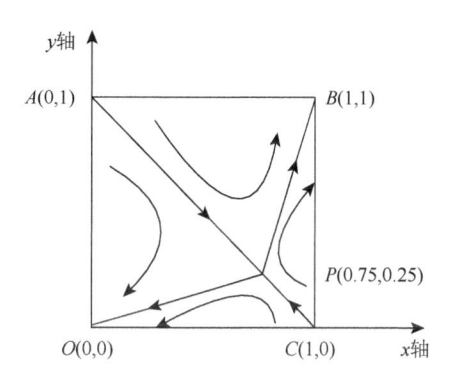

图 16.1　制造企业与政府动态演化图

在 5 个稳定均衡点中，仅有（0，0）和（1，1）稳定，是两个演化稳定策略（ESS），分别对应于（不失败学习，不激励）和（失败学习，激励）策略。演化结果由区域 APCO 和区域 ABCP 的面积大小来决定。当 $S_{APCO} < S_{ABCP}$ 时，（失败学习，激励）的概率大于（不失败学习，不激励）的概率，当 $S_{APCO} > S_{ABCP}$ 时，（不失败学习，不激励）的概率大于（失败学习，激励）的概率。其中

$$S_{APCO} = \frac{1}{2}\left[\frac{u}{-b+h_1-h_2} + \frac{C-d-f}{a+b-d}\right], \quad S_{ABCP} = 1 - S_{APCO}$$

16.4.2　参数分析

在博弈分析过程中，支付矩阵中参数的变化会导致均衡点的变化，系统向不同的方向收敛。具体参数分析如下。

（1）制造企业不失败学习，失败概率增加造成的损失 f。

制造企业不失败学习造成损失的增长对鞍点坐标有影响，进而影响企业和政府策略的演化路径。随着损失 f 从 300 增加到 1000，鞍点坐标向下平移，区域 APCO 的面积 S 变小，系统收敛于（1，1）的概率就越大。如果制造企业不进行失败学习，就会缺乏有关顾客问题和服务市场的知识，将面临重复失败或者出现更大的失败。随着重复失败损失的增加，制造企业认识到失败学习可以提升企业核心竞争力，促使企业决策开始向着失败学习的方向收敛。参见图 16.2 和图 16.3。

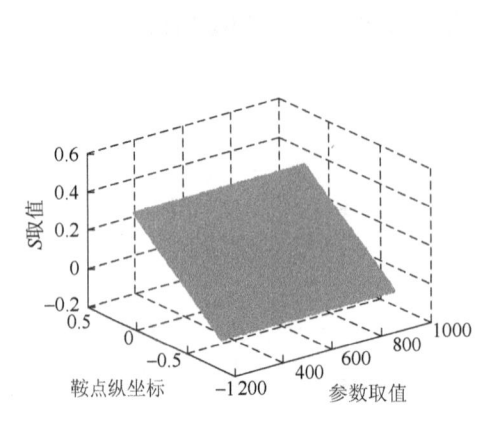

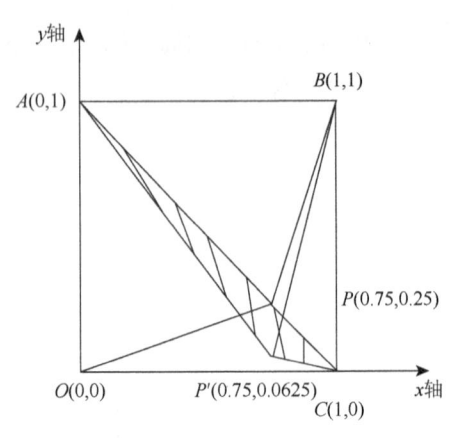

图 16.2　参数 f 的变化对鞍点坐标的 S 取值的影响

图 16.3　参数 f 的变化对制造企业和政府的演化路径的影响

（2）政府的激励成本 u。

在图中，政府的激励成本 u 从 300 降到 100，鞍点坐标向右平移，区域 $APCO$ 变为 $AP'CO$，面积 S 减少了 $AP'CP$，系统收敛于（1，1）点。制造企业服务创新意识增强，希望通过失败学习降低创新的风险，提升组织绩效。此时，政府的"激励"政策就为企业失败学习提供了失败知识交流的机会，企业间更愿意相互交流和共享信息，能够更好地改进制造企业服务创新失败。激励成本越低，政府搭建平台的成本降低，"激励"策略的概率就越高，导致稳定点朝着（失败学习，激励）的方向演进。参见图 16.4 和图 16.5。

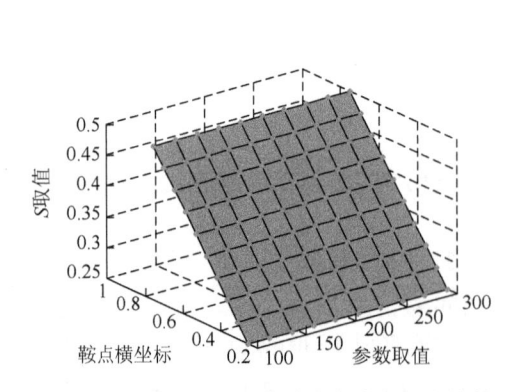

图 16.4　参数 u 的变化对鞍点左边和 S 取值的影响

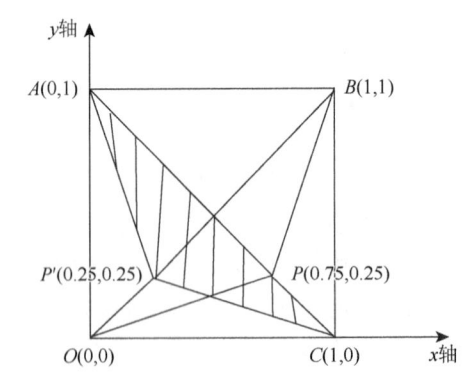

图 16.5　参数 u 的变化对制造企业和政府的演化路径的影响

（3）制造企业失败学习成本 C。

在图中，失败学习成本 C 从 800 变为 1400，鞍点坐标向上平移，区域 $APCO$

的面积 S 变大,系统收敛于(0,0)的概率增加。制造企业失败学习的成本包括参加政府激励活动的时间和人力成本、失败经验的获取、吸收和转化成本。随着企业失败学习成本的增加,企业因失败学习获得的收益将降低,企业和政府决策向着(不失败学习、不激励)的方向演进。参见图 16.6 和图 16.7。

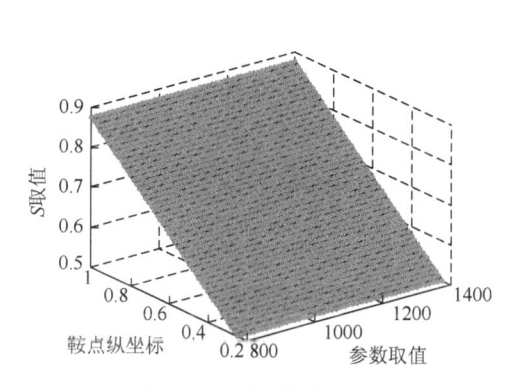

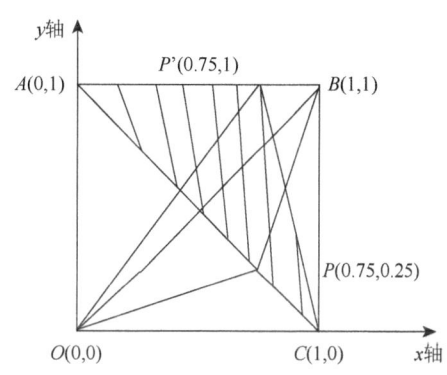

图 16.6 参数 C 的变化对鞍点坐标和 S 取值的影响

图 16.7 参数 C 的变化对制造企业和政府的演化路径的影响

16.5 本章小结及相关建议

本章通过建立演化博弈模型,分析政府激励与制造企业失败学习策略的相互影响,得出了系统演化路径为(不失败学习,不激励)⇒(失败学习,不激励)⇒(失败学习,激励)。另外,通过数值模拟和仿真分析发现企业重复失败的损失、政府激励成本、企业失败学习成本会影响企业和政府的路径选择。基于上述结论,本章对制造企业和政府决策提出了如下建议。

(1)制造企业在没有任何外部激励的情况下,应坚持开展失败学习。

分析制造企业策略的演化路径发现,在政府不激励的情况下,企业仍应该主动进行失败学习。首先,企业应营造宽容的学习氛围,鼓励员工提出改进建议并加以采纳。例如,通过网站留言搜集员工建议,提高员工发现失败、学习失败的能力。其次,企业可以设立服务监控及追踪评价体系,为失败学习提供知识储备。

(2)政府应重视企业失败学习实践,搭建失败学习平台,激励企业有效学习失败经验。

在企业失败学习前期,虽然政府激励成本较高,但是此时应主动开展调研,了解企业失败学习情况,分析激励策略收益。当企业开展失败学习后,政府应致力于搭建失败学习平台,建立各种鼓励机制,确保行业内企业广泛参与到失败学习活动中。激励收益增加阶段,重视平台的使用效率,实施平台监督机制,促进企业合理有效的失败学习。

（3）制造企业应完善失败学习流程，有效利用学习平台，控制企业失败学习成本。

企业开展失败学习前期，需要投入时间和人力成本，收集失败经验。当失败学习收益大于不失败学习的收益时，应当完善失败学习流程，及时收集企业内、外部的有用信息，控制失败学习成本。政府激励企业失败学习阶段，应当充分利用政府搭建的失败学习平台，控制失败学习成本，全面提升失败学习效率。

17 企业服务创新绩效评价指标体系研究

17.1 背景

企业创新是指企业对产品、生产技术或管理方法的变革（董晓芳和袁燕，2014）。技术创新的理论观点早在1912年就由美籍奥地利经济学家熊彼特在《经济发展理论》一书中提出，从20世纪30年代，学者就已经开始对制造业技术创新展开研究（蔺雷和吴贵生，2004）。相比之下，服务创新研究起步较晚，从20世纪90年代开始，很多学者才开始关注并研究服务创新的问题。但是随着经济的日益知识密集化和经济结构的升级，服务业已经超越制造业，成为促进经济增长的主要动力（原小能，2009）。服务创新和技术创新是差别化的根本源泉，服务创新还可以为技术创新的成功提供一定的保障（常春喜，2001），所以无论是什么类型的企业都应高度重视服务创新。

虽然服务创新研究已经有二三十年的历史，但大多数的研究都是围绕企业如何进行服务创新、服务创新的特性是什么、创新与顾客的关系、服务创新有哪些过程和科技对创新的影响等方面进行（张秋莉和盛亚，2005），服务创新绩效评价作为服务创新研究中一个重要问题，研究成果却较少，尤其是国内的研究层次还没有达到国外的水平（申静和张梦雅，2012）。因此，为了对企业的服务创新绩效进行较好的测量，本章将构建一个企业服务创新绩效评价指标体系。

17.2 服务创新绩效评价指标体系研究的内容和发展

学者对服务创新的定义不尽相同，本章引用Gadrey等（1995）的观点，认为服务创新是针对特定的客户提供一种新的解决问题的方法，它不提供有形的产品，它是人力资本、技术、组织和能力的集成，具有很强的异质性。Fitzsimmons等（2007）在《服务管理：运作、战略与信息技术》中把服务创新按新颖程度分为了根本创新和附加创新（表17.1）。

表 17.1 服务创新分类

服务创新分类		按新颖程度划分	
根本创新	主要创新	开始业务或为现有市场提供新服务	
附加创新	服务范围延伸	服务进步	风格变化

服务创新评价研究主要涉及以下五个方面，一是构建评价指标体系，二是各个指标权重的确定，三是评价数据的收集，四是评价方法选择，五是评价结果分析，其中前两个方面直接影响评价结果是否准确、合理，是研究的重点，也是难点（申静和张梦雅，2012）。评价指标的选择主要依据理论基础；每个指标的权重可以由实地调研、访谈等手段得来；收集的数据可以是自己调查得到的一手数据，也可以是从网上、报刊等统计得来的二手数据；指标必须是可测的，可以是定性的指标，也可以是定量的指标，对于定性的指标，一般采用量表打分形式获得数据；评价的方法也多种多样，有模糊数学评价、层次分析法等；评价结果的分析就是利用评价指标体系和收集的数据，通过数据处理和分析，对某个企业服务创新绩效进行界定。

在学术界刚开始关注、研究服务创新绩效评价指标体系时，技术创新绩效评价指标体系的研究就已经相当成熟，这就一定程度上导致了早期的服务创新绩效评价注重的是跟技术相关的维度，涉及的非技术创新维度很少，所以初期的服务创新绩效评价指标体系虽然有一定的价值，但并不能很好地反映企业真实的服务创新绩效。后来的研究对这方面的缺陷进行了改善，开始逐渐重视非技术形式创新的指标，在原来研究的基础上加入了越来越多的非技术创新指标。未来服务创新绩效评价发展趋势是要建立一个更为宽泛的服务创新评价指标体系，既要包括技术创新指标，也要包括非技术创新指标，将两者整合到一起的方法将会越来越多地使用（原小能，2009；张秋莉和盛亚，2005；申静和张梦雅，2012）。

17.3 服务创新绩效评价指标体系构建的原则

评价指标体系由多个指标构成，是具有内在结构的有机整体。为使指标体系科学化、规范化，在构建企业服务创新绩效评价指标体系时，应遵循以下原则。

（1）系统性原则。"服务创新"是一个综合概念，选取的指标之间要有一定的逻辑关系，不仅要求从不同方面反映服务创新绩效评价的基本内容，还要求各个指标能够共同构成一个有机统一体。指标体系的构建要具有层次性，自上而下，从宏观到微观层层深入，一级指标和二级指标要具有很强的相关性，确保一级指标从属于二级指标，并且能够反映二级指标的水平。各个评价指标应该具有典型代表性，不能过多，指标太多会让整个指标体系复杂，难以操作，而且绝对不能加入不相关的因素，也不能过少，否则不能综合反映服务创新水平，关键是要找出那些真正能够反映企业服务创新绩效的指标加以运用。

（2）科学评价的原则。指标体系的设计及评价指标的选择必须以科学性为原则，能够客观、准确、全面反映企业服务创新绩效。评价指标体系的构建可分为两个过程，一是选取评价指标；二是由评价指标构建评价指标体系。两个过程都要遵循科学性的原则，首先选取的评价指标必须是可测的，而且要避免指标信息遗漏、重复，最好评价数据容易获取且计算方法简明易懂；其次，构建评价指标体系的方法要具有科学性，换而言之就是，评价指标体系的构建要有其内在的逻辑性，不能是简单的堆砌。

（3）可比性原则。服务创新评价指标体系要能够从多方面衡量企业服务创新水平。可比性原则要求同一层次上的指标要具有独立性，同一层次上的指标必须相互独立，不能相互交叉重复，否则相互之间不能比较。指标设置尽量符合统计制度的标准要求，方法统一、口径统一、计量单位规范。在构建指标体系时，要尽量采用国际或国内普遍认可的指标（李立清和李明贤，2007）。由于各行各业的发展水平和行业结构不尽相同，所以对于某些具有针对性的评价指标体系可以加入一些特色指标。

（4）简便可行的原则。各指标应该在保证可行的前提下，尽量简单明了、便于收集，具有很强的操作性。如果具有基本同等代表性的指标，首先考虑选取数据收集方便、误差较小的指标。选择指标时也要考虑能否采取定量处理，以便进行数学计算和分析。

17.4 服务创新绩效评价指标体系构建

现有的服务创新绩效评价指标体系都十分看重影响企业当前的服务创新绩效的因素，而忽略那些对企业未来服务创新绩效有影响的因素。从持续发展的角度看，当企业有能力继续保持当前的良好服务创新水平时，我们才能说该企业的服务创新绩效较好，而不会是昙花一现。所以本章提出了创新人才培养指标，通过测量企业在创新人才培养方面的投入，可以预估该企业在未来一定时间内的服务创新绩效的变化态势，能够更准确地对企业服务创新绩效进行评价。除此之外，本章构建的指标体系还包含了企业服务创新的直接产出、经济效益和市场竞争力指标，分别从顾客、公司两个角度，利用企业可见的和不可见的指标，通过直接和间接的方式综合分析、判断企业的服务创新绩效。

根据服务创新绩效评价指标体系的特点以及发展趋势，结合前人的研究，本章在遵循上述原则的基础上提出了企业服务创新绩效评价指标体系（表17.2）。从服务创新的内容来看，服务创新可以分为两类，第一类是服务产品的创新，第二类是服务模式的创新，本章不对这两类服务创新进行区分，统称为服务产品创新。表中各项指标解释如下。

新（改进）服务产品数：包括两个方面，一是属于根本创新的新型服务产品，与以前相比有重大改进，这类的服务产品数一般较少，开发难度较大，另一种是属于附加创新，在原有的服务产品上做了一些改进，或者是整合了以前的服务产品,虽然不是完全革新的产品,但是与原有的服务产品比,在某些方面上做了改进,如减少了时间,提高了效率等。

表 17.2 服务创新绩效评价指标体系

维度	序号	指标
服务创新产出	1	新（改进）服务产品数
	2	专利申请数
	3	科技论文数
	4	主持或参与制定的新标准数
新（改进）服务产品的经济效益	5	因新（改进）服务增加的产品销售率
	6	因新（改进）服务增加的产品利润率
	7	因新（改进）服务成本降低额
市场竞争能力	8	顾客参与度
	9	顾客满意度
	10	顾客忠诚度
	11	新顾客的增加数
	12	服务水平在同行业的地位
创新人才的培养	13	服务创新研发成本占总成本的比重
	14	服务创新研发人员占总员工的比重
	15	员工培训与学习成本占总成本的比重
	16	员工创新意识

专利申请数:在评审时间内企业申请的专利数。

科技论文数:在评审时间内企业发表的科技论文的数量,科技论文是指在专业刊物上发表,也可在学术会议及科技论坛上报告、交流,并力争通过开发使研究成果转化为生产力,具有学术性、创新性和科学性的特点。

这里需要说明的是,专利申请数和科技论文数是用来衡量企业技术创新绩效的指标,本章引入这两个指标意在做个参考。对于一个企业来说,高超的技术水平和领先的服务水平通常是相辅相成的,服务的改进都需要采用新技术,就像国外学者 Barras 所讲的服务创新通常是由新技术诞生而引起的,所以本章加入了这两个参考指标。

主持或参与制定的新标准数:在评审时间内企业主持或参与制定的国际、国家级、省部级行业新标准数。

因新（改进）服务增加的产品销售率：通过新（改进）的服务产品增加的产品销售额在总销售额中的比重。

因新（改进）服务增加的产品利润率：通过新（改进）的服务产品增加的产品利润在总利润中的比重。

因新（改进）服务成本降低额：通过新（改进）的服务产品减少的总成本。

顾客参与度：顾客参与包括服务生产和传递过程中的参与，如合作生产、顾客接触和服务定制等。顾客参与有利于企业从顾客那获得知识，而顾客的知识转移对服务创新绩效有着正向的促进作用（张若勇等，2007）。

顾客满意度：指顾客在消费相应的产品或服务之后，所产生的满足状态等次，是一种心理状态。

顾客忠诚度：指顾客忠诚的程度，是一个量化概念。与顾客忠诚度的不同在于，顾客满意度是评量过去的交易中满足顾客原先期望的程度，而顾客忠诚度则是评量顾客再次购买以及参与企业举办活动的意愿。

新顾客的增加数：在评审时间内初次购买企业产品或服务的顾客数量。

服务水平在同行业的地位：是指将企业与同行业其他企业比较，服务水平的相对高低。

服务创新研发成本占总成本的比重：在评审时间内企业投入服务创新研发的成本（包括设备购买、研发人员薪资和从其他企业购买的服务创新技术成本等）占企业总成本的比重。

服务创新研发人员占总员工的比重：在评审时间内企业从事与服务创新相关研究的所有人员占总员工的比重。

员工培训与学习成本占总成本的比重：在评审时间内企业因为新（改进）的服务产品而培训员工的成本占总成本的比重。

员工创新意识：考察企业的员工是否注重创新，有无创新意识。

该评价指标体系一共有4个二级指标，16个一级指标，可直接测量的一级指标有11个，不可直接测得的一级指标5个，分别是顾客参与度、顾客满意度、顾客忠诚度、服务水平在同行业的地位和员工创新意识。对于不可直接测得的指标，用量表打分的方法进行评价。对于顾客忠诚度这个指标相对较复杂，一般可运用三个主要指标来衡量顾客忠诚度，这三个指标分别是：整体的顾客满意度（可分为很满意、比较满意、满意、不满意、很不满意）；重复购买的概率（可分为70%以上，70%～30%，30%以下）；推荐给他人的可能性（很大可能、有可能、不可能）。

指标的评价方法并不唯一，可以采取多种不同方法进行评价。但是指标的量纲、单位、数量级有所不同，所以要先统一单位，将每个指标都化为无量纲化，无数量级差别的标准分，然后对企业的服务创新绩效进行评价（张德海和刘德文，2010）。

17.5 本章小结

虽然服务创新绩效评价指标体系尚未形成统一的标准，但总体趋势是要建立一个更为全面、包含多类指标、能够更加全面反映企业服务创新水平的指标体系，而且针对不同行业、不同地区的评价，可以有不同的指标体系或者不同的指标权重加以区分。当然，这将是一个漫长而复杂的过程，本章只是提出了一个简单、易操作的评价指标体系，没有较好的针对性，更全面的服务创新绩效评价指标体系有待进一步研究。

参 考 文 献

安德鲁·坎贝尔, 凯瑟林·萨默斯, 卢斯. 1999. 核心能力战略——以核心竞争力为基础的战略[M]. 大连：东北财经大学出版社,

卜心怡, 张辰鸿, 桑滨. 2014. 顾客—企业知识协同演化研究——基于主体策略和网络结构更新视角[J]. 科学学研究, 32（7）：1070-1080.

查成伟, 陈万明, 彭灿. 2015. 外部社会资本、失败学习与突破性创新[J]. 中国科技论坛, 2：109-136.

查成伟, 陈万明, 唐朝永. 2016. 高质量关系、失败学习与企业创新绩效[J]. 管理评论, 2（28）：175-184.

常春芳. 2001. 服务创新是产品创新成功的保证[J]. 成都航空职业技术学院学报, 17（1）：18-20.

陈菊红, 汪应洛, 孙林岩. 2001. 虚拟企业伙伴选择过程及方法研究[J]. 系统工程理论与实践, 7：48-53.

陈晓萍, 徐淑英, 樊景立. 2008. 组织与管理研究的实证方法[M]. 北京：北京大学出版社.

陈业华, 邱苑华. 1999. R&D 投资决策可靠性的熵（法）评价[J]. 科研管理, 20（6）：71-76.

党兴华, 李玲, 张巍. 2010. 技术创新网络中企业间专用性投资与合作动机对企业合作行为的影响研究[J]. 预测, 5（29）：37-41.

董晓芳, 袁燕. 2014. 企业创新、生命周期与聚集经济[J]. 经济学（季刊）, 13（2）：767-792.

杜维, 刘阳, 马阿双. 2015. 失败学习对制造企业物流服务创新的影响[J]. 商业研究,（10）：168-173.

樊友平, 陈静宇. 2000. 公司战略联盟选择的决策方法研究[J]. 中国软科学, 8：102-105.

樊治平, 冯博俞, 竹超. 2007. 知识协同的发展及研究展望[J]. 科学学与科学技术管理, 28（11）：85-91.

范秀成, 杜琰琰. 2012. 顾客参与是一把"双刃剑"——顾客参与影响价值创造的研究述评[J]. 管理评论, 12：64-71.

方重, 赵静. 2011. 政府公共财政行为激励企业 R&D 的效应研究[J]. 研究与发展管理, 23（3）：102-111.

葛京. 2004. 战略联盟中组织学习效果的影响因素及对策分析[J]. 科学学与科学技企业管理术管理, 3：136-140.

郭存芝. 2001. 股票投资价值的熵权系数评价方法研究[J]. 南开经济研究, 5：65-67.

郭敏. 2002. 合作型供应链的协调和激励机制研究[J]. 系统工程, 20（4）：49-53.

韩智勇, 高玲玲. 2004. 基于交易费用理论的虚拟企业动力机制及效率边界分析[J]. 科研管理, 1：102-108.

胡洪浩, 王重鸣. 2011. 国外失败学习研究现状探析与未来展望[J]. 外国经济与管理, 33（11）：39-47.

化柏林. 2008. 数据挖掘与知识发现关系探析[J]. 情报理论与实践, 31（4）：507-510.
黄芳铭. 2005. 结构方程模式：理论与应用[M].北京：中国税务出版社.
贾薇, 张明立, 王宝. 2011. 服务业中顾客参与对顾客价值创造影响的实证研究[J]. 管理评论, 5：61-69.
简兆权, 李雷, 柳仪. 2013. 服务供应链整合及其对服务创新影响研究述评与展望[J]. 外国经济与管理, 35（1）：37-45.
姜铸, 李宁. 2015. 服务创新、制造业服务化对企业绩效的影响[J]. 科研管理, 36（5）：29-37.
蒋楠, 赵嵩正, 吴楠. 2015. 服务知识获取模式对服务创新绩效影响研究——以服务型制造企业为例[J]. 科技进步与对策, 32（9）：67-70.
李军锋. 2003. 重庆市制造企业先进制造技术质量管理、与企业绩效之实证研究[D]. 重庆：重庆大学.
李立清, 李明贤. 2007. 社会主义新农村建设评价指标体系研究[J]. 经济学家, 1：45-50.
李曼, 陆贵龙, 施建军. 2012. 制造业服务创新应从价值路径研究[J]. 经济与管理, 26（9）：67-70.
李鹏忠, 张为民, Horst Meier, 等. 2007. 促进制造业可持续发展的创新服务模式——协同服务[J]. 制造业自动化, 29（3）：1-3, 9.
李随成, 禹文钢. 2011. 制造商对供应商长期导向的前因作用机理研究[J]. 管理科学, 24（6）：79-92.
李文元, 梅强. 2007. 企业组织学习的知识获取途径研究[J]. 科研管理研究, 2（2）：186-188.
李忆, 司有和. 2009. 关系情境、供应商承诺与合作效应的实证研究[J]. 管理工程学报, 23（2）：148-151.
李瑜玲. 2003. 动态联盟若干问题的研究[J]. 商业研究, 24：71-74.
林方, 黄慧君. 2007. 供应链上下游企业完全专用性投资关系的稳定性研究[J]. 工业工程, 10（1）：43-47.
林云, 田帅辉. 2012. 物流云服务——面向供应链的物流服务新模式[J]. 计算机应用研究, 1：224-228.
蔺雷, 吴贵生. 2003. KIBS在创新中的作用[J]. 科学学研究, 21：259-262.
蔺雷, 吴贵生. 2004. 服务创新研究方法综述[J]. 科研管理, 25（3）：19-23.
蔺雷, 吴贵生. 2005. 服务创新：研究现状概念界定及特征描述[J]. 科研管理, 26（2）：1-6.
刘丹. 2013. 服务创新对物流企业绩效影响的实证研究[J]. 技术经济, 32（5）：28-35.
刘丹. 2014. 物流企业服务创新模式与路径[J].中国流通经济, 4：77-84.
刘刚. 2011. 基于产业互动的制造业服务物流创新研究[J]. 商业经济与管理, 5：22-29.
刘军. 2008. 管理研究方法：原理与应用[M]. 北京：中国人民大学出版社.
刘军, 王雁. 2007. 物流企业服务创新的路径与战略选择[J]. 物流技术, 26（1）：14-16.
刘益, 钱丽萍, 尹健. 2006. 供应商专项投资与感知的合作风险：关系发展阶段与控制机制的调节作用研究[J]. 中国管理科学, 14（1）：30-36.
龙静, 黄勋敬, 余志杨. 2012. 政府支持行为对中小企业创新绩效的影响——服务性中介机构的作用[J]. 科学学研究, 30（5）：782-792.
吕晖, 叶飞, 强瑞. 2010. 供应链资源依赖、信任与关系承诺对信息协同的影响[J]. 工业工程与管理, 15（6）：7-15.
罗建强, 彭永涛, 张银萍. 2014. 面向服务型制造的制造企业服务创新模式研究[J]. 当代财经, 12: 67-76.

马鹏举, 朱东波, 丁玉成, 等. 1999. 基于模糊层次分析（F-AHP）的盟员优化选择算法[J]. 西安交通大学学报, 7: 108-110.

马永军, 蔡鹤皋, 张曙. 2000. 网络联盟企业中的设计伙伴选择方法[J]. 机械工程学报, 1: 15-19.

潘文安, 张红. 2006. 供应链伙伴间的信任、承诺对合作绩效的影响[J]. 心理科学, 29（6）: 1502-1506.

彭灿. 2005. 虚拟企业中的组织间知识转移与学习[J]. 科技进步与对策, 3: 10-12.

彭新敏. 2011. 企业网络与利用性-探索性学习的关系研究：基于创新视角[J]. 科研管理, 32（3）: 15-22.

彭学兵, 胡剑锋. 2011. 初创企业与成熟企业技术创业的组织方式比较研究[J]. 科研管理, 32（7）: 53-59.

蒲勇健. 2005. 金融挤兑的一种博弈论模型描述与贝叶斯纳什均衡的唯一性[J]. 管理工程学报, 2: 86-92.

曲洪, 吴雪, 韩文静. 2008. 分销商弥补性投资对专用性资产防御的实证研究[J]. 管理评论, 20（6）: 25-31.

芮明杰, 樊圣君. 2001. 造山：以知识和学习为基础的企业的新逻辑[J]. 管理科学学报, 3: 14-24.

申静, 张梦雅. 2012. 服务创新评价研究的现状、特点与未来[J]. 情报科学, 30（2）: 315-320.

孙东川, 叶飞. 2001. 基于虚拟企业的合作伙伴选择系统研究[J]. 科学管理研究, 19（1）: 59-62.

孙耀吾, 贺石中. 2013. 高技术服务创新网络开放式集成模式及演化——研究综述与科学问题[J]. 科学学与科学技术管理, 34（1）: 48-55.

覃正, 卢秉恒. 1997. 灵捷制造的集成决策[J]. 中国机械工程, 18（6）: 12-14.

唐朝永, 陈万明, 胡恩华. 2014a. 知识型员工失败学习的多层次模型研究[J]. 预测, 33（4）: 1-7.

唐朝永, 陈万明, 彭灿. 2014b. 社会资本、失败学习与科研团队创新绩效[J]. 科学学研究, 32（7）: 1096-1105.

万伦来, 达庆利. 2002. 虚拟企业：一种学习型联盟的组织[J]. 管理科学学报,（6）: 71-76.

王国才, 刘栋, 王希凤. 2011. 营销渠道中双边专用性投资对合作创新绩效影响的实证研究[J]. 南开管理评论, 14（6）: 85-94.

王宏起, 刘希宋. 2004. 高新技术企业战略联盟的组织学习及策略研究[J]. 中国软科学, 3: 72-76.

王辉, 忻蓉, 徐淑英. 2006. 中国企业CEO的领导行为及对企业经营业绩的影响[J]. 管理世界, 4: 87-96.

王津港, 赵晓飞. 2010. 基于关系租金视角的营销渠道模式选择谱系及案例研究[J]. 管理评论, 22（1）: 68-75.

王琳, 魏江, 周丹. 2015, 顾企交互对KIBS企业服务创新绩效的作用机制研究[J]. 研究与发展管理, 27（3）: 126-136.

王蔷. 2000. 战略联盟内部的相互信任及其建立机制[J]. 南开管理评论, 3: 13-17.

王硕, 唐小我. 2003. 基于广义熵的虚拟企业合作伙伴遴选综合评价系统[J]. 运筹与管理, 12（2）: 73-76.

魏江, 胡胜蓉. 2007. 知识密集型服务业创新范式[M]. 北京：科学出版社.

吴成茂, 樊相宇. 2002. 基于模糊熵的人力资源结构优化配置[J]. 中国管理科学, 10（4）: 43-47.

吴家喜, 吴贵生. 2009. 组织间关系、外部组织整合与新产品开发绩效关系研究[J]. 软科学,

23 (11): 1-5.

吴宪华, 张列平. 1998. 动态联盟伙伴选择的决策方法及其战略评估模型的建立[J]. 系统工程, 16 (6): 38-43.

谢洪明, 刘常勇, 陈春辉. 2006. 市场导向与组织绩效的关系: 组织学习与创新的影响——珠三角地区企业的实证研究[J]. 管理世界, 2: 80-94, 143.

谢洪明, 刘常勇, 李晓彤. 2002. 知识管理战略、方法及其绩效研究[J]. 管理世界, 10: 85-92.

谢美娥, 刘剑慧. 2011. 物流服务创新探析[J]. 物流工程与管理, 7: 14-15.

谢雅萍, 梁素荣. 2015. 失败学习与科研团队创新能力提升[J].自然辩证法研究, 31 (8): 119-123.

邢子政, 黄瑞华, 汪忠. 2008. 联盟合作中的知识流失风险与知识保护: 信任的调节作用研究[J]. 南开管理评论, 5: 27-30.

徐琪. 2008. 基于服务科学的物流服务创新模式研究[J]. 科技进步与对策, 25 (4): 55-58.

徐学军, 谢卓君. 2007. 供应链伙伴信任合作模型的构建[J]. 工业工程, 10 (2): 18-21.

许晓明, 宋琳. 2008. 基于在位企业视角的破坏性创新战略研究综述及应用模型构建[J]. 外国经济与管理, (12): 1-9.

薛佳奇, 刘益. 2011. 竞争关系下制造商专项投资对分销商机会主义行为的影响[J]. 管理评论, 23 (9): 76-85.

杨伟, 刘益, 沈灏, 等. 2011. 管理创新与营销创新对企业绩效的实证研究——基于新创企业和成熟企业的分类样本[J]. 科学学与科学技术管理, 32 (3): 67-73.

杨学儒, 李新春, 梁强, 等. 2011. 平衡开发式创新和探索式创新一定有利于提升企业绩效吗?[J]. 管理工程学报, 25 (4): 17-25.

伊迪丝·彭罗斯. 2007. 企业成长理论[M]. 赵晓, 译. 上海: 上海三联书店, 上海人民出版社.

易余胤, 盛昭瀚, 肖条军. 2005. 企业自主创新、模仿创新行为与市场结构的演化研究[J].管理工程学报, 19 (01): 14-18.

于维生, 朴正爱.2005. 博弈论及其在经济管理中的应用[M]. 北京: 清华大学出版社.

于晓宇, 蔡莉, 陈依, 等. 2012. 技术信息获取、失败学习与高科技新创企业创新绩效[J]. 科学学与科学技术管理, 33 (7): 62-67.

于晓宇, 蔡莉. 2013. 失败学习行为、战略决策与创业企业创新绩效[J]. 管理科学学报, 12 (16): 37-56.

原小能. 2009. 服务创新理论研究评述[J]. 经济问题探索, 11: 162-167.

曾萍, 邬绮虹. 2014, 政府支持与企业创新: 研究述评与未来展望[J]. 研究与发展管理, 26 (2): 98-109.

曾文杰, 马士华. 2010. 制造行业供应链合作关系对协同及运作绩效影响的实证研究[J]. 管理学报, 7 (8): 1221-1227.

翟运开, 倪燕翎, 杜娟. 2006. 物流服务创新模式: "四棱锥"模型研究[J]. 统计与决策, 11: 17-19.

张春辉, 陈继祥. 2011. 两种创新补贴对创新模式选择影响的比较分析[J]. 科研管理, 32 (3): 9-16.

张德海, 刘德文. 2010. 联盟式物流服务创新绩效评价指标体系构建[J]. 统计与决策, 12: 37-38.

张光明. 2006. 物流服务创新模式研究[J]. 经济管理, 18: 57-61.

张珩, 黄培清, 张存禄. 2002. 企业供应关系的供应商专用性投资[J]. 中国管理科学, 10 (3): 43-46.

张秋莉, 盛亚. 2005. 国内服务创新研究现状及其评述[J]. 商业经济与管理, 7: 19-23.
张若勇, 刘新梅, 张永胜. 2007. 顾客参与和服务创新关系研究: 基于服务过程中知识转移的视角[J]. 科学学与科学技术管理, 10: 92-97.
张文红, 张晓, 翁智明. 2010. 制造企业如何获得服务创新的知识?——服务中介机构的作用[J]. 管理世界, 10: 122-134.
张文红, 赵亚普. 2015. 组织冗余与制造企业的服务创新[J]. 研究与发展管理, 27 (5): 78-87.
张文辉, 陈荣秋. 2007. 顾客参与公司治理与公司相互持股的比较研究[J]. 管理学报, 4 (4): 431-435.
赵道致, 李玮婷. 2011. 物流企业服务创新的战略路径选择[J]. 科学学与科学技术管理, 32 (11): 152-158.
赵立龙, 魏江. 2012. 制造企业服务创新战略的内涵界定、类型划分与研究框架构建[J]. 外国经济与管理, 9: 59-65.
赵林捷, 汤书昆. 2004. 基于问题情境的虚拟企业学习模型[J]. 研究与发展管理, 5: 26-32.
赵天智, 金以慧. 2004. 基于专用性投资关系的供应链优化协调[J]. 计算机集成制造系统, 10 (8): 929-933.
赵又霖, 邓仲华, 陆颖隽. 2012. 数据挖掘云服务分析研究[J]. 情报理论与实践, 35 (9): 33-36.
赵忠华, 何显威. 2003. 虚拟企业合作伙伴的寻找与评价[J]. 商业研究, 8: 19-21.
郑东强, 朱世和. 2002. 虚拟企业综述[J]. 天津理工学院学报, 18 (2): 95-99.
郑静静, 邓明荣. 2009. 制造企业资源专用性投资与供应链权力的关系研究——以长三角地区制造企业为例[J]. 软科学, 23 (9): 16-20.
郑文军, 张旭梅, 刘飞, 等. 2000. 虚拟企业合作伙伴评价体系及优化决策[J]. 计算机集成制造系统 CIMS, 6 (5): 63-67.
朱雪春, 陈万明. 2014. 知识治理、失败学习与低成本利用式创新和低成本探索式创新[J]. 科学学与科学技术管理, 9 (35): 78-86.
Adler P S, Kwon S W. 2002. Social capital: Prospects for a new concept [J]. Academy of Management Review, 27: 17-40.
Alavi M, Leidner D E. 2001. Review: Knowledge management and knowledge management systems: Conceptual foundations and research Issues[J]. MIS Quarterly, 25 (1): 107-136.
Amason C A, Mooney C A, Amason C A. 2008. The Icarus paradox revisited: How strong performance sows the seeds of dysfunction in future strategic decision-making [J]. Strategic Organization, 6 (4): 407-434.
Anderson J C, Narus J A. 1990. A model of distributor firm and manufacturer firm working partnerships[J]. Journal of Marketing, 54 (1): 42-58.
Argote L, McEvily B, Reagans R. 2003. Managing knowledge in organizations: An Integrative framework and review of emerging themes[J]. Management Science, 49 (4): 571-582.
Aurich J, Fuchs C, Wagenknechy C. 2006. Life cycle oriented design of technical product service-systems[J]. Cleaner Prod, 14 (17): 1480-1494.
Autry C W, Griffis S E. 2008. Supply chain capital: The impact of structural and relational linkages on firm execution and innovation [J]. Journal of Business Logistics, 29 (1): 157-174.
Barney J. 1991. Firm resources and sustained competitive advantage[J]. Journal of Management, 17:

99-120.

Baumard P, Starbuck W H. 2005. Learning from failures: Why it may not happen[J]. Long Range Planning, 38: 281-198.

Benner M J, Tushman M. 2003. Exploitation, exploration, and process management: The productivity dilemma revisited[J]. Academy of Management Review, (28): 238-256.

Bennett R, Gabriel H. 1999. Organizational factors and knowledge management within large marketing departments: An empirical study[J]. Journal of Knowledge Management, 3 (3): 212-225.

Bharadwaj A P. 2000. A Resource-based perspective on Information technology capability and firm performance: An empirical investigation[J]. MIS Quarterly, 24 (1): 169-196.

Bierly P E I, Daly P S. 2007. Alternative knowledge strategies, competitive Environment, and organizational performance in small manufacturing firms[J]. Entrepreneurship Theory and Practice, 7: 493-516.

Bierly P, Chakrabarti A. 1996. Generic knowledge strategies in the U.S. pharmaceutical industry[J]. Strategic Management Journal, 17, Winter Special Issue: 123-135.

Brouthers K D, Brouthers L E, Wilkinson T J. 1995. Strategic alliance: Choose your partners[J]. Long Range Planning, 28 (3): 18-25.

Cannon M D, Edmondson A C. 2005. Failing to learn and learning to fail: How great organizations put failure to work to improve and innovate[J]. Long Range Planning, 38 (3): 299-319.

Cao Q, Dowlatshahi S. 2005. The impact of alignment between virtual enterprise and information technology on business performance in an agile manufacturing environment [J]. Journal of Operations Management, 23: 531-550.

Carmeli A, Gittell J H. 2009. High-quality relationships, psychological safety, and learning from failures in work organizations[J]. Journal of Organizational Behavior, 30 (6): 709-729.

Carmeli A, Schaubroeck J. 2008. Organizational crisis-preparedness: The importance of learning from failures[J]. Long Range Planning, 41 (2): 177-196.

Carmeli A. 2007. Social capital, psychological safety and learning behaviors from failure in organizations[J]. Long Range Planning, 40 (1): 30-44.

Chan W K, Yim C K, Lam S S K. 2010. Is customer participating in value creation a double-edged sword? Evidence from professional financial services across cultures[J]. Journal of Marketing, 74 (3): 48-64.

Chapman R L, Soosay C, Kandampully J. 2003. Innovation in logistic services and the new business model[J]. International Journal of Physical Distribution &Logistics Management, 33 (7): 630-650.

Chesbrough H W, Teece D J. 1996. When Is Virtual virtuous? Organizing for innovation[J]. Harvard Business Review, 73 (3): 65-73.

Choi B, Lee H. 2003. An empirical investigation of KM styles and their effect on corporate performance[J]. Information & Management, 40: 403-417.

Choi B, Poon S K, Davis J G. 2008. Effects of knowledge management strategy on organizational performance: A complementarity Theory-Based approach[J]. Omega, 36 (2): 235-251.

Christensen C M. 1998. The Innovator's Dilemma: When New Technology Cause Great Firms to Fail[M]. Boston: Harvard Business School Press.

Clemons E K, Row M C. 1991. Sustaining IT advantage: The role of structural differences[J]. MIS Quarterly, 15 (3): 275-294.

Covin C G, Slevin D P. 1989. Strategic management of small firms in hostile and benign environment[J]. Strategic Management Journal, 10: 75-87.

Currie G, Kerrin M. 2003. Human resource management and knowledge Management: Enhancing knowledge sharing in a pharmaceutical company[J]. International Journal of Human Resource Management, 14 (6): 1027-1045.

D'Aveni R A. 1994. Hypercompetition[M]. New York: Free Press.

Damanpour F. 1991. Organizational innovation: A meta-analysis of effects of determinants and moderators[J]. Academy of Management Journal, 34 (3): 555-590.

Desai V. 2010. Learning to learn from failures: The impact of operating experience on railroad accident responses[J]. Industrial and Corporate Change, 20: 1-28.

Dess G G, Beard D W. 1984. Dimensions of organizational task environments[J]. Administration Science Quarterly, 29: 52-73.

Doney C M. 1998. Understanding the influence of national culture on the development of trust[J]. The Academy of Management Review, 23 (2): 601-620.

Dong B, Sivakumar K, Evans K R, et al. 2015. Effect of customer participation on service outcomes: The moderating role of participation readiness[J]. Journal of Service Research, 18 (2): 160-176.

Druker P F. 1993. The Post Capitalist Society[M]. Oxford: Butterworth-Heinemann.

Dyer J H, Chu W. 2000. The determinants of trust in supplier-automaker relationships in the U.S., Japan, and Korea[J]. Journal of International Business Studies, 31 (2): 259-285.

Ebert T A E. 2009. Facets of trust in relationships: A literature synthesis of highly ranked trust articles[J]. Journal of Business Market Management, 3 (1): 65-84.

Eisenhardt K M. 1989. Building theories from case study research[J]. Academy of management review, 14 (4): 532-550.

Eltantawy R. 2008. Supply management contribution to channel performance: A top management perspective[J]. Management Research News, 31 (3): 152-168.

Feller J, Parhankangas A, Smeds R. 2006. Process learning in alliances developing radical versus incremental innovations[J]. Knowledge and Process Management, 13 (3): 175-191.

Ferrell O C, Skinner S J. 1988. Ethical behavior and bureaucratic structure in marketing research organizations[J]. Journal of Marketing Research, 25: 103-109.

Fitzsimmons J A, Fitzsimmons M J. 2007. 服务管理：运作、战略与信息技术[M]. 北京：机械工业出版社.

Flint D J, Larsson E, Gammelgaard B. 2008. Exploring processes for customer value insights, supply chain learning, and innovation: An international study[J]. Journal of Business Logistics, 29 (1): 257-281.

Friedman D. 1998. On economic applications of evolutionary game theory[J]. Journal of Evolutionary Economics, 8 (1): 15-43.

Fynes B, Voss C, Burca D S. 2005. The impact of supply chain relationship quality on quality performance[J]. International Journal of Production Economics, 96: 339-354.

Gadrey J, Gallouj F, Weinstein O. 1995. New modes of innovation: How services benefit industry [J]. International Journal of Service Industry Management, 3: 4-16.

Ganesan S. 1994. Determinants of long-term orientation in buyer-seller relationships[J]. The Journal of Marketing, 58 (2): 1-19.

Garrett-Jones S. 2004. From citadels to clusters: The evolution of regional innovation policies in Australia[J].R&D management, 34 (1): 3-16.

Ghosh M, John G. 1999. Governance value analysis and marketing strategy[J]. Journal of Marketing, 63 (special issue): 131-145.

Gilbert F W, Young J A, O'Neal C R. 1994. Buyer 2 seller relationships in JIT purchasing environment[J]. Journal of Business Research, 29: 111-120.

Gold A H, Malhotra A, Segars A H. 2001. Knowledge management: An organizational capabilities perspective[J] Journal of Management Information Systems, 18 (1): 185-214.

Goodman L E, Dion P A. 2001. The determinants of commitment in the distributor-manufacturer relationship[J]. Industrial Marketing Management, 30: 287-300.

Grant R M. 1996a. Prospering in dynamically-competitive environments: Organizational capability as knowledge integration[J]. Organization Science, 7 (4): 375-387.

Grant R M. 1996b. Toward a knowledge-based theory of the firm[J]. Strategic Management Journal, Winter Special Issue, 17: 109-122.

Green S G, Welsh M A, Dehler G E. 2003. Advocacy, performance, and threshold influences on decisions to terminate new product development[J]. Academy of Management Journal, 46 (4): 419-434.

Grinyer P H, Yasai-Ardekani M, Al-Bazzaz S. 1980. Strategy, structure, the environment, and financial performance in 48 united kingdom companies[J]. Academy of Management Journal, 23 (2): 193-220.

Gupta A K, Govindrajan V. 1991. Knowledge flows and the structure of control within multinational corporations[J]. Academy of Management Journal, 16: 768-792.

Haesli A, Boxall P. 2005. When knowledge management meets HR strategy: An exploration of personalization-retention and codification-recruitment configurations[J]. International Journal of Human Resource Management, 16 (11): 1955-1975.

Hair J F, Anderson R E, Tatham R L, et al. 1998. Multivariate Data Analysis [M]. 5th ed. Upper Saddle River, NJ: Prentice Hall.

Hakansson H, Persson G. 2004. Supply chain management: The logic of supply chains and networks [J]. The International Journal of Logistics Management, 15 (1): 11-26.

Hamel G. 1991. Competition for competence and inter-partner learning with international strategic alliances [J]. Strategic Management Journal, 12: 83-103.

Hansen M T, Nohria N, Tierney T. 1999. What's your strategy for managing knowledge?[J]. Harvard Business Review, March-April: 106-116.

Haunschild P, Sullivan B N. 2002. Learning from complexity: Effects of accident/incident heterogeneity on airline learning[J]. Administrative Science Quarterly, 47: 609-643.

Heide J B. 1994. Interorganizational governance in marketing channels[J]. Journal of Marketing, 58 (1): 71-85.

Hitt L M, Brynjolfsson E. 1996. Productivity, business profitability, and consumer surplus: Three different measures of information technology value[J]. MIS Quarterly, 20 (2): 121-143.

Holmqvist M. 2004. Experiential learning processes of exploitation and exploration within and between organizations: An Empirical Study of Product Development[J]. Organization Science, 15 (1): 70-81.

Howells J. 1996. Tacit knowledge, innovation and technology transfer[J]. Technology Analysis & Strategic Management Journal, 8 (2): 91-105.

Huselid M A. 1995. The Impact of human resource management practices on turnover, productivity, and corporate financial performance[J]. Academy of Management Journal, 38 (3): 635-672.

Ip W H, Huang B, Yung M K, et al. 2003. Genetic algorithm solution for a risk based partner selection problem in a virtual enterprise[J]. Computers & Operations Research, 30: 213-231.

Jansen J J P, Frans A J, Bosch V D, et al. 2006. Exploratory innovation, exploitative innovation, and performance: Effects of organizational antecedents and environmental moderators[J]. Management Science, 52: 1661-1674.

John G, Martin J. 1984. Effects of organizational structure of marketing planning on credibility and utilization of plan output[J]. Journal of Marketing Research, 21 (2): 170-183.

Jordan J, Jones P. 1997. Assessing your company's knowledge management style[J]. Long Range Planning, 30 (3): 392-398.

Kandampully J. 2002. Innovation as the core competency of a service organisation: The role of technology, knowledge and networks [J]. European Journal of Innovation Management, 5 (1): 18-26.

Kang S C, Morris S S, Snell S A. 2007. Relational archetypes, organizational learning, and value creation: Extending the human resource architecture[J]. Academy of Management Review, 32 (1): 236-256.

Kearns G S, Lederer A L. 2003. A resource-based view of strategic IT alignment: How knowledge sharing creates competitive advantage[J]. Decision Science, 34 (1): 1-29.

Kim J Y, Miner A S. 2007. Vicarious learning from the failures and near-failures of others: Evidence from the U.S. commercial banking industry[J]. Academy of Management Journal, 50 (2): 687-714.

Koch M J, McGrath R G. 1996. Improving labor productivity: Human resource management policies do matter[J]. Strategic Management Journal, 17: 335-354.

Laursen K, Mahnke V. 2001. Knowledge strategies, firm types, and complementarity in human-resource practices[J]. Journal of Management and governance, 5: 1-27.

Lei D J, Slocum W. 1992. Global strategy: Competence building and strategic alliances [J]. California Management Review, Fell: 81-97.

Lepak D P, Snell S A. 1999. The human resource architecture: Toward a theory of human capital allocation and development[J]. Academy of Management Review, 24: 31-48.

Lepak D P, Snell S A. 2002. Examing the human resource architecture: The relationship among human capital, employment, and human resource configurations[J] Journal of Management, 28: 517-543.

Levinthal D A, March J G. 1993. The myopia of learning[J]. Strategic Management Journal, 14: 95-112.

Lin H, Lee H, Wang D W. 2009. Evaluation of factors influencing knowledge sharing based on a fuzzy AHP approach[J]. Journal of Information Science, 35 (1): 25-44.

Lin X, Germain R. 2003. Organizational structure, context, customer orientation, and performance: lessons from chinese state-owned enterprises[J]. Strategic Management Journal, 24: 1131-1151.

Lumpkin G T, Dess G G. 2001. Linking two dimensions of entrepreneurial orientation to firm performance: The moderating role of environment and industry life cycle[J]. Journal of Business Venturing, 16: 429-451.

Madsen P M, Desai V. 2010. Failing to learn? The effects of failure and success on organizational learning in the global orbital launch vehicle industry [J]. Academy of Management Journal, 55 (3): 451-476.

Magazzini L, Pammolli F, Piccaboni M. 2012. Learning from failures or failing to learn? Lessons from pharmaceutical R&D[J]. European Management Review, 9 (1): 45-58.

Mahmood I P, Rufin C. 2005. Government's dilemma: The role of government in imitation and innovation[J]. Academy of Management Review, 30 (2): 338-360.

Mansury M, Love H. 2008. Innovation, productivity and growth in US business services: A firm-level analysis[J]. Technovation, 28 (1): 52-62.

March J G. 1991. Exploration and exploitation in organizational learning[J]. Organization Science, 2 (1): 71-87.

Markus M L. 2001. Toward a theory of knowledge reuse: Types of knowledge reuse situations and factors in reuse success[J]. Journal of Management Information Systems, 18 (1): 57-93.

Matusik S F, Hill W L. 1998. The utilization of contingent work, knowledge creation, and competitive advantage[J]. Academy of Management Review, 23: 680-697.

Mayer R C, Davis J H, Schoorman F D. 1995. An integrative model of organizational trust[J]. The Academy of Management Review, 20 (3): 709-734.

Melton H, Hartline M D. 2015, Customer and employee co-creation of radical service innovations[J]. Journal of Services Marketing, 29 (2): 112-123.

Miller D. 1987. The structural and environmental correlates of business strategy[J]. Strategic Management Journal, 8: 55-76.

Mitroff I I, Alpaslan M C. 2003. Preparing for evil[J]. Harvard Business Review, 81 (4): 109-115.

Moorman C, Zaltman G, Deshpande R. 1992. Relationships between providers and users of marketing research: The dynamics of trust within and between organizations[J]. Journal of Marketing Research, 29 (3): 314-329.

Morgan R M, Hunt S D. 1994. The commitment-trust theory of relationship marketing[J]. Journal of Marketing, 58 (3): 20-38.

Nagal R, Dove R. 1991. 21st Century Manufacturing Enterprise Strategy: An Industry-Led Viewp[M].

Iacocca Institute: Lehigh University.

Nonaka I, Takeuchi H. 1995. The Knowledge Creating Company: How Japanese Companies Create the Dynamics of Innovation[M]. New York: Oxford University Press.

Oltra V. 2005. Knowledge management effectiveness factors: The role of HRM[J]. Journal of Knowledge Management, 9 (4): 70-86.

Pai D C. 2005. Knowledge strategies in Taiwan's IC design firms[J]. Journal of American Academy of Business, 7 (2): 73-77.

Pavlou P A, El Sawy O A. 2006. From IT leveraging competence to competitive advantage in turbulent environments: The case of new product development[J]. Information Systems Research, 17: 198-227.

Pavlou P, Gefen D. 2004. Building effective online marketplaces with institution-based trust[J]. Information Systems Research, 15 (1): 37-59.

Perez J R, Pablos P O. 2003. KM and organizational competitiveness: A framework for human capital analysis[J]. Journal of Knowledge Management, 7 (3): 82-91.

Perrin O, Godart C. 2004. A model to support collaborative work in virtual enterprises[J]. Data & Knowledge Engineering, 50: 63-86.

Peteraf M. 1993. The cornerstone of competitive advantage: A resource-based view[J]. Strategic Management Journal, 14 (3): 179-191.

Polanyi M. 1966. The Tacit Dimension[M]. New York: Doubleday and Company Inc.

Popadiuka S, Choo C W. 2006. Innovation and knowledge creation: How are these concepts related[J]. International Journal of Information Management, 26 (5): 302-312.

Powell T C, Dent-Micallef A. 1997. Information technology as competitive advantage: The role of human, business, and technology resources[J]. Strategic Management Journal, 18 (5): 375-405.

Prahinski C, Benton W C. 2004. Supplier evaluations: Communication strategies to improve supplier performance[J]. Journal of Operations Management, 22: 39-62.

Rapert M, Wren B. 1998. Reconsidering organizational structure: A dual perspective of frameworks and processes[J]. Journal of Managerial Issues, 10 (3): 287-302.

Richey R G, Genchev S E, Daugherty P J. 2005. The role of resource commitment and innovation in reverse logistics performance[J]. International Journal of Physical Distribution & Logistics Management, 35 (4): 233-257.

Rokkan A I, Heide J B, Wathne K H. 2003. Specific investments in marketing relationships: Expropriation and bonding effects [J]. Journal of Marketing Research, 11 (2): 210-224.

Rosenkopf L, Nerkar A. 2001. Beyond local search: Boundary-spanning, exploration, and impact in the optical disk industry[J]. Strategic Management Journal, 22 (4): 287-306.

Schultze U, Leidner D E. 2002. Studying knowledge management in information systems research: Discourses and theoretical assumptions[J]. MIS Quarterly, 26 (3): 213-242.

Schulz M, Jobe L A. 2001. Codification and tacitness as knowledge management strategies an empirical exploration[J]. Journal of High Technology Management Research, 12: 139-165.

Sekaran U. 2005. 企业研究方法[M]. 北京: 清华大学出版社.

Sinclair G, Klepper S, Cohen W. 2000. What's experience got to do with it? Sources of cost reduction in a large specialty chemicals producer[J]. Management Science, 46 (1): 28-45.

Sitkin S. 1992. Learning through failure: The strategy of small losses[A]. Staw B, Cummings L(Eds). Research in Organizational Behavior[C]. Greenwich, CT: JAI Press.

Sorensen J B, Stuart T E. 2000. Aging, obsolescence and organizational innovation[J]. Administrative Science Quarterly, 45: 81-113.

Sorenson O. 2003. Interdependence and adaptability: Organizational learning and the long-term effect of integration[J]. Management Science, 49: 446-463.

Spanos Y E, Lioukas S. 2001. An examination into the causal logic of rent generation: Contrasting porter's competitive strategy framework and the resource-based perspective[J]. Strategic Management Journal, 22 (10): 907-934.

Stinchcombe A. 1965. Organizations and social structure [C]. Handbook of Organizations, Chicago: Rand McNally: 142-193.

Swan J, Newell S, Robertson M. 2000. Limits of IT-Driven knowledge management initiatives for interactive innovation processes: Towards a community-based approach[C]. Proceedings of the 33rd Hawaii International Conference on System Sciences: 1-11.

Talluri S, Baker R C. 1996. Aquantitative framework for designing efficient business processalliances[C]. IEMC 96, Managing Virtual Enterprises 656-660.

Tanriverdi H. 2005. Information technology relatedness, knowledge management capability, and performance of multibusiness firms[J]. MIS Quarterly, 29 (2): 311-334.

Teece D. 2000. Strategies for managing knowledge assets: The role of firm structure and industrial context[J]. Long Range Planning, 33: 35-54.

Tippins M J, Sohi R S. 2003. IT competency and firm performance: Is organizational learning a missing link?[J]. Strategic Management Journal, 24: 745-761.

Tjosvold D, Yu Z, Hui C. 2004. Team learning from mistakes: The contribution of cooperative goals and problem-solving[J]. Journal of Management Studies, 41 (7): 1223-1245.

Tracey M, Vonderembse M A, Lim J S. 1999. Manufacturing technology and strategy formulation: Keys toenhancing competitiveness and improving performance[J]. Journal of Operations Management, 17: 411-428.

Tsui A S, Wang H, Xin K R. 2006. Organizational culture in China: An analysis of culture dimensions and culture types[J]. Management and Organization Review, 2 (3): 345-376.

Tucker A L, Edmondson A C. 2003. Why hospitals don't learn from failures: Organizational and psychological dynamics that inhibit system change[J]. California Management Review, 45: 55-72.

Uzzi B. 1997. Social structure and competition in interfirm networks: The paradox of embeddedness[J]. Administrative Science Quarterly, 42: 35-67.

Verona G. 1999. A resource based view of product development[J]. Academy of Management Review, 24 (1): 132-143.

Voss G B, Sirdeshmukh D, Voss Z G. 2008. The effects of slack resources and environmental threat on product exploration and exploitation [J]. Academy of Management Journal, 51 (1): 147-164.

Wagner S M. 2008. Innovation management in the German transportation industry[J]. Journal of Business Logistics, 29 (2): 215-232.

Williamson O E. 1985. The Economic Institutions of Capitalism[M]. New York: Free Press.

Wise R, Baumgartner P. 1999. Go downstream-the new profit imperative in manufacturing [J]. Harvard Business Review, 77 (5): 133-141.

Yin R. 1994. Case Study Research: Design and Methods[M]. 2nd ed. Thousand Oaks: Sage Publications.

Zack M H. 1999. Developing a knowledge strategy[J]. California Management Review, 41 (3): 125-145.

Zahra S A, Bogner W C. 1999. Technology strategy and software new venture's performance: Exploring effect of the competitive environment[J]. Journal of Business Venturing, 15: 135-173.

Zahra S A, Covin J. 1993. Business strategy, technology policy, and firm performance[J]. Strategic Management Journal, 14 (6): 451-478.

Zahra S A. 1996. Technology strategy and financial performance: Examining the moderating role of the firm's competitive environment[J]. Journal of Business Venturing, 11: 189-219.

Zhang Y, Li H. 2009. Ties with service intermediaries and product innovation of new ventures in a technology cluster: Evidence from China[J]. Strategic Management Journal, 31: 88-109.

Zhao B. 2011. Learning from errors: The role of context, emotion, and personality [J]. Journal of Organizational Behavior, 32 (3): 435-463.